日本比較政治学会年報第21号

アイデンティティと政党政治

日本比較政治学会 編

ミネルヴァ書房

はじめに

　年報第21号のテーマは「アイデンティティと政党政治」である。このテーマに関しては，古くはリプセットとロッカンの社会亀裂論が思い起こされる（Lipset and Rokkan 1967）。曰く，ヨーロッパが近代化する過程で社会に中心と周辺，都市と農村，資本と労働など対立軸が生まれ，集合的なアイデンティティに依拠する政党制が成立した。しかし，本号で扱われる「アイデンティティ」とは，このようにエスタブリッシュされたアイデンティティというより，政治的に異議を申し立てる「少数派」のそれであり，それによって問い直される既存のアイデンティティである。

　すでに政治理論の分野においては，アイデンティティをめぐる多くの考察が蓄積されてきた（テイラー 1996など）。その背景には，エスニシティやジェンダーなどをめぐり，少数派が政治的承認を求めて声を上げるようになったという現実の変化がある。アイデンティティをめぐる理論と実践の深まりは，たとえば「アゴーンの民主主義論」のように（ムフ 1998），むしろ直接民主主義的な考え方と親和的といえるかもしれない。理論的な検討はしかるべきところでなされるであろう。

　本号の課題は，なぜ，どのように，アイデンティティ政治が政党政治に影響を及ぼすのか，あるいは及ぼされるのか，といった問いに実証的に答える端緒をつかむことである。

　本号は，2018年の研究大会共通論題にご登壇いただいた報告者から寄せられた三本の論文と，会員諸氏から寄せられた五本の公募論文から構成されている。本号でカバーされている事例は次の通りである。ヨーロッパからドイツ，ベルギー，ラトヴィア，北米からアメリカ合衆国，中東からイスラエル，オセアニアからオーストラリア，アジアからインドと台湾となっている。アフリカや南米の事例を収録できなかったのは残念であるが，

ご容赦いただきたい。以下，内容を簡潔に紹介する。

平島論文は，ヨーロッパの右翼ポピュリストによる移民・難民排除の主張がナショナル・アイデンティティの喚起と政党政治の変化をもたらしたことを指摘する。ただし，個別の文脈が重要である。ドイツにおいては，分断国家の現実もあり，ナショナル・アイデンティティの議論は正面きって行われてこなかった。移民に対する態度も長らく排他的なものに留まり続けたが，1998年のシュレーダー中道左派政権の成立により，外国人労働者の問題に向き合い，統合政策が立法化された。その後，通貨や難民をめぐるヨーロッパの危機に対するメルケル政権の姿勢に反対して，排外主義を掲げる新党「ドイツのための選択肢」の進出を見るという経緯となった。平島によると，ドイツにおいて右翼ポピュリストの進出が比較的に遅れたのは，統合政策がCDU/CSUの守旧派による抵抗によって妨げられつつも導入され，メルケル政権でも基本的な政策が維持されたことにある。むろん，難民危機の深刻化はCDU/CSU内の緊張をもたらすが，主要な既存政党間にコンセンサスが存在したことは看過できない。

久保論文は，政党政治とアイデンティティの視点から，アメリカにおける「トランプ現象」に迫る。トランプは白人労働者層を主要な支持基盤として，反不法移民，反自由貿易主義，反国際主義を掲げて大統領選挙に当選した。エスタブリッシュメントの政策とは明らかに反するものであり，疑似革命としての性格が見られるという。窮乏化した白人労働者層は連邦政府と民主党が主導してきた少数派の権利擁護に対して強い不満を抱いており，トランプ支持の母体となった。その背景には，エリート対反エリートの対立構図が存在する。たとえば，共和党を支持する有権者が自由貿易に批判的となったのに対して，経営者団体などから資金提供を受ける連邦議員には依然として自由貿易支持者が多い。しかし，有権者レベルの変化が党内政治を媒介として公職者，とくに連邦議員の変化に結び付くかは予断を許さない。また，有権者間の政策的な対立は，政党支持，人種やジェンダーのみならず，学歴の違いによっても現れるが，とくに白人における

学歴の違いは重要である。州法によって義務付けられた予備選挙制度は政党間の分極化を促進してきたが，2016年大統領選挙では両党の候補が保護貿易を主張するなど，政党間対立が融解した。トランプが白人労働者層に支持を求めたことを考えれば整合的であるが，これがエピソードに終わるのか，注視する必要がある。

竹中論文は，インド民主主義におけるアイデンティティ政治の台頭と政党政治の変容を明らかにする。ナショナリスト政党としてのインド国民会議派の優位支配は社会経済的な危機を経て変容していく。「その他後進諸階級」（OBC）の優遇を政策課題としたジャナタ党への政権交代など，競争的多党状況を迎え，やがてヒンドゥー至上主義を掲げる人民党が勢力を築くに至る。インド最大のウッタル・プラデーシュ州においては，宗教やカーストの違いに基づく政党間競合が展開されるようになった。ヒンドゥー至上主義が力を得たのは，指定カースト（SC，不可触民）やOBCの社会的上昇に対して，古くからの支配層である高いカーストのヒンドゥー教徒が不満を抱いたからである。会議派はかつての支配層の支持を失い，人民党が受け皿となったといえる。OBCやSCを支持基盤とする諸政党も結成され，競争的多党制が展開していく。州や選挙区レベルの分析によると，人民党の優位には，多様なアイデンティティの有権者を社会工学的に組み合わせる巧みな選挙戦術もあることが示唆される。最近の人民党は，カーストやエスニシティの壁を越えるヒンドゥー・アイデンティティをアピールするようになったという。アイデンティティ政治はインドの民主主義を作り直すとともに，アイデンティティ自体も作り直されていくのである。

浜中論文は，イスラエルにおけるユダヤ民族主義と民主主義の相克からナショナル・アイデンティティをめぐる政治に迫るものである。先行研究の検討から，エスニックなナショナル・アイデンティティの保持者と，シヴィックなそれとでは，前者が排他的で非リベラルな政治態度に，後者が「包括的で自由と平等の原理に沿った行為への態度」に結び付くという仮

説を導き出す。その上で，2018年に成立したユダヤ民族国家法の成立過程をたどりつつ，政党政治のダイナミズムを明らかにする。この文脈に沿うと，非リベラルな政治態度は，イスラエルをユダヤ人の民族国家として認めない者から参政権を剥奪すべき，などの質問項目から測定できる。また，独立変数の「エスニック」ないし「シヴィック」なナショナリズムとは，イスラエルは「ユダヤ的」かつ「民主主義」国家と定義されているが，どちらの側が支配的であるべきか，という質問で測定される。有権者調査の分析によると，ナショナリズムの政治態度に対する影響は，左右イデオロギーの位置をコントロールしても統計的に有意である。

　中井論文は，ラトヴィアにおける2014年と2018年の総選挙前後調査をもとに，選挙における動員が有権者のナショナル・プライドを刺激する一方，多文化主義を肯定する場合があることを報告する。まず，ナショナリズムを複数の意識から構成されるものとして操作化し，ナショナル・プライド，反多文化主義などを従属変数として分別する。事例としてのラトヴィアは分裂的な民族構成を持つ国であり，ネイションは人々の意識において常に重要な位置を占めている。変化が起きにくい「ハード・ケース」であり，選挙動員の影響を測定するのに適している。有権者調査の分析結果によると，上記の選挙動員の効果が表れているが，民族集団別では多数派（ラトヴィア語系）に効果が限定されており，少数派（ロシア語系）では観察されなかった。興味深いことに，政府首班政党支持者はナショナル・プライドを高めるが，右派民族派政党支持者，少数民族派政党支持者の態度に変化は見られない。また，反多文化主義は政党支持との関連がなかった。政治関心の高低でサンプルを分割すると，反移民感情とナショナル・プライドの高揚は低関心層に，多文化主義肯定は高関心層に見られた。ここでの議論から示唆されることは，高関心層は自力で選挙に必要な情報を集められる人々であり，経済や福祉など自分の利益に直結する争点に関心が向かう。一方，低関心層は自ら情報を処理する意欲や能力に劣るので，政党が提供する情報を受容しやすい。そのため，愛国主義と排外主義が結びつい

た,「分かりやすい」不寛容さが刺激される。

　宮内論文は, ベルギー北部フランデレン地域を支持基盤とする地域主義政党, 新フランデレン同盟（N-VA）と, フラームス・ブロック／ベラング（VB）の選挙戦略を比較しながら, 地域アイデンティティとポピュリズムの関係を考察する。「我々対彼ら」という見方を喧伝して有権者の動員を試みるものをポピュリズムとすると,「我々」に該当するのは地域アイデンティティとなる。周知のように, 連邦国家ベルギーにおいてはフランデレン（オランダ語圏）とワロニー（フランス語圏）間で言語問題や経済格差に起因する対立があり, VBが支持を集める背景となっていた。しかし, 2001年に結成されたN-VAが2010年連邦選挙で国政第一党に進出するほど成功する反面, VBが支持を減らした。なぜか。2003年, 2007年, 2010年選挙のマニフェストを分析すると, VBとN-VAには違いがある。VBがフランデレン独立という原則を主張し, ワロニーや移民・難民を敵視する一方, N-VAは地域のアイデンティティを主張しつつも, 国家連合の提案など, 法的な枠組みの変革で整理しようとしている。その点において, 両地域のエリート間の対話を拒否するわけではない。また, N-VAの外国人に対する態度は穏健である。つまり, VBが地域アイデンティティと排外主義を「共鳴」させるという典型的なポピュリズム手法をとる一方で, N-VAは両者を「隔離」している。そして, 有権者はN-VAの主張を支持したのである。依然としてN-VAをポピュリズムの範疇に区分するなら, それは「間エリート主義 inter-elitism」のポピュリズムと理解されるべきである。

　杉田論文は, 多文化主義社会で知られるオーストラリアの変容を報告する。1970年代, オーストラリアは白豪主義を捨て, 非差別的な移民政策を宣言した。それに伴い, 多文化主義的な移民定住政策が実施されるようになった。注目すべきは, その転換が超党派の努力によるものであったことである。労働党の支持母体はエスニック・グループというより労働組合であり, 自由党保守派による「アイデンティティ政治の実行者」というラベ

ル貼りは当たらない。オーストラリアのアイデンティティ政治は「右からの」それであり，「白人・中年・男性・キリスト教徒による想像上の失地を取り戻そうとする政治運動」と考えることができる。こうした動きは1996年から2007年まで自由党・国民党連合政権を率いたハワード以降，本格化した。移民政策，多文化主義政策，先住民族政策，同性婚やジェンダー平等，環境・エネルギー政策において，バックラッシュが唱えられている。こうした政策を支持する保守派の「ベース」は有権者の25％を占めるにすぎず，それに傾斜することはミドル・グラウンドを放棄することにほかならない。強制投票制度の下，90％以上の投票率が確保されている環境で，自由党が労働党に勝利することは困難である。それにもかかわらず保守派と妥協し，党首の座を獲得したリベラル派，ターンブルの挫折が2018年の自由党党首交代の背景にある。

　大澤・五十嵐論文は台湾におけるナショナル・アイデンティティをめぐる政治に焦点を当て，その選挙戦略としての有効性に疑問を投げかける。通説的には，日本の統治が終わった後，台湾にやってきた国民党が（台湾は中国の一部という）中国ナショナリズムで国民統合を図ろうとしてきたのに対して，民進党が台湾ナショナリズムで人々を対抗動員した，とされる。しかし，大澤・五十嵐は，こうした理解に異議を唱える。具体的には，1996年前後からの総統選挙や主要首長選挙につき，国民党と民進党の候補者によるアイデンティティ争点の扱いと選挙結果を検証する。その結果，有権者は経済成長や行政手腕などを求めており，選挙でアイデンティティを過度に強調するとむしろ支持を失う結果になるという。その背景には，両岸の経済関係の深まり，人々における「中国人」意識の低下（＝「台湾人」ないし「台湾人でもあり中国人でもある」という意識の高まり），中台関係の現状維持志向がある。ナショナル・アイデンティティの争点化をめぐり，政党エリートと一般有権者とでは温度差が見いだされる。

　本号の論考から，ナショナルな政党政治においては，多かれ少なかれ

「ネイションとしての我々」のアイデンティティが問い直されていることに気付く。こうしたアイデンティティ政治が政党制に与える影響についてはどうか。共通論題に寄せられた論考の三カ国について，政党制の制度化を手掛かりに検討してみる（政党制の制度化についてはMainwaring and Scully 1995など）。もっともよく制度化されているアメリカの民主・共和二大政党制では，党内政治としてアイデンティティ政治が現れる（久保論文）。社会亀裂に基づくドイツの政党制では，既存の政党制の原型をとどめながらも，新しい勢力が新党を形成して進出するという経路をたどる（平島論文）。他方，より流動的な政治勢力間の競合が見られるインドの政党政治では，アイデンティティ政治の勃興に伴って政党制が変容し，人民党が会議派に取って代わった（竹中論文）。制度化の程度により，党内政治（アメリカ），新党形成（ドイツ），政党再編成（インド）というように，アイデンティティ政治の表現も決まるといってよいであろう。

　アイデンティティ政治の勃興は，右と左のどちらの陣営から来たものなのか。人種差別的で危険な「右」のアイデンティティ政治を招き寄せるとして，「左」のそれの行き過ぎを戒める議論がある（リラ 2018；Fukuyama 2018）。この論点については，各国で異なる。アメリカでは，とくに民主党が主導する少数派の権利擁護が先行し，多数の「忘れられた」低学歴白人層の怒りがトランプ誕生を導いたという（久保論文）。一方，オーストラリアでは，たしかに多文化主義に対する反発が自由党保守派の台頭をもたらしたが，多文化主義には超党派の合意があった。労働党がアイデンティティ政治を活性化しているとはいえない（杉田論文）。インドの会議派体制において被差別カーストや先住民の優遇制度が整備された事実は存在するが，ヒンドゥー至上主義は人民党主導といえる（竹中論文）。ドイツでも統合政策には既存政党間の合意があった（平島論文）。

　有権者との関係においても，興味深い知見が得られた。政党エリート側のアイデンティティ争点の強調が，選挙における支持の動員に役立っているのかという問いに関わる。オーストラリア（杉田論文）や台湾（大澤・

五十嵐論文）の事例によると，アイデンティティ争点の強調がむしろ中道的な有権者の支持を失わせる。両事例とも比較的に政党制は安定しており，アイデンティティをめぐる争いは，まずは党内で展開されることになる。こうした党内闘争の勝者が必ずしも中位投票者の政策位置とは合致しないのは周知のことである（アメリカの事例については，古くはAldrich 1983）。関連して，ベルギーの選挙においては，フランデレン地方の地域主義政党のうち，非妥協的な政党に代わり，対話を許容する政党が選挙において優勢となったという（宮内論文）。一方，イスラエルにおいては，民族主義的な主張がリベラルな価値を乗り越える形で主張され，一部の有権者の政治意識においてエスニックなナショナリズムと強固に結び付いている（浜中論文）。ラトヴィアの事例によれば，ナショナル・プライドと排外主義的な意識は政治関心の低い層において選挙時に喚起されやすい（中井論文）。エリートによる動員効果は均質ではなく，特定の有権者に効果があるのかもしれない。ポピュリズムについて巷間言われるほど，有権者が衆愚的な動員に対して無防備でなさそうなことは救いである。

　本号のテーマの設定は難題であったが，何らかの形で政党政治を扱うことになるという予感めいたものは当初からあった。今日の世界において政党政治が直面している課題とはなにか虚心坦懐に眺めてみたとき，このテーマにたどり着いたというのが真相である。
　現実の政治において，アイデンティティと政党政治の関係は抜き差しならぬ緊張をはらむようになっている。学会として，さまざまな国・地域の事例を持ち寄ることで，学術的な貢献がなしえるのではないかと期待した。寄稿者のご努力により，この期待は満たされたと信じる。
　末筆ながら，企画委員，編集委員として，軽くはない荷をともに担ってくださった先生方のお名前を記しておきたい。庄司香（学習院大学），申琪榮（お茶の水女子大学），藤嶋亮（國學院大學），ケネス・盛・マッケルウェイン（東京大学），三上了（愛媛大学）の各会員である（50音順）。企

画副委員長は次年度の編集委員から外れるが，粕谷祐子会員（慶應義塾大学）には大変お世話になった。また，二年間にわたる業務を無事に運営することができたのは，前会長の大西裕先生，会長の遠藤貢先生，役員や事務局の先生方，また，大会開催校の西岡晋理事はじめ東北大学の先生方のおかげでもある。この場を借りて，以上の皆様に謝意を表する。

2019年4月

日本比較政治学会編集委員長

上神貴佳 ［國學院大學］

参考文献

Aldrich, John H. (1983) "A Downsian Spatial Model with Party Activism," *American Political Science Review* 77(4): 974-990.

Fukuyama, Francis (2018) *Identity: The Demand for Dignity and the Politics of Resentment*. New York: Farrar, Straus and Giroux.

リラ，マーク (2018)『リベラル再生宣言』（夏目大訳）早川書房。

Lipset, S., and S. Rokkan (1967) "Cleavage Structures, Party Systems, and Voter Alignments: An Introduction," in S. Lipset and S. Rokkan (eds.), *Party Systems and Voter Alignments: Cross-National Perspectives*, 1-64. New York: The Free Press.

Mainwaring, S., and T. Scully (1995) *Building Democratic Institutions: Party Systems in Latin America*. Stanford, CA: Stanford University Press.

ムフ，シャンタル (1998)『政治的なるものの再興』（千葉眞・土井美徳・田中智彦・山田竜作訳）日本経済評論社。

テイラー，チャールズ (1996)『マルチカルチュラリズム』（佐々木毅・辻康夫・向山恭一訳）岩波書店。

目　次

はじめに……………………………………………………上神貴佳　i

1　ドイツにおけるアイデンティティをめぐる政治
　　──ヨーロッパの文脈から………………………………平島健司　1

2　アメリカにおける政党政治とアイデンティティ……久保文明　25

3　インド民主主義とアイデンティティ政治
　　──国民，カースト，宗教の競合……………………竹中千春　53

4　法の精神──イスラエルの政党政治とナショナル・アイデンティティ
　　……………………………………………………………浜中新吾　81

5　選挙と政党政治はどのようなナショナリズムを強めるのか
　　──ラトヴィア総選挙前後サーベイ調査から………中井　遼　107

6　地域アイデンティティと排外主義の共鳴と隔離
　　──現代ベルギーにおける二つの地域主義政党の事例…宮内悠輔　135

7　オーストラリア自由党とアイデンティティ政治
　　──2018年8月の首相交代の背景と政党制への影響………杉田弘也　163

8　台湾における乖離するアイデンティティと政党政治
　　──変わる有権者と変われない政党…………大澤　傑・五十嵐隆幸　197

日本比較政治学会設立趣意書……231
入会のお誘い……232

CHAPTER 1
ドイツにおけるアイデンティティをめぐる政治
―― ヨーロッパの文脈から ――*

平島健司 [東京大学]

1　EUの危機，ナショナル・アイデンティティ，右翼ポピュリズム

　2000年代後半以降，「多元的」で「複合的」な危機に見舞われたヨーロッパでは，「ナショナリズム」が再興しつつある，と言われる（Knutsen 2017；高橋・石田編 2016）[1]。危機に直面するEUの中で加盟国の存在が相対的に大きくなる一方，外国人に対する国民の一体性を強調する「移民排斥主義（nativism）」が勢力を強めている。

　ギリシアの債務危機に端を発したユーロ危機に際しては，欧州の機関ではなく債権国政府の主導によって債務国に財政再建を強いつつ救済策がとられただけではない。債権国の国内では債務国への支援そのものに異議を唱える勢力が力を増し，欧州統合のプロジェクトに対する幻滅が広がった。統合懐疑派は，財政統合の実現どころか，逆に経済通貨同盟からの自国の撤退を求めたのである。

　また，2015年の夏には，シリア内戦で住処を追われた市民がトルコ，バルカン半島を経由し，安全を求めてヨーロッパ諸国に大挙して押し寄せた。ドイツとオーストリアが，EUの共通政策のルールを一時的に棚上げまでして難民をハンガリーから受け入れたものの，他の加盟国に受け入れの分担を説得することが困難であったことも記憶に新しい。中東欧諸国は理事会における多数決による決定に抗議の意を表明したし，他の加盟国においても右翼ポピュリズムに牽引されて移民や難民の受け入れに反対したり，

その条件の厳格化を求めたりするなどの声が高まった。

　さらに，その翌年のイギリスでは，保守党党首が約束したEUへの残留の可否を問う国民投票が実施され，域内市場からの脱退がもたらす経済的損失と雇用への悪影響にもかかわらず移民政策を自律的に決定する権限の奪回が優先された結果，いわゆる「ブレグジット」すなわちイギリスの離脱が選ばれた。40年間を超える加盟の実績を清算するにあたっては，ここでもイギリス国家の自律を主張する右翼ポピュリズムが少なからぬ影響を及ぼした。

　冷戦の終焉後に初めて体制の移行を実現した東欧諸国にとっては，国家はそれを前提として民主化を推し進めるべき枠組みであった（同諸国の多くは一世紀前には存在していなかった）。その意味において，ナショナルなアイデンティティは東欧の市民にとって不可欠であったといえるのかもしれない。しかし，民主化を進めるために東欧諸国が加盟を目指したEUは，法の支配や少数者の尊重，人権の擁護などの理念を掲げる共同体である。加盟国政府が，EUが奉ずる価値を毀損して内政を強引に進め続けることはできないであろう。

　他方，第二次世界大戦後に石炭鉄鋼共同体の設立とともに欧州統合の試みが開始されたように，独仏をはじめとする西欧諸国は早くからナショナリズムの暴走を抑制し，国家間の平和的共存を維持しようとしてきた。しかし，ナショナル・アイデンティティと並ぶヨーロッパ・アイデンティティが，加盟歴がより長い国々の市民の間で必ずしもより強く抱かれているわけではない。「ユーロバロメーター」による継続的な世論調査によれば，もっぱら国民としてのみアイデンティティを意識する市民の割合は，70年代に最初の新規加盟を果たしながらも現在は離脱交渉を進めるイギリスが突出して高い水準を示し続けてきたが，原加盟国の一つであったイタリアにおいても近時は上昇傾向がみられる（European Union 2016）。元来はエリート間のプロジェクトとして始まった国家統合が，冷戦の終焉以降は市民の関心対象となって統合の是非が問われるにようになり，ユーロ

危機後に強いられた財政緊縮策がイタリア市民の間に反EUの姿勢を強めることになった，とも指摘される（Knutsen 2017）。

　加盟歴の長短は，国民の民族的一体性を誇張する右翼ポピュリスト政党の勢力の強弱に対しても直接の関係をもたない。例えば，東方への拡大を控えたEUに「憲法」の基盤を据えるべく起草された憲法条約案を2005年の国民投票によって葬り去ったのは，原加盟国のフランスとオランダであった。フランスの「国民戦線」は，当初は濃厚であった伝統的極右としての性格を80年代に後退させ，経済的自由主義さえ掲げることもあった。しかし，90年代となって排外主義を経済的ナショナリズムに結び付け，2002年の大統領選挙では当時の党首ジャン＝マリー・ルペン（Jean-Marie Le Pen）が現職のシラク（Jacques Chirac）と並んで決戦投票に進んだ。[2] 同党は，その後も巧みに有権者の不安や鬱憤に取り入る工夫を重ね，2017年の大統領選挙では娘のマリーヌ・ルペン（Marine Le Pen）現党首が，中道のマクロン（Emmanuel Macron）を相手に再度，決戦投票への登場を果たした。

　一方，90年代に福祉と雇用の分野における改革を結実させ，周辺国のモデルとなった小国のオランダは，早くから移民に対して寛容な政策を打ち出し，「多文化主義」の代表国でもあった。しかし，2000年代の初頭，右翼ポピュリズムの主張を掲げるフォルタイン（Pim Fortuyn）が「オランダ・モデル」を実現した既成政党の野合を厳しく糾弾して第2党に躍り出た。フォルタイン党は射殺事件によって党首を失うが，政権参加を果した後にオランダの先進的な移民政策に転換をもたらしていった。そして，憲法条約案の採決をめぐっては，保守系の政党を離れて個人の政党を設立したウィルデルス（Geert Wilders）が再び既成政党を向こうに回して反対の論陣を張り，ついには条約案の否決を招いたのであった。ウィルデルスが率いる自由党は，政権形成をも左右する右翼ポピュリスト政党としてオランダの多党制の中に定着している（水島 2012）。

　このように，EUの危機を背景として右翼ポピュリスト政党が掲げるナ

ショナリズムは，フランス革命以降のヨーロッパ近代に現れた歴史的なナショナリズムとは似て非なるものである。確かに，19世紀の市民層が国家の構成員として描いた国民も，民族的特性や言語，宗教，あるいは文化的遺産や歴史的経験など，特定の属性を共有する個人からなる集団であった[3]。現実ではなく想定された集団という点において，右翼ポピュリズムのいう「人民」と共通する。しかし，近代のナショナリズムの目標は，対外的に独立した国民国家の樹立にこそあった。これに対し，右翼ポピュリズムは，国内で生活する移民や国境を越えてやってくる難民に対し，彼らを異質な他者として外部に排除するべくナショナリズムに訴える[4]。こうして，ナショナル・アイデンティティの意識が喚起され，それをめぐる政治が展開する余地が広がる，といえよう。もとより，人々が自己を帰属させる対象はさまざまに並立，重複しており，人々の活動や生活の局面に応じて多様な現れ方をする。しかし，国家統合の進んだヨーロッパでは，ヨーロッパ・アイデンティティとの関わりにおけるナショナル・アイデンティティのあり方こそが政治的に争われることになる。

　本章では，このようなアイデンティティ政治の展開を，国家統一後のドイツを具体的な事例として取り上げて検討してみたい。そもそも，ナチズム崩壊後のドイツに二つの分断国家が創設された事情を考えれば，国家統一以前において国民のアイデンティティの問題が長らく正面から論じられなかったとしても不思議ではない。西のドイツ人が，高度成長期以降に自ら過去の克服に本格的に取り組み始めて以降も，国際的に冷戦体制が続く限り国家の分断はにわかには動かし難い現実であった。東ドイツにおいて一党独裁体制が上から押し付けようとしたアイデンティティは，当然，市民から支持を得ることができなかった。また，西ドイツにおいても，近代以前に遡る「文化的国民」の伝統が漠然と想起されたり，欧州統合を通じて建設される「ヨーロッパ」への忠誠が培養されようとしたりしたように，ナショナルなアイデンティティが積極的に掲げられることはなかった（Mommsen 1983）。「憲法愛国主義」を直ちに根付かせるのも困難であり

(Habermas 1990)。「ヨーロッパ・ドイツ」のアイデンティティを構築するためにも，まずはドイツ人全体が基本法の前文が記した要請に応え，冷戦の終焉とともに国家統一を達成しなければならなかった。

　国民のアイデンティティをめぐる本格的な議論の展開が80年代にまでずれ込んだことは，国内に滞在する外国人をいずれは本国に帰還する「外国人労働者」として捉え，社会への統合を軽視したことにも照応していた。「ドイツは移民国ではない」，と言われ続けていたのである。しかし，実際にドイツに居住する外国人の数は着実に増え続けていた。2000年の時点において，ドイツの人口のおよそ8.9％にあたる730万人が外国人であった（うち，150万人がドイツ国内で出生）。これはEU加盟国の平均よりも明らかに高い水準である。出身国としてはトルコが最も多く，旧ユーゴスラヴィア諸国がこれに次いだ。外国人に加え，かつては社会主義体制にあった東欧諸国からのドイツ人帰還者（Aussiedler；93年以降は新法の制定により「後期帰還者」Spätaussiedlerと呼ばれた）が320万人，また，ドイツへの帰化者が約100万人を数えていたから，移民は全体として人口の12％にまで達した（Die Unabhängige Kommission "Zuwanderung" 2001：14-16）。一方，難民ないし庇護申請者数は70年代初めまでは移民の1％に及ばなかったが，冷戦終焉後に急増し，92年には44万人弱にまで達し，それ以降は漸減して2000年に8万人を下回った。しかし，2015年にはこれが再び著増して100万人のレベルを上回ったのである。

　あらかじめ，本章の構成を説明しておこう。次の第2節ではまず，こうしてすでに「移民国」となっていたドイツの現実に応じ，外国人の出入国と帰国を前提とした滞在を規定するだけの「外国人政策」から社会への統合を含めた総合的な移民政策への転換について振り返る。外国人の帰化を促進するため，血統主義の伝統に則った国籍法に出生地主義の要素が加味された後，社会統合の観点を盛り込んだ移住法が制定された。ドイツには，冷戦の終焉と並行して国家が統一されるという固有の事情があり，まずは基本法の庇護規定の修正によって難民受け入れの条件が厳格化された点を

確認する。移住法の制定後,「統合サミット」と並んで「イスラム会議」が別に開催された理由についても検討したい。続く第3節では,社会統合政策の進展にもかかわらず,2017年に連邦議会への進出を果たした「ドイツのための選択肢（Alternative für Deutschland）」に注目し,右翼ポピュリスト政党が周辺諸国に遅れて国政レベルに進出した歴史的・制度的条件について考える。既成政党による政治運営に対する批判とそれが孕む反デモクラシー的側面,移民排斥主義の高まり,ないしナショナル・アイデンティティの争点化などが論点となる。最後の第4節では,既成政党による移民政策の転換の過程を振り返りつつ,移民排斥主義が中道右派の間でも強まる一方,移民層への支持拡大をはかる既成政党がより積極的に統合政策を推進する可能性にも留意し,これからの政党政治がナショナル・アイデンティティの変容に及ぼす影響について考察し,結びとする。

2　外国人政策から統合・宗教的共存政策へ**

　高度成長期に不足した労働力を補うため,出身国との二国間協定に基づいて募集された（西）ドイツの「外国人労働者」は,文字通り労働者として連邦雇用庁と労使の団体との間の政策ネットワークや共同決定制度の中に組み込まれたし,出身国別に定められた特定の福祉団体から社会的支援を受けることもできた。したがって,'70年代のオイルショックをきっかけとする募集停止にもかかわらず,彼らの多くは帰国せず家族を呼び寄せて滞在を続けた。しかし,政治参加はおろか,教育制度を子弟のために活用し,地域社会に溶け込むこともままならぬまま,「外国人労働者」の存在は社会的な問題になっていったのである。例えば隣国のベルギーは,80年代半ばに移民労働者の新規入国を制限し,帰国奨励策をとる一方,他方では国籍法の改正によって帰化を促進した（中條 2018）。これに対し,ドイツの中道保守政権は,外国人法を改正する形で（権利としての滞在権は認めたものの）行政裁量による「簡易化された帰化（erleichterte

Einbürgerung）」手続きを新設するにとどめた（1990年）。「ドイツは移民国ではない」とする基本的姿勢に変わりはなかったのである。

　ドイツの対応を遅らせたのは，移民に対するこのように排他的な姿勢の根深さだけではなかった。冷戦の終焉後に内戦となった旧ユーゴスラヴィア連邦からの難民の増大は，人々の間に移民を含めた流入者全体への拒否反応を強めた。ベルリンの壁の崩壊直後，国家統一の時期を未だ見通せない段階に流入した東独の市民や，東欧諸国からの帰還者の波が，受け入れにあたった自治体や州の財政を圧迫したことは事実である。当時，統一後の連邦議会選挙を前にしてSPDの首相候補者に選ばれたラフォンテーヌ（Oskar Lafontaine）が，「統一のコスト」を理由に，時のコール首相が追求した早期統一に反対したのもこのような事情を背景にしている。

　したがって，外国人法の改正に次ぎ統一ドイツがとった最初の大きな政策の転換は，ナチズムによる迫害を教訓として基本法に刻まれていた庇護権規定の改正であった。難民の収容施設に対する放火事件や，州議会への極右勢力の進出に不安を募らせた政府与党が，難民にとって寛大な規定を守ろうとする野党に圧力を加え，庇護権の享受に厳格な条件を付する決定をついに勝ち取った。他方，野党SPDは，帰還者の受け入れ人数の制限などの他に，請求権としての「簡易化された帰化」を与党側から譲歩として引き出すにとどまったのである（1992年の「庇護妥協」）。

　結局，国籍法の改正には，1998年の連邦議会選挙後の政権交代を待たなければならなかった。すでに新しい基本綱領（1989年）において文化的多様性を謳っていたSPDを率いるシュレーダー（Gerhard Schröder）が，緑の党との間に「赤緑」連合を形成し，帰化制度の自由化を目指したのである。2000年に発効した新国籍法は，1913年の「ライヒ籍・国籍法」を改め，伝統的な「血統主義（ius sanguinis）」に「出生地主義（ius soli）」の要素を加味するものとなった。外国人の両親の下であってもドイツで生まれた子はドイツ国籍を取得する他，8年間を超えてドイツに合法的に滞在する外国人本人（外国人法の規定は15年間であった），同じくその子，配

偶者の場合はそれぞれ5年間，3年間の滞在などを条件として（自国籍を失わずに）ドイツ国籍を取得する権利を得ることになった。赤緑政権は，法案を可決させるために原案に対する一定の修正を甘受したものの（二重国籍を得た外国人の子は，23歳に達した段階でいずれかの国籍を選択するという「オプション・モデル」の採用），ここに国籍法の「現代化」が始まったといえよう。

　その後，シュレーダー政権では，シリー（Otto Schilly）内相が野党CDUの穏健派ジュスムート（Rita Süssmuth）を長とし，各界から代表者を募って超党派の「移住に関する独立委員会」を設置した（2001年）。「移住を形作り，統合を促進する」と題する同委員会の報告は，移民に対してドイツ語の知識を習得し，基本法とその価値を受容するように「要請（fordern）」しつつも，移民を受け入れる側のドイツ社会も移民の統合を「支援（fördern）」し，社会全体を新たな次元に高めていくことを謳うものとなった。この報告を受けて用意された，いわゆる「移住法（Zuwanderungsgesetz）」案の審議は，激しい党派的対立の中で紆余曲折を経たものの，同法案は2004年に採択に至った。とりわけ，「要請」と「支援」を実現するために導入された，移民を対象とする「統合コース」が注目を集めた。そして，同年の連邦議会選挙後に成立した第1次メルケル大連合政権も，移民の統合政策を優先すべき課題として掲げて政策を実施するための体制作りを急ぎ，「統合サミット」と並び「ドイツ・イスラム会議」を開催したのである（2006年）。

　国籍法の改正から「統合サミット」と「ドイツ・イスラム会議」へと至る過程は，ドイツ人のアイデンティティが，内部に閉じられた民族的・文化的なものから，外部からの他者に対しても寛容でより開かれたものへと変容する過程を反映していたようにみえる。しかし，少なくとも政策を実現しようとする政権には別の意図も働いていた。そもそも，国籍法の改正を果たしたシュレーダー政権には，続けて移住法案を上程する余裕が欠けていた。シュレーダーは，ハノーファで開かれた見本市の場で（2000年2

月),IT技術者の不足を補うべく「グリーンカード」制度の導入を発表したが,これに対して経済界から寄せられた大きな反響に押されて法案の準備を進めることになった。実際,移住法案の名称は,「移住の制御と制限ならびにEU市民と外国人の滞在と統合の規制に関する法律」であり,外国人の滞在に関する規定が多くを占めていた。ここに,少子高齢化の進むドイツに対外的競争力(「生産立地の優位」)を維持しようとする経済政策上の関心を否定することは難しい。

　また,この移住法が定めた「統合コース」の履修科目ならびに修了の認定基準,未履修や修了試験での不合格に対する罰則,履修免除の対象集団など,確かにその内容は周辺諸国の例に類似するものであったが,導入へと至る党派的対立の背景は異なっていた。それぞれ特徴的な移民政策をとってきたオランダ,フランス,ドイツの3カ国が,2000年代を迎え,「統合コース」の履修を新規の移民に共通して義務付けるに至った点に着目し,欧州諸国の「市民統合主義(civic integrationism)」への「収斂」を指摘したのは,ヨプケである(Joppke 2007)。80年代初頭から,国家が民族的少数派に対し,学校,病院,放送などの生活インフラの整備を助け,その「解放(政治参加と自立の達成)」を目指したオランダは,「多文化主義」の模範国とされていたが,少数派が社会の中で孤立し,福祉国家への依存を深めていた実態を目の当たりにして,90年代末にはオランダ語の習得と就労の促進を中核とする統合政策に転じた(1998年の「新規移民統合法」)。これに対し,「共和主義」への「同化」を歴史的伝統としてきたフランスも,ゴーリストのラファラン(Jean-Pierre Raffarin)内閣の下,新規移民との間に「受入れ・統合契約(CAI：Contrats d'accueil et de l'intégration)」を結び,市民教育とフランス語講習の受講を課することになった(2003年)。語学講習が実際に義務付けられたのは移民の一部に限られたものの,「同化」の達成は本来,個人の自発性にゆだねられていたし,前任のジョスパン(Lionel Jospin)内閣が導入したプログラムと比べれば強制の契機が著しかった。

しかし，オランダの統合政策があからさまな強制の方向に転じたのは，フォルタインの殺害後，右翼ポピュリスト政党の強い影響下に成立した中道右派政権以降であった。同政権は，発足にあたって移民にオランダ的価値を認識し，オランダの規範を遵守させることを謳い，統合政策の所轄を内務省から司法省へと移管させ，06年の新法によって民間に講習の業務を委託した。また，修了試験での合格を永住権の取得要件としたばかりか，呼び寄せられる家族に対し，出身国にあるオランダ公館での渡航前の受講を義務付けることによって統合政策を入国管理政策に結び付けた，とヨプケは主張する（*Ibid.*：7-8)[5]。

　フランスにおいても，統合政策の「強制」化に対して右翼ポピュリズムが与えた影響は顕著であった。ルペン候補を打ち破ったシラク大統領の時期に内相となったサルコジ（Nicolas Saközy）は，それまでは10年間の長期滞在権を直ちに得ることのできた移民の家族構成員に対し，フランス語と共和国の諸原則に関する知識の習得（「共和主義的統合」）を義務付けた。そしてさらに，右翼ポピュリストとの政治的競合を念頭におきつつ，第2世代の移民の配偶者を想定して，3年間の待機期間を長期滞在権の取得条件とするCAIの締結を求める2003年と06年の立法に訴えたのである（Hollifield 2014：180)。

　もっとも，中道右派内閣は，国民戦線から有権者の支持を奪回するため，すでに80年代に遡り国籍法の改正を試みていた。コノビタシオンの状況にあったバラデュール内閣が成立させた，93年のパスクワ法である（Hansen and Koehler 2005)。国内で生まれれば親が不法移民であったとしても自動的に国籍が付与される事態を防ぐべく本人の意思表示を義務付けたことは，E. ルナン（Ernest Renan）の主意主義をなぞるものであったとはいえ，まぎれもなく出生地主義の伝統の修正に他ならなかった。86年，シラク首相が国会に上程した法案は，野党や人権擁護団体からの厳しい糾弾にあって取り下げられたものの，その後，専門家委員会による正当化の装いを新たに加え，中道右派の政権復帰後にパスクワ法として可決に

至った。しかし，97年の国民議会選挙で予想外の勝利を収めた左翼は，ジョスパン首相の下に別の専門家を招いて同じ手法を踏襲しつつ中道右派内閣による一連の法改正を覆す新たな法を制定し，出生地主義を回復した。このように，オランダとフランスにおける「市民統合主義」への転換は，極右ないし極右から変貌を遂げた右翼ポピュリスト政党が増幅した党派的対立の中で進んだのである。

　2004年にEU理事会が合意した移民統合政策に関する「共通基本原則」(2004年)は，「統合がEUの基本的価値の尊重を意味し」，その意味においてリベラル・デモクラシーの基本的諸価値を再確認するものであったが，上に述べた「移住に関する独立委員会」による「要請」と「支援」の定式についても「双方向のプロセス」としてその冒頭で言及したように[6]，ドイツの移民政策もヨプケのいう「収斂」の過程の一端をなしていたといえよう (Joppke 2007：3-5)。しかし，ドイツにおいて移民政策が変容した過程には，党派的対立があったとしても右翼ポピュリスト政党が及ぼす重圧はなかったのである。

　ところで，ヨプケのいう「収斂」は，統合コースという統合政策の具体的手段のみならず，ムスリムとしての移民に対する政策を実施する手続きについても指摘することができる。メルケル政権のショイブレ (Wolfgang Schäuble) 内相は，「統合サミット」と並行して「イスラム会議」を主宰したが，同様の協議機関の発足は，オランダ (2004年)，ベルギー (オランダ語圏で2000年，フランス語圏で1999年)，デンマーク (2003年)，あるいはフランス (2003年) においても先行していた (Musch 2012；Koenig 2005)。アメリカにおける2001年の同時多発テロ以降，ヨーロッパの主要都市で続発したイスラム過激派によるテロが与えた脅威と治安に対する関心の増大が共通の背景にあった (メルケル政権を動かした直接の契機は，移民系の子弟が大半を占めるベルリンの高校における学級崩壊事件であった (Musch 2012))。連邦政府の発案による「統合サミット」が，「全国統合計画」の策定，すなわち統合コースのカリキュラ

ムを初め,移民の家族生活や社会的活動全般にわたる具体的課題を協議の対象としたのに対し,「イスラム会議」は,基本法の諸価値とイスラム教の宗教原理との関係をめぐる理念的な討議に重きを置いて開始された (Musch 2011：302-306)。

ドイツにおける移民は,その大部分がトルコからのムスリムである点を考えると(フランスやオランダではアフリカ,中近東など出身国の構成にばらつきがある),統合政策と少数派の宗教問題というテーマに即して協議の場を別々に設定した点については重複を指摘できるかもしれない[7]。しかし,「多文化主義」的であったオランダとは異なり,ドイツの連邦や州はムスリムの組織化に長らく消極的であった。また,「ライシテ」の伝統をもつフランスに対し,ドイツにおける世俗化ないし政教分離は,国家と国家が承認する宗教共同体(すなわち公法上の団体の地位を与えられたカトリック,プロテスタント,ユダヤ教の諸教会)との間のコンコルダートないし「国家教会契約」の締結を通じた協力あるいはパートナーシップの関係として決着している (Koenig 2005 ; Musch 2011：143-146)。すなわち,信者は国家によって公的な領域から排除されるのではなく,教会の組織を通じ,国家と協力して宗教問題を解決するよう期待されるのである。しかし,ムスリム移民の場合は,礼拝所の設置やモスクの建造こそ容認されてきたものの,(文化高権をもつ)州によって宗教共同体や公法上の団体として承認され始めたのは90年代末以降のことであった (Musch 2011：152)。州による公認の有無は,学校におけるイスラム宗教教育や大学における指導者教育のあり方を大きく左右する (Czada 2010)。そして,その間,日々の生活の中から形成された地域的なネットワークを基盤とし,登録団体へと展開したイスラム組織は,宗派別,出身国別に著しい分立を極めた。トルコ政府の宗務庁下の国外組織ともいうべき「トルコ・イスラム連盟 (DITIB)」を初め,五大頂上団体が数えられるが,それらを全て合わせてもドイツ国内に住むムスリムの15%を組織するに過ぎない (Musch 2012：82)[8]。また,頂上団体の中には,下部組織に原理主義やイ

スラム主義のグループを抱えるものがあり，連邦憲法擁護庁の監視対象ともなっている。

　連邦政府は，「イスラム会議」の開催を通じ，主要なムスリム頂上団体をとりまとめる連絡組織を作らせることにも成功したものの，未だにムスリム全体の包括的な組織化には及んでいない（イスラム教の歴史そのものが制度化になじまない性質を物語っているともいえよう（佐藤 2009））。また，「イスラム会議」における協議の態様も，例えば，より安定的に制度化されたオランダにおける同種の組織が実務的な問題解決に指向したのとは対照的に，少なくとも当初はきわめて理念的であった（Musch 2011）。しかし，移民と移民を受け入れる社会との対話を標榜する「統合サミット」と「イスラム会議」の開催は，メルケル大連合政権を担った二大政党が移民政策上の立場を互いに接近させつつ進めた明らかな政策転換であり，言語や宗教の側面においてもナショナル・アイデンティティの穏やかな変容を促す方向に働きかけるものであった。

3　「ドイツのための選択肢」の登場

　第二次世界大戦後，ナチズムの成立を教訓として安定したデモクラシーを実現するために連邦共和国が建設されたことを考えれば，80年代以来，多くの西欧諸国で台頭した右翼ポピュリスト政党が，ドイツにおいては今ようやくその存在を誇示し始めていることは当然なのかもしれない。基本法は，国民の政治的意思を形成する役割を政党に与えているが，その政党も「自由で民主的な基本秩序」に反する場合には連邦憲法裁判所によって禁止される。実際に，裁判所は50年代には極右と極左の政党を違憲と判断し，禁止した。また，ドイツの選挙制度は比例代表を原則とするが，全国で5％以上の得票に達しない小政党は，原則として連邦議会において議席を得ることができない（「阻止条項」）。

　しかし，極右運動の系譜を戦後に引き継いだ国民民主党（NPD）は，

60年代末に七つの州議会に進出を果たした。同党は，70年代になって衰退に向かったが，83年，保守の牙城と目されていたCSUのシュトラウス (Franz Josef Strauss) 党首が東独に対する多額の資金援助を公にすると，これに抗議する同党議員によって共和党 (Republikaner) が結成され，極右の伝統を受け継ぐことになった。共和党は，基本法の秩序の遵守を誇示しつつ，国家統一前にはバイエルンのみならずベルリンの市議会選挙や欧州議会選挙でも5％を超える得票を見せ，CDU/CSUを右から脅かしたのである (Lösche 1993：164-166)。

もっとも，極右であれ右翼ポピュリズムであれ，その伸長を阻んだのは制度そのものというよりは，むしろ既成政党の対応である。NPDは，戦後初めてSPDとCDU/CSUが連邦において大連合政権を形成したために野党が政府をチェックする機能を低下させ，他方，左翼的な学生運動が議会外から政府批判を強めた状況において勢力を伸ばした。したがって，中道の二大政党が再び与野党に分かれ，東方外交をめぐる厳しい対峙の姿勢に転ずると衰微の道をたどることになった。また，共和党も，ベルリンの壁の崩壊から国家統一へと事態が急展開をみせ，同じく二大政党が早期統一の是非を争う中でその居場所を失っていった。時のコール (Helmut Kohl) 首相こそが，ナショナル・アイデンティティを体現し，牽引したのである。冷戦が終焉に向かう中で速やかに達成された国家統一は，統一ドイツに予想外に重い課題を残したが，中道右派政権に代わって中道左派が赤緑連合として政権を担い，連邦制の改革や労働市場，社会保険政策の改革を実現していった。旧東独地域の建設は今日においてもなお完遂されたとは言い難いだろうし，一連の改革が社会の格差を広げることもあったが，既成政党が政策の対応を続け，有権者から一定の支持を受ける限りは，極右や急進右翼勢力が大衆迎合的な言辞を弄して勢力を拡大する余地は限られてきたといえよう。

現代の政党研究をリードする一人であるミュデ (Cas Mudde) は，戦後の西欧諸国において最も成功した新興勢力として80年代以降に戦後三番

目の興隆局面を迎えた右翼ポピュリストの諸政党を「ポピュリスト急進右翼政党」と総括し，その特質を次の3点に求めている。すなわち，第1に単一文化的な国民国家を理想とし，外国人を国民に対する脅威と捉える，人種主義的ナショナリズムとしての「移民排外主義（nativism）」，第2に治安の維持を重視して社会を規律付けようとする「権威主義」，そして第3に，相互に敵対するエリートと民衆によって二分された社会像を描き，腐敗したエリートを批判して同質的な人民の一般意思の実現を訴える「ポピュリズム」である（Mudde 2014：218）。まさに，冷戦が終焉に向かう中で国家統一が成し遂げられながらも既成政党が統一後の政策課題への対応に難渋を深めていく一方，移民や難民の流入が急増し，イスラム過激派によるテロが続発する中で市民の間に不安が広がるという状況が，他国に遅れてドイツにも右翼ポピュリスト政党が支持を広げる下地を提供したといえよう。

　「ドイツのための選択肢」は，「ユーロが失敗すればヨーロッパが挫折する」として，ギリシア支援に始まるユーロ防衛策を進めたメルケル首相への批判を掲げて結成され，短期間に右翼ポピュリズムへと展開した政党である。2013年の連邦議会選挙を前にしたベルリンでの結党に際しては，ハンブルグ大学の経済学教授であり，自ら組織した経済学者のフォーラムを媒体としてユーロ圏からのドイツの脱退を訴えていたルッケ（Bernd Lucke）が，メディアの注目を集めることに成功した。既成政党のみならず旧共和党など右翼勢力からも多くの同調者を引き寄せた同党は，過半の小選挙区で候補者を擁立し，得票率4.7％を記録したものの，連邦議会への進出をかろうじて逸した。

　ルッケ代表は，かつて経済団体の会長でもあった財界人のヘンケル（Hans-Olaf Henkel）とともに，極右勢力との間で一線を画そうと努めたが，14年に党外組織として結成された「愛国主義プラットフォーム（Patriotischer Plattform）」を場として発言力を増大させた右翼運動への対応に苦慮することになった。しかし，同年に行われた東部三州の州議会

選挙で10％前後にまで票勢を伸ばす躍進を見せた同党の地域支部は，旧東独体制の遺産を称揚する一方，イスラム教寺院のミナレットの建設禁止を求める住民投票の実施を訴えるなど，右翼ポピュリストの性格を表面化させるに至った。それ以降，ザクセンを中心にイスラム教の排除を掲げてデモを展開した通称「ペギーダ」，すなわち「西欧のイスラム化に反対する欧州愛国主義者（Patriotische Europäer gegen die Islamisierung des Abendlandes）」運動に対する態度決定をめぐる党内論争が激化した末，15年7月，エッセンで開催された党大会における党首選においてルッケが敗北し，ザクセン州支部長のペトリー（Frauke Petry）が新党首に就いたのである。同年の夏以降に欧州を襲った難民危機に際しては，メルケル政権はEUのルールを一時的に棚上げにする形で難民を受け入れたが，「ドイツのための選択肢」は，到着する難民が増大するにつれて市民の間に深まった不安に乗じ，排外主義的なメッセージを発しつつメルケル政権への圧力を強めた。当時，ブランデンブルク州支部長であったガウラント（Alexander Gauland）は，有権者からの支持を回復させた難民危機を「自党へのプレゼント」として歓迎した，と伝えられる（Häusler 2017：119）。難民の受け入れを拒絶する同党は，17年の連邦議会選挙では得票率を12.6％にまで伸ばし，二大政党に次ぐ第3党，そして野党としては第1党となった。また，16を数える州議会においても14の州において議席を占めるに至り，欧州議会ではルッケの党首退任後，一部の議員がそれまで属していた反EUの保守から右翼ポピュリストの会派に移籍した。

　こうして，きわめて短期間に反ユーロの政党から排外主義の政党へと変貌した「ドイツのための選択肢」を，ドイツのメディアは現在，右翼ポピュリストと呼び習わしている。しかし，同党は，少なくとも結党当初は極右運動との間に接点を有しており，「右翼ポピュリスト」という形容詞の使用を疑問視する論者もいる（Häusler und Niedermayer 2017）。連邦憲法擁護庁は，「自由で民主的な基本秩序」の原則を遵守する「右翼急進主義」を極右とは区別して容認するものの，現実では両者の間の境界は常

に流動的である (Nandlinger 2008)。「ドイツのための選択肢」が連邦議会にも議席を占めるに至り，ドイツの政党政治は新たな局面を迎えたといえよう[9]。

4　政党政治とナショナル・アイデンティティ

　このように，国政への右翼ポピュリスト政党の登場（2017年）が周辺諸国に比べて大幅に遅れた一方，移民政策はそれに先立つ2000年代半ばにすでに転換されていたとはいえ，冷戦の終焉と国家統一という政策転換を導き出す状況が現れて以降に長い時間を要したことになる。これは，すでに80年代に多文化主義を支持する議論が緑の党を初めとして提起されていたにもかかわらず，保守勢力を中心として「ドイツは移民国ではない」とする考え方が支配的であったためだろう。しかし，中道保守政権から中道左派政権への転換後，ドイツを移民国としての現実に適応させようとする試みが，CDU/CSUの守旧派によって妨げられたことが大きかったともいえる。SPDにとっては「庇護妥協」という大きな代償を払ってようやく得た国籍法改正の約束が，二重国籍に反対する署名運動の動員によってさらなる妥協（オプション・モデルの採用）を強いられて実現された。また，最終的には両政党間の妥協によって成立した移住法も，採決に至る過程では連邦議会史上，稀にみる波乱を伴った。まさに，政党政治がナショナル・アイデンティティの擁護を掲げた感情的な応酬を誘発し，有権者の間に党派的対立を煽り立てたのである（Schmidtke 2016：403f.；Green 2006）。

　しかし，移住法案を具体化する上でSPDに歩み寄ったCDU/CSUは，転換された移民政策を第1次メルケル大連合政権においても支持し続け，「統合サミット」と「イスラム会議」の開催に与するに至った。同党がナショナル・アイデンティティの争点化を抑制し，穏健化する中で統合政策の試みが始まったのである[10]。実際，排外主義的な言辞に対する教会からの批判を無視し続けることはできなかったし，一連の法改正によって帰化を

促された移民がSPDや緑の党への投票者となることを座視し，潜在的票田をみすみす見逃すことも許されなかった (Boswell and Hough 2008：342f.)。[11]

にもかかわらず，2015年の難民危機に際してメルケル首相が断行した人道主義的な難民受け入れに対し，姉妹党のCSUが閣内から異を唱えたように，「ドイツのための選択肢」が人々の不安を煽り立てれば，CDU/CSU内でも連鎖反応が起こり，排外主義が表面化する場合があった。2017年から連邦議会議長をつとめるショイブレは，かつて2006年に連邦内相としてイスラム会議を主催した際，「イスラムはドイツとヨーロッパの一部であり，われわれの現在と未来の一部でもある」と述べた。しかし，長い連立交渉を経てようやく成立した第4次メルケル大連合政権の内相についたCSUのゼーホーファー（Horst Seehofer）は，「イスラムがドイツに属することはない」と挑発し，首相を初め与野党の多くの政治家から不興を買い，反論を招いた。[12]一方，「ドイツのための選択肢」を野党第1党として迎え入れた連邦議会でも，議事運営をめぐり同党と他の既成政党との間に随所で軋轢が生じている。連邦議会の既成政党会派は，かつてベルギーのオランダ語圏で見られたような右翼ポピュリスト政党に対する「防疫線」の形成如何をめぐる厳しい選択までは迫られていないが（津田 2017），院内における緊張はすでに高まっている。

社会の側に目を転ずれば，全国統合計画が連邦政府と移民団体との間で毎年，更新され執行される中で，移民を受け入れる姿勢が徐々に強まっているともいわれる（*Economist* 14th-20th April 2018, Special Report Germany：5f.；More in Common 2017）。学校におけるムスリム子弟に対する宗教教育も州間にばらつきはあるものの，着実に進められている（山根・堀江 2016）。イスラムを受け入れようとする傾向は，パートナーシップや家族のより多様なあり方を許容しようとする動きとも重なっているのかもしれない（Schönwälder and Triadafilopoulos 2016：375f.）。

度重なる未曾有の危機に直面し，加盟国間の対立のみならず国内の分断

にも苦しむ加盟国が共通の対応策をとり，EUを分裂から救い出すことはますます困難になっている。それでもなお，中道政党が右翼ポピュリズムに牽引されて目先の党利を追求せず，移民の統合に向けた着実な社会変化を支援することなしには，ヨーロッパにおいてより適切なナショナル・アイデンティティを形成することは叶わないだろう[13]。

* 本章は，年次研究大会に備えて提出した論文に後日，若干の手直しを加えて整えたものである。したがって，当日，粕谷祐子，日野愛郎両会員からいただいた示唆に富むご指摘は残念ながら十分には生かすことができなかった。別の機会を期したい。また，最近のドイツ政治の展開を「アイデンティティの政治」という角度から捉え直すべく巧みにいざなってくださった上神貴佳会員にも感謝申し上げる。
** 第2節における移民・難民政策の経緯は，平島（2017）の第8章に基づく。より詳しい参考文献についてはこちらを参照されたい。

注

1) これらにウクライナ危機を加えた，EUを襲ったさまざまな危機については，遠藤（2016），Dinan et al.（2017），宮島他編（2018）。
2) むしろ，既成政党のとりわけ社会政策のパフォーマンスに対する幻滅や批判を強調するものに Ivaldi（2006）。
3) ヨーロッパ近代におけるナショナリズムについては，例えば Hobsbaum（1990），Sperber（1994）。
4) もっとも，戦時における異民族に対する強制的諸措置を初め近代における国内少数派の排除の例には枚挙の暇はない。また，スコットランドやカタルーニャなど，EUへの加盟を頼りとする独立運動の動きもある。
5) 自由主義的な意図をもって行われてきた移民の社会統合政策が，統合コースという反自由主義的な手段を採用する「市民統合主義」へと収斂したことにより，各国に固有の展開をたどってきた移民政策が「抑圧的自由主義」へと共通して転化した，とするヨプケの主張の当否を初め，移民政策の変化について論争が続いている（Cf. Joppke 2017）。なお，3カ国を初めとする欧州諸国間の「収斂」に対して欧州司法裁判所が及ぼした影響を強調するものには佐藤（2015）。
6) https://ec.europa.eu/migrant-integration/librarydoc/common-basic-principles-for-immigrant-integration-policy-in-the-eu（2019年5月15日最終確認）　なお，「支

援と要請」は，シュレーダー政権がその発足に際して掲げた労働市場改革の標語でもあった。
7) 統合サミットが他言語の集団に対してドイツ語への習熟を促し，イスラム会議が宗教的少数派を包摂する試みだとすると，これらの協議機関は，ドイツ国家（「中心」）が文化的「周辺」に置かれた移民を包摂するための政策の発動ということになる。国民と国家ないし国民国家の形成に関するロッカンのモデルでは，言語と宗教（キリスト教の諸宗派）は，「中心」が「周辺」を国家内で包摂する際に生じ，社会を分断する別々の歴史的亀裂として考えられていたが（Flora et al. (eds.) 1999），非キリスト教徒の移住がもたらす国民国家の現代的変容の局面においては，その位置付けに新たな工夫が求められよう。ナショナリズム研究の文脈では，宗教と言語のナショナリズムとの関連についてのブルーベイカーの考察が興味深い。Cf. Brubaker（2012；2013），Zolberg and Woon（1999），Joppke（2015：39-41）．
8) ドイツ国内のイスラム組織については，近藤（2007）。
9) Bjanesoy and Ivarsflaten（2016）は，右翼ポピュリスト政党の支持者がもつデモクラシー観が，既成政党支持者のそれとは異なる点を強調する。
10) 情報産業における技術者不足の解消など，対外的競争力の維持という関心も共有された。
11) ベルギーのオランダ語圏のキリスト教民主党の試みについては，松尾（2015）。
12) http://www.sueddeutsche.de/politik/bundestagspraesident-schaeuble-islam-ist-teil-deutschlands-geworden-1.3927707（2019年5月15日最終確認）　この発言は，年内に行われるバイエルンの州議会選挙を意識してのものといわれている。
13) 連邦共和国の政治構造は長らく政策変化を緩慢なものとしてきたが，大胆な政策の転換が排除されていたわけではない。とりわけ，国家統一後には統一が後に残した課題を解決するべく政策が根本的に変更されることも稀ではなかった。政党はこのような政策転換をもたらす上で中心的な役割を果たすが，移民・難民政策の領域では転換を遅滞させる側面を強く見せた（平島 2017）。もっとも，このような逆機能は，もっぱら右翼ポピュリスト政党によって発現するとは限らない。二大政党が連邦・州議会において占めてきた数的優位の低下も，これとの関連において大きな意味をもつ。なお，2000年代に「ハルツ改革」に反発してSPDを割り，旧東独の体制政党の後身政党と合同して生まれた「左翼党」は「左翼ポピュリスト政党」としても論じられる。同党はいくつかの東部の州においては与党であり，議会政治の一翼を担っている。

参考文献

Boswell, Christina and Dan Hough (2008) "Politicizing Migration : Opportunity or Liability for the Centre-Right in Germany?," *Journal of European Public Policy* 15 : 3, 331-348.

Bjanesoy, Lise Lund and Elisabeth Ivarsflaten (2016) "What Kind of Challenge? Right-wing Populism in Contemporary Western Europe," Yvette Peters and Michael Tatham (eds.), *Democratic Transformations in Europe. Challenges and Opportunities*, London : Routledge 33-50.

Brubaker, Rogers (2012) "Religion and Nationalism : Four Approaches," *Nation and Nationalism* 18 : 1, 2-20.

Brubaker, Rogers (2013) "Language, Religion and the Politics of Difference," *Nation and Nationalism* 19 : 2, 1-2.

Czada, Roland (2010) "Politische und gesellschaftliche Rahmenbedingungen einer staatlichen Imamusbildung," Ucar Bühlent (Hg.), *Imamusbildung in Deutschland. Islamische Theologie im europäischen Kontext*, Göttingen : V&R unipress, 81-86.

Dinan, Desmond, Neill Nugent and William F. Paterson (eds.) (2017) *The European Union in Crisis*, London : Palgrave.

European Union (2016) *Standard Eurobarometer 85. "European Citizenship" Report*.

Flora, Peter with Stein Kuhnle and Derek Urwin (eds.) (1999) *State-Formation, Nation-Building, and Mass Politics in Europe. The Theory of Stein Rokkan*, Oxford : Oxford University Press.

Green, Simon (2006) "Zwischen Kontinuität und Wandel : Migrations- und Staatsangehörigkeitspolitik," Manfred G. Schmidt und Reimut Zohlnhöfer (Hg.), *Regieren in der Bundesrepublik Deutschland : Innen- und Aussenpolitik seit 1949*, Wiesbaden : VS Verlag für Sozialwissenschaften, 113-134.

Habermas, Jürgen (1990) *Die nachholende Revolution. Kleine Politische Schriften VII*, Frankfurt a. M. ; Suhrkamp.

Häusler, Alexander (2017) "Die 'Alternative für Deutschland' : Rechte Radikalisierungstendenzen im politischen Werdegang einer neuen Partei," Bundeszentrale für politische Bildung (Hg.), *Dossier Rechtspopulismus*, 117-124.

Häusler, Alexander und Oskar Niedermayer (2017) "Debatte : Ist die Alternative für Deutschland eine rechtspopulistische Partei?," Bundeszentrale für politische Bildung (Hg.), *Dossier Rechtspopulismus,* 113-116.

Hansen, Randall and Jobst Koehler (2005) "Issue Definition, Political Discourse and the Politics of Nationality Reform in France and Germany," *European Journal of Political Research* 44 : 623-644.

Hobsbaum, E. J. (1990) *Nations and Nationalism since 1780,* Cambridge : Cambridge University Press.

Hollifield, James F. (2014) "France. Immigration and the Republican Tradition in France," J. F. Hollifield, Philip L. Martin, and Pia M. Orrenius (eds.), *Controlling Immigration. A Global Perspective,* 3rd ed., California : Stanford University Press, 157-187.

Ivaldi, Gilles (2006) "Beyond France's 2005 Referendum on the European Constitutional Treaty : Second Order Model, Anti-Establish Attitudes and the End of Alternative European Utopia," *West European Politics* 29 : 1, 47-61.

Joppke, Christian (2007) "Beyond National Models : Civic Integration Policies for Immigrants in Western Europe," *West European Politics* 30 : 1, 1-22.

Joppke, Christian (2015) *The Secular State under Siege. Religion and Politics in Europe and America,* Cambridge : Polity Press.

Joppke, Christian (2017) "Civic Integration in Western Europe : Three Debates," *West European Politics* 40 : 6, 1153-1176.

Knutsen, Terje (2017) "A Re-emergence of Nationalism as a Political Force in Europe?," Yvette Peters and Michael Tatham (eds.), *Democratic Transformations in Europe. Challenges and Opportunities,* London : Routledge, 13-32.

Koenig, Matthias (2005) "Incorporating Muslim Migrants in Western Nation States — A Comparison of the United Kingdom, France, and Germany," *Journal of International Migration and Integration* 6 : 2, 219-234.

Lösche, Peter (1993) *Kleine Geschichte der deutschen Parteien,* Stuttgart : Kohlhammer.

Mommsen, Wofgang (1983) "Wandlungen der nationalen Identität", Ders., *Nation und Geschichte. Über die Deutschen und die deutsche Frage,* Piper : München, 55-86.

More in Common (2017) *Attitudes towards National Identity, Immigration, and*

Refugees in Germany, Purpose Europe Ltd.

Mudde, Cas (2014) "Fighting the System? Populist Radical Right Parties and Party System Change," *Party Politics* 20：2, 217-226.

Musch, Elisabeth (2011) *Integration durch Konsultation? Konsensbildung in der Migrations- und Integrationspolitik in Deutschland und den Niederlanden*, Münster：Waxmann.

Musch, Elisabeth (2012) "Consultation Structures in German Immigrant Integration Politics：The National Integration Summit and the German Islam Conference," *West European Politics* 21：1, 73-90.

Nandlinger, Gabriele (2008) "Wann spricht man von Rechtsextremismus, Rechtsradikalismus oder Neonazismus…?." http://www.bpb.de/politik/extremismus/rechtsextremismus/41312/was-ist-rechtsextrem?p=all（2019年5月15日最終確認）

Schmidtke, Oliver (2016) "The 'Party for Immigrants? Social Democrats' Struggle with an Inconvenient Electoral Issue," *German Politics* 25：3, 398-413.

Schönwälder, Karen and Triadafilos Triadafilopoulos (2016) "The New Differentialism：Responses to Immigrant Diversity in Germany," *German Politics* 25：3, 366-380.

Sperber, Jonathan (1994) *The European Revolutions, 1848-1851*, Cambridge：Cambridge University Press.

Spohn, Willfried (2015) The (Fragile) "Normalization of German Identity within Europe," Willfried Spohn, Matthias Koenig and Wolfgang Knöbl (eds.), *Religion and National Identities in an Enlarged Europe*, London：Palgrave Macmillan, 17-38.

Die Unabhängige Kommission "Zuwanderung" (2001) *Zuwanderung Gestalten Integration Fördern*, Berlin.

Zolberg, Aristide R. and Long Litt Woon (1999) "Why Islam Is Like Spanish：Cultural Incorporation in Europe and the United States," *Politics & Society* 27：1, 5-38.

遠藤乾（2016）『欧州複合危機』中公新書.
近藤潤三（2007）『移民国としてのドイツ——社会統合と平行社会のゆくえ』木鐸社.
佐藤次高（2009）『イスラーム——知の営み』山川出版社.

佐藤俊輔（2015）「EUにおける移民統合モデルの収斂？——「市民統合」政策を事例として」『EUの連帯』（日本EU学会年報第35号），183-203．

高橋進・石田徹編（2016）『「再国民化」に揺らぐヨーロッパ——新たなナショナリズムの興隆と移民排斥のゆくえ』法律文化社．

譚　天（2017）「西欧における急進右翼ポピュリスト政党と左派政党の競争関係に関する一考察——1980年代中葉以降の墺，仏，独及び伊を中心に」『法学』81巻4号，147-218．

津田由美子（2017）「ベルギーにおけるポピュリズムと地域主義政党——フラームス・ブロック（フラームス・ベランヘ）を中心に」『関西大学　法学論集』66巻5・6号，371-394．

中條健志「移民政策」（2018）津田由美子・松尾秀哉・正躰朝香・日野愛郎編『現代ベルギー政治——連邦化後の20年』ミネルヴァ書房，49-76．

平島健司（2017）『ドイツの政治』東京大学出版会．

水島治郎（2012）『反転する福祉国家』岩波書店．

松尾秀哉（2015）『連邦国家ベルギー——繰り返される分裂危機』吉田書店．

宮島喬・木畑洋一・小川有美編（2018）『ヨーロッパ・デモクラシー——危機と転換』岩波書店．

山根・堀江絵美（2016）「ドイツにおけるイスラーム宗教教育の展開とその社会的背景に関する一考察」『大阪大学教育学年報』21，101-115．

（ひらしま・けんじ：東京大学）

CHAPTER 2
アメリカにおける政党政治とアイデンティティ

久保文明 ［東京大学］

1 アメリカ政治とアイデンティティ
──歴史的文脈で──

　アイデンティティと政治の問題について語るとき，人種やエスニシティが最初に取り上げられるのが普通であろう。アメリカにおいてもそれは変わらない。ただし，歴史を振り返ると，メイフラワー誓約にみられるように，信仰者とそれ以外の違いも先鋭に意識されていた。であるからこそ，船上において全員が，上陸後信仰の有無にかかわらず協力して政治体を構成することを誓い合った。

　信仰の問題は，時代が大幅に下って1970年代後半以降，人工妊娠中絶の問題等を軸に，きわめて顕在的な政治問題となった。他の先進諸国と比較して，アメリカが宗教的な国家であるがゆえに，これらの争点の重要性は必然的に増すことになる。同時にアメリカ国民における信仰心の篤い有権者と，世俗的な人々の間の政治的亀裂も明確になった。同性愛問題もこの文脈で重要性を持つようになり，宗教的に保守的なアメリカ人は長い間同性愛について否定的な見方を維持した。ジェンダーの問題すら，信仰派対世俗派の対立となった。前者の人々は人工妊娠中絶のみならず，男女平等憲法修正（ERA）にも反対した（結局その成立阻止に成功）。

　ただし，同性愛問題は21世紀に入り，とくに同性結婚の問題で大きな変化をみた。世論が大きく振れ，多くの州が次々と同性結婚を法的に認める

中, 2015年ついに連邦最高裁判所はそれをすべてのアメリカ人の権利とする判決を下した。

このように, アイデンティティ問題の位相は, 人種, 民族のみならず, 宗教, 性的志向等におよび, 実に多様である。むろんジェンダーの問題も存在する。そこに政党政治がどのように絡むかはさらに複雑である。おそらく想像されているよりもしばしば, その対立軸は必ずしも白人対黒人だけではなく, 白人の間に存在する。以下, 本章ではドナルド・トランプが登場した近年のアメリカにおける政党とアイデンティティの関係につき, とくに白人間の対立に焦点をあてながら分析したい。

2　白人労働者階級による疑似革命

2016年大統領選挙において, トランプは事前の世論調査結果に反して, 同党内のみならず本選挙でも勝利した。出口調査をみてすぐに気が付くのは, トランプの白人票での圧倒的強さである。ヒラリー・クリントンのそこでの得票率は37％であったのに対し, 彼は58％を獲得した。2012年選挙におけるオバマ大統領の白人での得票率が40％であったので, 今回のクリントンの白人票での成績はそれを下回る。とくに大学を卒業していない白人に限ると, トランプの得票率は67％となり, 28％のクリントンを圧倒した。今回の政権交代はまさに低学歴白人層による疑似革命であった (CNN 2016b；以下の数字も同様)。

女性票ではクリントン54％, トランプ42％となったが, 実はこれは通常のジェンダー・ギャップの範囲内である。むしろクリントンは4年前のオバマより1％得票率を減らしている。黒人票では民主党支持が落ち込んで, クリントン88％, トランプ8％となり, こちらはオバマの93％から5％減少した。とくに大都市での黒人の投票率の落ち込みがクリントンに痛手を与えた。不法移民攻撃で大きく共和党支持が後退すると予想されたヒスパニック票では, クリントン65％, トランプ29％となり, 4年前と比較して

むしろ民主党支持が6％減少した。合法移民の一部は実は不法移民に反感を持ち，またヒスパニックは長くアメリカに暮らすほど，共和党支持の傾向が強くなる。

　宗教の軸も重要であった。白人有権者のみの集計であるが，福音派あるいはボーンアゲン（宗教的再生を体験したと信ずる）キリスト教徒では，クリントンの得票率が16％であったのに対し，トランプは81％となった。マクロな視点でみると，主要有権者集団の投票動向は，これまでのものと大きな振れを示しておらず，二大政党の基本的支持基盤はそのまま維持された（岡山 2017も参照）。

3　「トランプ革命」の現場

　1828年にアンドリュー・ジャクソンが大統領に当選したとき，アメリカに激震が走った。若き共和国において，それまで大統領を務めたのはすべて教養と財産の人であったので，学歴がなく，ほとんど字が読めないと言われたジャクソン当選はまさにコモンマンによる革命であった。

　トランプの場合，その出自はともかく，その政策はアメリカ政治のエスタブリッシュメントあるいはエリートがこれまで推進してきたものと正反対なものも多く，低学歴白人労働者階級という支持基盤にみられる特異な性格も併せて考えると，やはり疑似革命としての性格が備わっている（久保 2017）。2016年選挙戦の際のトランプの政策の柱，とくにそれまでの共和党主流派候補と対照をなす政策の柱は，反不法移民，反自由貿易主義（保護貿易主義），そして反国際主義（孤立主義）の三点セットであった（ただし当選後，反国際主義についてはかなりの程度修正を施した）。

　アメリカには現在1100万以上の不法移民が存在する。トランプは，不法移民を犯罪者・麻薬中毒者が多いと規定してスケープゴート化し，またアメリカ・メキシコ国境線上に壁を作り，その費用をメキシコ政府に支払わせるという派手な公約を作り上げた。

不法移民の存在と，白人労働者層の失業や低賃金との間にどのような因果関係があるか，断定することは容易でない。しかし，アメリカの経済状態が（とくに有権者の主観の世界において）悪化した状況では，自分が失業したとき，不法移民のせいにする人が多数出てきてもおかしくない。あるいはそのように煽る政治家がいれば，同調する有権者も生まれてくる。むしろ，そのような政治家の登場は避けがたいともいえよう。

　アメリカの中下層の人々の生活は楽でない。2016年の投票日前，株価や失業率など多くの経済指標は経済の好調さを示唆していたものの，実質家計所得の中間値は1999年の水準を回復していなかった（2016年大統領選挙後に回復）。すなわち，中間値より下の家計に属する人々は99年より低い生活水準に甘んじていた。賃金が上がらないとき，安い賃金で喜んで働く不法移民を責める人が登場する。投票日において国民の61.8％が，アメリカは間違った方向に進んでいると感じていた（RealClearPolitics 2016）。

　工場が海外に移転し，雇用が消え失せるとき，反自由貿易主義のレトリックは反不法移民のそれとともに，相当の迫力を持つ。NAFTA（北米自由貿易協定），あるいはTPP（環太平洋経済連携協定）はまさに目の敵となる。オハイオ州南部のサイオートー・カウンティはトランプが2016年3月の共和党予備選挙において大量得票した地域である[1]。ここでは高卒白人男性の約四分の一が失業している。かつて鉄鋼工場や鉄道整備関係の職場があり，時給35ドルの仕事が普通に存在していたが，現在時給11ドルの職しか残っておらず，また技能を持つ人々はコロンバスやシンシナティに移住してしまっている。そして残った住民の間では薬物中毒が蔓延している（CNN 2016a）。

　2016年11月の本選挙ではどのような結果となったであろうか。オハイオ州全体では，トランプがクリントンを，51.7％ 対 43.3％で下した。接戦との予想は大外れであり，アメリカと世界に衝撃を与えた。さらに驚きなのはサイオートー・カウンティでの結果である。トランプはここで66.8％の得票率を記録し，クリントンの29.7％を圧倒した。以下で同カウンティ

表1　共和党大統領候補者のサイオートー・カウンティでの得票率（2000-2012）

2012年	ミット・ロムニー	49.7%
2008年	ジョン・マケイン	52.2%
2004年	ジョージ・W.ブッシュ	51.9%
2000年	ジョージ・W.ブッシュ	50.2%

における過去の数字を振り返る（表1）。

　アメリカの選挙は日本のそれのようにいわゆる「風」頼みでは成り立たず，有権者の投票行動は固定的である。そのような中，2016年のトランプの得票率は驚異的である。そして，このような現象は，オハイオ州のみならず，ペンシルヴァニア，ミシガン，ウィスコンシン，そしてアイオワなどの州でもみられ，結果的にそれらの州でのトランプの勝利につながった。オハイオ州で長年民主党が強いカウンティにおいては，共和党にとって「38％の壁」がよく知られていたが，そのような地域でもトランプの得票率が50％前後を記録したことが報告されている（金成 2017：29など）。

　以下は，オハイオ州における2016年トランプ大統領の注目すべき記録の例である。

　トランプは，オハイオ州全88カウンティの内，80のカウンティで勝利した。これは共和党候補としては1984年のレーガン以来の記録となる。レーガンは19％差で同州にて勝利したことを想起すると（トランプは同州において上記の通り約8％差で勝利），トランプの支持の広がりと底堅さを認識することができる。トランプは61のカウンティで，共和党候補としてベスト10に入る得票率を記録している。トランプは同州の38カウンティで，過去10回の選挙で共和党候補としてベストの得票率をあげた。オハイオ州北西部でトランプは，共和党候補として第3位の得票率の差（margin）を記録した。そしてトランプはオハイオ州北東部では民主党に敗北しているとはいえ，その差は過去2番目の僅差であった（*Washington Post* 2018）。

　全体として，オハイオ州のほぼ全域において，すなわちコロンバス，ク

リーブランド，シンシナティなどの大都市部を例外として，いかにトランプへの支持が広がりを持っていたかが示されている。

サイオートー・カウンティの状況について，若干の言葉を補いたい。雇用の喪失と同時に深刻なのが，すでに触れた薬物中毒の蔓延である。これは大都市スラムのアフリカ系アメリカ人の間だけでなく，白人中下層階級の間でも深刻な問題となっている。

近年，とくに「オピオイド中毒」と呼ばれる問題が深刻になっている。オピオイドとは医療用鎮痛剤の一つで，アヘンと同じケシ由来の成分やその化合物から作る麻薬などを指し，モルヒネやヘロインを含む。脳への痛みの伝達を遮断するが，中毒性が強い。アメリカでは90年代に医療用鎮痛剤として普及した。

米疾病対策センターによれば，2017年の薬物過剰服用による死者数は，違法なヘロインを含めて7万237人であり，前年比で+9.6となっている。ただし，これは15年から16年にかけての増加率21％をかなり下回るので，やや沈静化しているとの見方も存在する（*Time* 2018）[2]。

アメリカ白人の平均寿命は2014年から短くなっていたが，2015年，ついに国民の平均寿命も短縮し，それは16年・17年と続いた。アメリカ国民の平均寿命の短縮は22年ぶりであったが，2年連続は1962-63年以来，3年連続は第一次世界大戦時以来のこととである（2017年の平均寿命は78.6歳。男性：76.1歳，女性：81.1歳）。とくに45-54歳の高卒白人の薬物過剰摂取による死亡率が高く，この集団での死亡率の高さが白人，および国民全体の平均寿命を押し下げている。具体的死因は自殺，薬物・アルコール依存，肝臓障害などであり，精神障害，慢性的痛みも増加しつつある。1999年には人口10万人当たり10.5人であったアメリカの自殺率は，2017年には14人にまで跳ね上がっている（*Time* 2018）。アメリカ人は世界人口の5％を占めるに過ぎないが，しかし世界の鎮痛剤の80％を消費しているとの指摘も存在する（CNBC 2016）[3]。

いずれにせよ，3年連続して国民の平均寿命が短縮し，それが特定の人

種，特定の教育水準，そして特定の年齢の集団が原因となっているという事実は衝撃的であろう。

経済学者アンガス・ディートンとアン・ケースは，薬物中毒，自殺，肝臓病，アルコール依存などを原因とする死について，「絶望による死」(death of despair) と名付けた (Case and Deaton 2017；日本経済新聞社 2017)。さらに，ある研究者は，「絶望による死」と，2016年と12年大統領選挙での共和党票の増加率の関係を分析した結果，トランプが4年前の共和党候補より多く票を得た地域ほど，「絶望による死」が多いという相関関係が存在することを発見した (Monnat 2016)。

要するに，雇用の喪失，薬物中毒の蔓延とトランプ現象には，深い関係が存在する。

4 　反エリーティズムと反エスタブリッシュメント感情

自由貿易の推進あるいは金融規制の緩和は，長年アメリカの政治経済エリートが，かなりの程度超党派で進めてきた政策であった。民主党では1980年代から保護貿易主義感情が強まったとはいえ，ビル・クリントンはNAFTAを成立させ，オバマはTPPを推進した。

自由貿易主義については，多くのエリートによってアメリカにとってプラスの側面が強調されてきたが，昨今しばしば引用される「象のカーヴ」などをみると，先進国の低所得層にとって，機械化等の影響も加わっていると推測されるものの，有害であったか，あるいは少なくもほとんど恩恵がなかった可能性が浮かび上がる (Milonovic 2012)。

金融規制の緩和はレーガン時代から本格化したが，それはクリントン政権でも継受された。オハイオの僻地に取り残された人々からみると，その結果が2008年の金融危機であった。

不法移民についても，寛大な措置を支持する，すなわち罰金等を科したとしても最終的にはアメリカでの居住権を付与しようとする共和党穏健派

と多数の民主党支持者は，アメリカの労働者に対する否定的な影響を軽視するものの，雇用をめぐって競合する労働者からすると，自分たちの賃金が低いままなのは，あるいは自分たちが解雇されたのは，大量に存在する不法移民のせいである，ということになる。

　外交・安全保障エリートは2001年の9.11同時多発テロ事件のあと，ヒラリー・クリントンなど民主党の政治家も加わって，アフガニスタンに対して，そして03年にはイラクに対して戦争することを支持したが，反エリート感情をもつ人々にとって，アメリカが人的・経済的犠牲を負って，イラク，アフガニスタンを支えることはほとんど無意味に思えたであろう。しかも，戦争の結果はどうであったか。多数の死者を出したものの，これら二つの国はアメリカが期待する状態に達したであろうか。昨今，孤立主義のレトリックが支持されるゆえんである。

　トランプは，こうした白人中下層階級の不満や怒りに訴えるのにかなり巧みであった。とくに「忘れられた男女」を語り，「法と秩序」を強調するレトリックは，徹底的に白人ブルーカラー層を念頭においたものであった。前者はフランクリン・D. ローズヴェルトの言葉（実際には「忘れられた人々」）であり，後者はニクソンのレトリックである。どちらも，時代状況は異なるものの，白人労働者票を獲得することにおいて巧みであった。

　共和党内の指名争いにおいて，選挙資金をすべて自己資金で賄ったことは，圧力団体やロビイストに屈しない候補者とのイメージを生み出すことに成功した。「なぜ自由貿易反対という皆さんの声は政治家によって捻じ曲げられてしまうのでしょうか。それは，圧力団体やロビイストから政治資金をもらうからです。それを受け取らない私のみが皆さんの声を代弁できるのです」。トランプは頻繁にこのように語りかけた。このような「政治姿勢」ととぎつい不法移民批判，自由貿易批判，そして国際主義批判が合体したとき，これらのレトリックは，既成政治家が想像した以上に効果的であった。

ここには，エリート対反エリートの対立構図が存在する。反エリート主義の震源は低所得者層，低学歴層，あるいはブルーカラー層であるが，それは二つの陣営に分かれる。富裕者やウォールストリートに反発し，同時に反不法移民と反少数集団（反黒人）のレトリックを支持するのが白人低学歴層であり，富裕者やウォールストリートに反発しつつも，不法移民や少数集団を標的にすることに反発するのが民主党系白人層と少数集団に属する人々である。2016年の選挙では，前者はトランプを支持し，後者はサンダースを支持した。

　白人の間の亀裂は，若干エスニシティとも関係する。広くはWASPと括られることが多いものの，たとえばスコットランド系，あるいはプロテスタントのスコットランド=アイルランド系移民はしばしばスコッチ・アイリッシュなどと呼ばれるが，遅れて北米大陸に移住したせいもあり，アパラチアの痩せた土地に居住してきた。そこからオハイオや深南部にもさらに転住していくが，社会的上昇を達成しなかった人々については，ヒルビリー，ホワイトトラッシュ，レッドネックなどのさまざまな蔑称が用意されていた。先に触れたサイオートー・カウンティの住人も，ケンタッキー，ウェストヴァージニア州等アパラチア山脈地域からの移住者が多い。彼らに共有されているのは，上層階級に対する憤慨と，不法移民やアフリカ系アメリカ人に対する警戒心や敵意である。福祉政策や寛大な移民政策によってこれらの不法移民や少数集団を手助けしていると彼らがみなすエリートに対する怒りは，さらに増幅されることになる。ここにも，白人プロテスタント層の間でのアイデンティティの問題が存在する。スコッチ・アイリッシュの家系に属する『ヒルビリー・エレジー』の著者J. D. ヴァンスが，自らについてWASPに属する人間だと思ったことはないと著書の冒頭で語っているのは印象的である（ヴァンス 2017：8）。

　今日のアメリカにおいて，少数派や女性であれば，さまざまな形の政府の支援がある，という理解をしているアメリカ人は少なくない。今世紀に入って件数は著しく減ったものの，アファーマティヴ・アクションはその

代表例であろう。少数派や女性であって貧困であれば、政府の支援が得られ、社会の同情も得られる。しかし、白人男性であればどうであろうかと、とくに白人の非成功者は考える。

2018年11月に『ウォールストリート・ジャーナル』が報じた世論調査は、共和党支持者の感覚をよく示している。アメリカ社会は黒人・白人のどちらに有利かを民主党支持者・共和党支持者に尋ねたところ、民主党支持者の82％は「白人の方が得をしている」と答えたが、共和党支持者の80％が「黒人の方が得をしている」と回答している。ちなみに、共和党支持者のほとんどは白人である（*Wall Street Journal* 2018；ウォールストリート・ジャーナル 2018）。

このような文脈において、とくに中下層階級の白人の間に鬱積した怒りは大きい。これは、社会学者アーリー・R. ホックシールドがルイジアナ州の共和党支持者について明らかにした心情でもある。

アメリカの知的世界では、少数派に対して同情が寄せられる。アフリカ系アメリカ人、ヒスパニック、不法移民、女性、性的指向の少数者などがそれに該当するが、彼らが被る差別や貧困状態などには頻繁に光が当てられてきた。メディアの態度も同様であり、アフリカ系アメリカ人が多く住む大都市のスラムの貧困についての報道は枚挙に暇がない。

それに対して、白人が直面する問題についてはどうであろうか。極端な場合、すべての白人は白人であるだけで人種差別主義者であるとの言説すら存在する。優位にある人種と位置付けられることは普通である。当然ながら、白人の中にも低所得の人々は存在するが、それは少数派と比べると同情、研究、報道の対象にはあまりならなかった。

ホックシールドは、ヒルビリー、そしてトランプ支持者ともある程度重なるティーパーティ（Tea Party：茶会党）支持者の価値観や世界観を知るために、リベラルな町として知られるカリフォルニア州バークリーから、共和党の堅固な地盤であるルイジアナ州に移住し、その住民と対話を重ねた。一見不思議なことに、彼らは環境汚染の深刻な被害に遭いながらも、

連邦の環境保護庁の規制に疑念を持ち，環境規制を支持する民主党ではなくそれに反対する共和党に投票し続ける。

ともに住み対話を重ねた結果，彼女が認識するに至ったのが，以下のような社会観が多くの住民に共有されていることである。

アメリカン・ドリームという山頂を目指す人たちの長蛇の列がある。自分の前に夥しい人の列があり，待てども待てども前に進まない。後ろを見ると，恐ろしいことにさらに多くの人が待っている。そこには多数の少数派の人々が含まれる。しかし，待つだけであればまだ辛抱できるものの，彼らにとってもっとも腹が立つことは，辛抱強く，愚直に待っている自分の前に横入りする人がいることである。それはほとんどの場合，様々な意味での少数派の人々である。そして，努力しているとは思えない彼らの横入りを助けているのは，連邦政府であり民主党である……。(Hochschild 2016, chapter 9；ホックシールド 2018a, 第9章「ディープストーリー」191-215；ホックシールド 2018b)。

2016年大統領選挙は，トランプの訴えに敏感に強烈に肯定的に反応する一群の有権者層の存在を浮き上がらせることによって，これまでと異なった集団のアイデンティティの問題を顕在化させた。そして，いうまでもなくこれは政党政治の在り方と密接に関わっている。

5　共和党の「北部戦略」？

ところで，アメリカの2016年大統領選挙は，さまざまな意味で特異であった。

第一に，民主・共和の二大政党が，トランプのように政治経験も軍人経験もない人物を大統領公認候補に指名することは稀有なことである。第二次世界大戦後としては初めてのことであった。

第二に，第二次世界大戦後，基本的にアメリカが一定の犠牲を払っても国際的秩序を支えようとする国際主義者を大統領候補に指名し続けてきた共和党が，かなり明確に孤立主義的な政策を提唱する候補を指名したことも異例である。トランプは「アメリカ第一」をスローガンの一つにしているが，これは1930年代の孤立主義者の思想を意味している。グローバリズムでなくアメリカニズム。これがトランプ運動の標語であった。
　第三に，二大政党の大統領候補二人ともが保護貿易主義的な立場で選挙戦を戦うのも，戦後では異例である。
　全体として，共和党の公認候補の外交安全保障，および通商政策が異例であったことを示唆している。
　今回のトランプの勝利を単に偶然の産物として一蹴することも不可能でない。しかし，ペギー・ヌーナンのように，トランプを過小評価してはならないと警告するコラムニストも存在する。ヌーナンは，トランプ大統領が就任早々，経営者だけでなく，労働組合指導者と会談したこと，それは1時間半にもおよび，ホワイトハウスを自ら案内するツアーまでつけたものであったことを紹介しながら，トランプは共和党を「勤労者の政党，包囲されていると感じている人々の政党」に作り替えようとしていると警告する。むろん，それは簡単なことであるはずがない。しかし，彼女が見るところでは，民主党はそれに対抗する手段を持っていない。そして彼女はジョシュア・グリーンによる『ブルームバーグ・ビジネスウィーク』によるコラムを絶賛しつつ，「トランプは労働者政党を構築しようとしているのだ」「ここ18年間実質賃金が上がっていない人々の政党である」「5年後，10年後，共和党は違う政党になっているだろう」との見方を紹介している（Noonan 2017；Green 2016）。
　むろん，トランプが共和党を労働者の政党に変容させることは，ヌーナン自ら認めるように容易でない。トランプの経済政策の根幹は減税や規制緩和であり，また労働組合の権利を抑制しようとする経営者の立場を支持している。再分配的政策への関心も弱い。最低賃金の引き上げすら支持で

きないであろう。しかも，今回，共和党は反NAFTAの立場が災いしたか，テキサス州で4年前より得票を減らしている。

ただし，先にみたような強烈な反不法移民の政策，保護貿易主義，孤立主義の三点セットに加え，宗教的争点を強調し，キーストンXLやダコタ・アクセスなどのパイプラインの建設を支持することで，そしてさらに大規模なインフラ投資を打ち上げることで，白人労働者に強烈なアピールができることは，すでに部分的に証明された。トランプはさらに，2018年の一般教書演説（Trump 2018）を含め折に触れて，有給の産児休暇制度を支持する姿勢を示している。

このようなトランプの共和党に，今日支持者が高学歴化し，LGBT，ジェンダー，人種的・民族的少数派の権利擁護を重視し，なおかつ地球温暖化対策をますます優先政策とする民主党は，どのように対抗していくのであろうか。

ケヴィン・フィリップスが洞察に満ちた著書『共和党多数派の出現』を刊行したのは1969年のことであった（Phillips 1969）。実はその前年から，ニクソンはそこで提唱された南部戦略をかなり忠実に実行していた。当時，共和党は少数党であり，南部ではきわめて弱体であった。

現在，共和党は控えめにみても民主党と五分五分に渡り合っている。上で指摘したように，2016年にいくつかの州で票を減らした面があるとはいえ，共和党は依然南部の多くの州で優勢である。この状態で，北部白人労働者階級を標的にするトランプの「北部戦略」が部分的にでも効果を現わすとすれば，中長期的に共和党を優位にする可能性は相当大きいといえよう。

長年にわたり，ヒスパニックなど少数民族票を取り込まない限り，共和党に将来はないと言われてきた。しかし，トランプの「北部戦略」はまさにその逆を行くものであった。20年後はともかく，少なくとも2016年にはそれは機能した。

すでに1988年大統領選挙の頃から，少数派の人口増と彼らを支持基盤と

する民主党に明るい将来展望は指摘されていた。当時，アフリカ系アメリカ人の有権者（実際に投票した人）は10％，ヒスパニック（同じ）は3％に過ぎなかった。今日，それぞれ12％，11％，そしてアジア系4％となっている。そのときからすでに30年が経過し，着実に，否，むしろ予想以上に少数派人口は増加したが，はたして民主党は優位に立ったであろうか。既述したように，二大政党の党勢はほぼ五分五分である。これは民主党が巧みに白人票を逃してきたためでもある。

　今回，トランプは上記の三点セットの実践で，共和党の大統領候補指名を獲得することが可能であることを実証した。トランプ政権は壮大な規模で失敗し，北部戦略も同時に消え失せる可能性もある。それでも，今回トランプが提起した路線問題は，今後ともトランプ主義が生き残る可能性があることを示唆している。

6　自由貿易をめぐって
―――グローバリスト対反グローバリスト―――

　既述したように，2016年大統領選挙では民主党・共和党の公認候補どちらもが，すなわちトランプとヒラリー・クリントンが，TPP反対にみられるように，保護主義の立場を表明して選挙戦を戦った。近年，民主党議員の方が保護主義的立場をとることが多いが，それでも大統領選挙では1992年のビル・クリントンが基本的にNAFTA支持で戦ったように，自由貿易の立場をとることがふつうであった。ちなみに，バラク・オバマ大統領が任期の最後に尽力したのは，TPPの締結であった。

　連邦議員に関して言えば，最近は共和党の方が自由貿易を支持する傾向が強く，民主党の方が保護主義的である。上院と下院を比較すると，上院議員の方が自由貿易を支持する傾向がある。通商に関する議会の投票は概して複雑であるが，例として，2015年に行われた貿易促進権限（Trade Promotion Authority）に関する投票をみてみると，2015年通商法に関す

る 5 月22日の上院の投票では62対37で可決されている。共和党多数の上院において，5 人を除く共和党議員全員がTPP成立を目指すオバマ大統領を支持し，民主党議員の多くが反対票を投じている（ただし，14人の民主党議員が賛成に回っている。共和党議員 1 人は棄権）。民主党の議席総数は55議席，（そのうち 2 議席は民主党と会派をともにする無所属議員），共和党は45議席であった（共和党は45人のうち39人が賛成，民主党は55人のうち14人のみが賛成となる）。

　下院では，6 月18日に 2 回目の投票が行われ，そこでは類似の法案が218対208のわずか10票差で可決された。ここでも多数の共和党の賛成票，多くの民主党の反対票というのは基本的構図であった（共和党から50人が反対票を投じ，民主党から28人が賛成に回った）。投票時で民主党の議席数は188，共和党は246であった（欠員 1[4]）。

　ところが，それぞれの政党支持者の自由貿易・保護貿易に対する態度をみると，興味深いねじれと同時に，2008年の金融危機以後，重要な変化も看取できる。

　まず変化の方に触れると，それは共和党においてみられる。金融危機の頃までは民主党支持者と共和党支持者の間で，自由貿易協定に関する態度の違いは顕著でなく，超党派でそれを支持していた。厳密にいうと，むしろ共和党支持者の方が自由貿易協定を支持していたともいえる（共和党は57％が支持，民主党は53％）。ところが2010年頃から共和党支持者は支持を減らし，その減り方は2016年になるとかなり目立つ。17年にやや持ち直したものの，民主党支持者との違いは31ポイントも存在する（民主党67％対共和党36％）。すなわち，トランプ候補登場以前から共和党支持者は自由貿易協定に批判的であり，彼の選挙戦参入とほぼ同時並行的に，それに対する批判を強めていった（Pew Research Center 2017）。

　2018年 3 月にトランプ大統領が決定した鉄鋼・アルミニウムに対する関税についても，共和党大統領の決定ゆえに同党支持者の支持率が高いという党派的な側面が存在している可能性を否定しえないにせよ，やはり共和

党支持者の支持が際立って高い。そして，自由貿易協定はアメリカ経済にとってプラスかマイナスかと聞いた質問に対しては，民主党支持者の方がはるかに高い数値でプラスであると答えている（73％対51％）(*New York Times* 2018)。

　それでは，なぜ共和党議員は同党支持者が自由貿易協定に批判的であるにもかかわらず，その多数が自由貿易協定を支持し，また民主党についてはその逆のパターンがみられるのであろうか。

　共和党議員の場合，多額の選挙資金を提供するのは企業経営者や経営者団体である。その多くは保護主義より自由貿易を望む。長らく党員・議員ともに自由貿易を支持してきたこれまでの慣性も存在する。リバタリアン的イデオロギーをもつ団体，あるいは関税も税金の一つと考えて反対する反増税団体などの影響力も過小評価できない。

　逆に民主党においては，選挙において資金と運動員を提供するのは労働組合と環境保護団体であり，これらの団体は自由貿易協定に正面から批判的である。アフリカ系アメリカ人の団体も同様の傾向を持つ。

　世界における自由貿易秩序にとって懸念されるのは，支持者の選好と離反する形で民主党議員は依然として保護主義的であり，それに対して共和党の場合は，その支持者が保護主義に傾斜し始めたのと同時に，トランプ大統領に象徴されるように，議員・政治家の側が自由貿易支持の立場を捨て，保護主義に走りつつあるようにみえるからである。それに加えて，トランプ大統領は，保護主義は共和党内の指名争いで勝てる路線であることを「実証」した。その「秘密」を多くの人が知ってしまった以上，近い将来同様の政策路線で大統領候補指名を目指す政治家が党内で登場する可能性はそう小さくはない。

　ここで看取されるのは，共和党支持者が不法移民の流入に反対し，国際主義的な外交政策に消極的になり，さらに貿易についても否定的になっている姿である。全体として，内向きの態度が顕著であるといえよう。同時に，共和党内では，経営者層の影響力がやや縮小しているとみることもで

きよう。

　それに対して，一般党員ないし支持者のレベルでみれば，民主党の方が，海外との貿易に楽観的であり，移民の流入一般や不法移民への対応に寛大な態度を示し，世界との関わりについても肯定的である。

　より身近な生活レベルにおいても，あるいは一見非政治的と思われる側面でも，現在，共和党支持者と民主党支持者にはかなりの違いが存在している。共和党支持者は，白人主体の郊外ないし農村部において信仰を共有する人とともに居住することを好み，教会の存在がそこでは不可欠である。民主党支持者は都市の多人種・多民族社会的コミュニティで暮らすことを好み，レストラン・学校・スーパーマーケットなどに歩いて行けることが重要であり，また美術館・大学などの存在が重視される（Pew Research Center 2014）。このような調査からも，民主党支持者の方が広い意味でのグローバリスト的な価値観を持ち，共和党支持者の方が内向きの，すなわち反グローバスト的価値観を持つことがうかがえる。

　われわれが今眼にしているのはアメリカ政治の地殻変動かもしれない。むろん，今後一般党員の態度がどの程度，公職者，とくに連邦議会議員に変化を及ぼしていくかは予断を許さない。民主党についてもこの点は同様であるが，労働組合や環境保護団体の現在の活動家が候補者に及ぼす強い影響力を考慮すると，現存するねじれは容易に解消しないのではないかとも思われる。

7　民主党の現状と将来
―「ポリティカル・コレクトネス」をめぐって―

　先に触れた1988年の人口構成を基礎にして想像すれば，アフリカ系アメリカ人とヒスパニック系の有権者が増加すれば「自然に」優位に立つはずの民主党は，30年経った後もなぜこの有利な条件を生かし切っていないのであろうか。

ただちに気が付くのは，すでにみたように，民主党が着実に白人の間で得票率を減らしていることである。また，1970年代と比較すると，民主党は高学歴層において支持を伸ばす一方で，低学歴層でアピールを失ってきた。その支持基盤は，アフリカ系アメリカ人，ヒスパニックらの少数集団と，白人の世俗派・高学歴層に集中している。

　近年，民主党の左派あるいはリベラル派は，経済的格差への懸念を抱きつつ，地球温暖化，人種差別，ジェンダー，LGBTなどの問題群に強い関心を寄せるに至っている。あるいはポリティカル・コレクトネス（政治的公正）に対する支持が強く，それはとりわけ大学の教員や学生らで顕著である。南北戦争時の南部の指導者に関連した銅像などのみならず，ジョージ・ワシントン，トマス・ジェファソンらいわゆる「建国の父祖」すら，奴隷所有者であったという理由で，建物の名称変更要求の対象になりつつある。

　ピュー・リサーチセンターの2016年の調査によると，「最近，あまりに多くの人々が他の人が使う言葉によって感情を害され過ぎる」という文章に同意する人の割合は59％であり，39％は「他人の感情を害することのないように，使う言葉にもっと気を付けるべきだ」と考えると答えていた。ただし，これは平均値に過ぎない。政党支持別にみると，共和党支持者は78％対21％で前者の考えを支持し，民主党支持者は逆に61％対37％で後者を支持した。ちなみに無党派層は68％対32％で前者を支持し，かなり共和党支持者に近い。有権者登録をした人のみが対象であるが，トランプ支持者では83％対16％で前者支持，クリントン支持者では逆に59％対39％で後者支持となっている。クリントン支持者の数値は民主党支持者の数値とほぼ同じであるが，トランプ支持者は共和党支持者の平均値より高く，予想通り，彼らは平均的共和党支持者より激しくポリティカル・コレクトネスに反対する傾向がある。[5]

　人種およびジェンダーの差も大きい。同じ民主党支持者であっても，白人は43％が前者を支持するが，黒人では23％のみである。白人共和党支持

者では支持のスコアは79％にまで上昇する。民主党支持の女性においては，前者支持は31％であるが，男性ではそれは45％となる。後者を，すなわち「ポリティカル・コレクトネス」の厳格な実施ないし遵守を支持する数値が高い集団は，民主党の黒人（76％），民主党の65歳以上（70％），民主党の大学院卒および大学卒（どちらも70％）などである（Pew Research Center 2016）。

　最近のフォックス・ニューズによる調査では，「ポリティカル・コレクトネスは行き過ぎである」という文章に同意する人は68％であり，同意しない人は19％であった。共和党支持者では83％がアメリカはあまりにポリティカル・コレクトネスに囚われていると感じているが，民主党支持者でも55％がアメリカでは言論統制が厳しすぎると感じ，72％がそのために政治指導者も間違った判断を下してきたと感じている（Fox News 2018）。

　ケイトー研究所の調査では，71％の回答者が，ポリティカル・コレクトネスは社会が行うべき重要な議論を封殺しているという考えに同意した。そして58％の人々が，その結果自分の考えを他人に言わないようにしていると答えた。興味深いことに，この点でも政党支持による違いが顕著である。強い民主党支持者ではそれに同意する人は30％に過ぎず，同意しない人は69％にも上る。それに対して，強い共和党支持者では76％が自分の考えを表明しにくいと感じており，それを否定する人は24％に過ぎない（Cato Institute 2017）。

　これらは多数存在するポリティカル・コレクトネスに関する調査のごく一部に過ぎない。世論は民主党支持者を含めて，全体としてそれが行き過ぎであると感じているものの，他の多くの争点と同様に政党支持者の間で大きな差が存在し，とくに強い民主党支持者と強い共和党支持者で，受け止め方に大きな相違が存在する。全体として，ポリティカル・コレクトネスをめぐる現状について，共和党支持者の方が不満を抱いているとみてよいであろう。

　民主党側では，つとに1991年，同党エスタブリッシュメントを代表する

学者・元大統領補佐官であるアーサー・シュレシンジャー二世が『アメリカの分裂——多元文化社会についての所見』（邦訳は1992年刊）を刊行して，個々の少数集団が過度な要求をぶつけ合う状況に警告を発した（シュレシンジャー二世 1992；Schlesinger, Jr. 1991）。近年では，たとえばコロンビア大学のマーク・リラが民主党支持者として同党のアイデンティティ・ポリティックスの行き過ぎを批判しているが，それに対する同党内での反批判も凄まじい（Remnick 2017；Lilla 2018）。

　ここでは白人対その他の人種という対立構図よりも，むしろ白人内の亀裂が顕著である。これを裏打ちする世論調査が存在する。

　1994年から2018年まで，どちらの政党が議会の多数派になることが望ましいかについて尋ねた調査において印象的なのは，同じ白人でありながら，大卒，すなわち高学歴の白人女性と，高卒，すなわち低学歴の白人の回答は，1994年にはほぼ同じ数値（[16％から18％程度の差で]共和党支持）を示していたのに対し，その後差が開き，とくにこの4年では逆の方向に向かっている（図1）。高学歴白人女性では33％の差で民主党支持，低学歴白人男性では42％の差で共和党支持であり，両者の差は75％ともなっている。この傾向はティーパーティ登場・台頭の時期に顕著になっており，さらにトランプ登場後も続いているため，ティーパーティ・トランプともに，分断の加速要因として機能しているとみることができよう。高学歴白人女性はセクシュアル・ハラスメント問題などジェンダー，ポリティカル・コレクトネスなどの問題に強く反応して民主党支持を強め，逆に低学歴白人男性は，人種や不法移民問題に，あるいは保護貿易主義に強く反応して共和党支持を強めたと想像できよう。ティーパーティのオバマケアへの反対は，一部少数集団に対する再分配に対する反対であり，また黒人大統領に対する反感でもあった。さらに，高学歴白人女性の多くは世俗的であるのに対し，低学歴白人男性の多くは信仰派が多い。ちなみに，高学歴白人男性は若干中央寄りながら高学歴白人女性に近い数値，低学歴白人女性はやや中央寄りながら低学歴白人男性に近い数値を示しており，男女の差より

図1　共和党多数の議会か民主党多数の議会か
(回答の差。左側が民主党支持，右側が共和党)

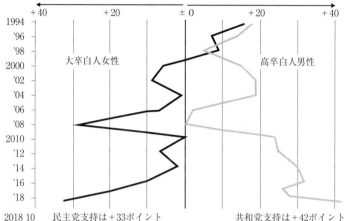

注：多数党となって欲しいとする回答から，もう一つの政党を支持する回答を引いた数字。
出典：数値は『ウォールストリート・ジャーナル』とNBCニュースによる電話調査。引用はWall Street Journal (2018) より。

学歴の差の方が大きく作用している（ウォールストリート・ジャーナル2018；Wall Street Journal 2018）。

　すでにみたように，世論全体ではポリティカル・コレクトネスは行き過ぎと感じているにもかかわらず，そのような懸念が民主党の中に深く浸透している気配はそれほどない。とくにキャンパスにおいては，リベラル派の影響力が圧倒的であるため，それは驚くべきではないかもしれない。党の議員団レベルでは，ブルー・ドッグズあるいはニュー・デモクラット・コアリションのような保守系・中道系の民主党議員連盟は存在するものの，主導権はプログレッシブ・コアリションなど左派にある。

　民主党・共和党とも，とくに下院議員選挙区については，自党に最大限有利な方向で選挙区割りを行う傾向が強い（権限は州議会にあり，10年に一度の国勢調査の結果を受け，各州に配分される下院議席の数が見直される）。ここに，アメリカの政党独特の制度として，州法によって義務付け

られた予備選挙制度が介在する。現職議員でも，所属政党の公認候補となるためには，原則として予備選挙で勝つ必要がある。

　少なからぬ数の共和党現職議員にとって，民主党候補と対決する本選挙は，共和党に有利な区割りゆえに，勝利するのがそれほど困難ではない。しかし，問題は予備選挙である。保守的な有権者が多いゆえに，右から挑戦を受ける可能性があり，挑戦者に対する支持は相当な広がりを持ってしまう可能性がある。南部の白人居住地域などはほとんどがこのような特徴を持つ。そこでは，徹底的に小さな政府，宗教保守に徹した立場，銃所持の権利の断固たる擁護などを訴え続けないと，より右の候補に弱みをみせることになる。この事情は民主党についても，イデオロギーの方向性は逆であるにせよ，全く同じである。サンフランシスコ，マンハッタンなどの選挙区は典型例である。大学授業料の無償化，政府主管の皆保険制度，同性愛者の権利，ポリティカル・コレクトネス，地球温暖化などの争点で，徹底的に左の立場を取り続けないと，予備選挙において強力な挑戦者の登場を誘発することになる。

　区割りこそ存在しないものの，下院選挙で活動するのと同じ政治勢力の連合，あるいは同じ政治的インフラストラクチャー（シンクタンク，財団，資金源，メディアなど）が影響力を持つため，実際には同じ力学が，上院議員や大統領候補を選択する民主党の予備選挙・党員集会においても働くことになる。

　このように高度に安定し，制度化されたようにみえる二大政党間のイデオロギー的分極化の一部は，共和党大統領候補が保護貿易主義を支持するなど，融解したようにみえたのが，実はトランプが当選した2016年選挙であった。そして，上でみたように，白人の間の学歴に基づいた分極化はかえって加速している。トランプが白人労働者階級に支持基盤を求めていることを思い出せば，この結果は整合的ですらある。これがエピソードに終わるのか，あるいは中長期的な含意を持つのか。この点を注視する必要がある。

8　政党政治とアイデンティティの新しい関係か？

　本章では以下の点を強調した。アメリカ政治におけるアイデンティティ問題は人種，民族，宗教の相違に基づくだけでなく，それらを含みつつ，WASPと言われる白人の主流派内の分裂ないし亀裂が原因となっている。それは，世俗派対信仰派という対立でもあり，ジェンダーやLGBTなどアイデンティティをめぐる対立でもあり，同時に「再分配重視の大きな政府」対「リバタリアン的小さな政府思想」の対立でもある。

　歴史的には，信仰の人とそれ以外という分断も存在したが，南北戦争からおよそ1世紀間，戦争の記憶に基づいた「南部のWASP」対「北部のWASP」という亀裂が顕著であった。それは黒人差別態勢の存続是非の問題とも密接不可分であった。

　現在は，民主党系世俗派で，大きな政府路線を支持し，グローバリスト的傾向を持つ高学歴白人と，共和党系の信仰派で，小さな政府路線を支持し，反グローバリスト的傾向を持つ低学歴白人の相違と対立が表面化している。

　このような中で，民主党内には深刻な対立が存在する。高学歴のエリートの支持を受ける急進派は，アフリカ系アメリカ人，フェミニスト団体，LGBT系団体との関係を強め，ポリティカル・コレクトネスの主張をますます強めており，とくに大学という空間ではさまざまな成果をあげている。民主党内の労働組合派はそのような傾向に疎外感を感じ，白人支持者の一部は民主党から去りつつある。彼らの多くにとって，トランプの保護貿易主義，強烈な反不法移民のレトリック，孤立主義，ポリティカル・コレクトネスへの抵抗の姿勢はきわめて魅力的に響く。

　それに対して，ここ半世紀でプロテスタントとカトリックの歴史的対立と相互の偏見はかなり緩和し，むしろ人工妊娠中絶に賛成か反対かといった対立の方が顕在化している（J. F. ケネディは1960年にカトリック票の

78％を獲得したが，J. F. ケリーは2004年にその52％しか獲得できなかった（The Center for Applied Research in the Apostolate〔2016〕））。キリスト教徒とユダヤ教徒の長年にわたる対立も，近年保守系キリスト教徒がイスラエル重視の態度を強めているために，かなり和らいでいる。

　トランプの登場と彼をめぐる投票状況は，通商政策，移民政策，外交安全保障政策などについて重要な含意を持つ。これまでの長期的変化の延長線上にあるものとして理解できる変化も存在するが，それと逸脱する変化も観察できる。アイデンティティと政党政治の関係の理解にとって，見逃すことのできない問題提起をしていることは確実であろう。

＊　本章では，別の機会に刊行した以下の2つの小論を換骨奪胎して本章の一部として使用している。久保文明「民主党は「ポリティカル・コレクトネス」をどこまで追求するか」（笹川平和財団SPFアメリカ現状モニター）（2018年7月27日）https://www.spf.org/jpus-j/investigation/spf-america-monitor-document-detail_8.html；久保文明「トランプ対策で苦悩する民主党の通商政策」（東京財団政策研究所）（2018年11月22日）https://www.tkfd.or.jp/research/detail.php?id=2957

注
1）　オハイオ州共和党予備選挙において，州全体では同州で人気のある州知事ジョン・ケーシックが得票率47.0％対35.9％でトランプを下したが，トランプはサイオートー・カウンティでは50.1％を獲得していた（それに対してケーシックの得票率は32.0％）。この段階でまだ5人の候補が残っていた。
2）　ちなみに，日本ではオピオイド鎮痛剤の処方は厳しく制限されている。
3）　ただし，反論も存在する（Chriss 2018）。
4）　なお，この投票はTPPを直接認めるかどうかについての採決ではない。連邦憲法において，通商を規制するのは連邦議会であることが明確に規定されている。しかし戦後，連邦議会はこのような法案を可決することによって，自由貿易を推進するために通商権限について自己抑制し，議員が修正案を提出することを禁ずることにした。すなわち，大統領が交渉してきた結果について，賛否のみを採決することにした。
5）　トランプの「ポリティカル・コレクトネス」に対する反対は，その不法移民に対

する発言にも見られるように，確信犯的である。「メリー・クリスマス」と普通に言えるようにしよう，というのがトランプの人気のあるスローガンの一つでもあった。

参考文献

〈邦文〉

ヴァンス，J. D. (2017) 関根光宏・山田文訳，『ヒルビリー・エレジー——アメリカの繁栄から取り残された白人たち』光文社．

ウォールストリート・ジャーナル (2018)「米中間選挙が示すもの——二大政党のかい離した世界」11月9日，https://jp.wsj.com/articles/SB12048907042135944252204584582901485955992

岡山裕 (2017)「アメリカ二大政党政治の中の「トランプ革命」」『アステイオン』第86巻，29-44頁．

金成隆一 (2017)『ルポ　トランプ王国を行く』岩波新書．

久保文明 (2017)「白人労働者疑似革命のゆくえ」『中央公論』2017年1月号，62-67頁．

シュレシンジャー二世，アーサー (1992)『アメリカの分裂——多元文化社会についての所見』岩波書店．

日本経済新聞社 (2017)「米国人の"絶望死"懸念　ノーベル経済学者ディートン夫妻」https://www.nikkei.com/article/DGXMZO2356795016112017FF1000/

ホックシールド，A. R. (2018a) 布施由紀子訳『壁の向こうの住人たち——アメリカの右派を覆う怒りと嘆き』岩波書店．

ホックシールド，A. R. (2018b)「(インタヴュー　米中間選挙2018) 心の奥底の物語　米社会学者，アーリー・ホックシールドさん」『朝日新聞』11月9日．

〈英文〉

Case, Anne, and Angus Deaton (2017) "Mortality and Morbidity in the 21st Century," *Brookings Papers on Economic Activity*, Spring, 397-467.

Cato Institute (2017) "Poll：71% of Americans Say Political Correctness Has Silenced Discussions Society Needs to Have, 58% Have Political Views They're Afraid to Share." https://www.cato.org/blog/poll-71-americans-say-political-correctness-has-silenced-discussions-society-needs-have-58-have

The Center for Applied Research in the Apostolate (2016) "Presidential Vote of Catholics." https://cara.georgetown.edu/Presidential%20vote%20only.pdf

CNBC (2016) https://www.cnbc.com/2016/04/27/americans-consume-almost-all-of-the-global-opioid-supply.html

CNN (2016a) "The Men American Has Left Behind," May 4. https://money.cnn.com/2016/05/04/news/economy/america-left-behind-white-men/index.html

CNN, (2016b) "Exit Poll." https://edition.cnn.com/election/2016/results/exit-polls

Chriss, Roger (2018) "It's a Myth America Consumes 80% of World's Opioids." https://www.painnewsnetwork.org/stories/2018/3/8/the-myth-that-americans-consume-80-of-the-worlds-opioids

Fox News (2018) "Fox News Poll : Political Correctness Has Gone Too Far, NFL Fumbling," June 14. http://www.foxnews.com/politics/2018/06/14/fox-news-poll-political-correctness-has-gone-too-far-nfl-fumbling.html

Green, Joshua (2016) "How to Get Trump Elected When He's Wrecking Everything You Built," *Bloomberg Businessweek*, May 26.

Hochschild, Arlie Russell (2016) *Strangers in their Own Land : Anger and Mourning on the American Right —A Journey to the Heart of our Political Divide*, New Press, New York.

Lilla, Mark (2018) *The Once and Future Liberal : After Identity Politics*, C Hurst & Co Publishers Ltd.

Milonovic, Branko (2012) "Global Income Inequality by the Numbers : in History and Now," *The World Bank*, November.

Monnat, Shannon (2016) "Deaths of Despair and Support for Trump in the 2016 Presidential Election." http://ae se.psu.edu/directory/smm67/Election16.pdf

New York Times (2018) "Divides Over Trade Scramble Midterm Election Messaging," April 17. https://www.nytimes.com/2018/04/17/business/economy/trade-midterm.html?auth=login-email

Noonan, Peggy (2017) "Trump Tries to Build a 'Different Party'-Democrats Have No Playbook for Dealing with a Republican Who's a Populist," *Wall Street Journal*, January 26.

Pew Research Center (2014) "Political Polarization and Personal Life," June 12. http://www.people-press.org/2014/06/12/section-3-political-polarization-and-personal-life

Pew Research Center (2016) "In 'Political Correctness' Debate, Most Americans Think Too Many People Are Easily Offended," July 20. http://www.pewre

search.org/fact-tank/2016/07/20/in-political-correctness-debate-most-americans-think-too-many-people-are-easily-offended/

Pew Research Center (2017) "Continued Partisan Divides in Views of the Impact of Free Trade Agreements," April 24. http://www.pewresearch.org/fact-tank/2017/04/25/support-for-free-trade-agreements-rebounds-modestly-but-wide-partisan-differences-remain/ft_17-04-24_freetrade_usviews_2/

Phillips, Kevin (1969) *The Emerging Republican Majority*, Arlington House, New York.

RealClearPolitics (2016) "Direction of the Country." https://www.realclearpolitics.com/epolls/other/direction_of_country-902.html

Remnick, David (2017) "A Conversation with Mark Lilla on His Critique of Identity Politics," August 25, The New Yorker. https://www.newyorker.com/news/news-desk/a-conversation-with-mark-lilla-on-his-critique-of-identity-politics

Schlesinger, Jr. Arthur M. (1991) *Disuniting of America : Reflections on a Multicultural Society*, Whittle Books.

Time (2018) "US Life Expectancy Dropped for the Third Year in a Row." http://time.com/5464607/us-life-expectancy-2017/

Trump, Donald J. (2018) "The Sate of the Union Message." https://www.whitehouse.gov/briefings-statements/president-donald-j-trumps-state-union-address/

Wall Street Journal (2018) "What the Midterm Election Shows : America's Two Parties Live in Divergent Worlds," November 9. https://jp.wsj.com/articles/SB12048907042135944252204584582901485955992

Washington Post (2018) "Ohio : A Political Landscape Upended by President Trump," May 5.

（くぼ・ふみあき：東京大学）

CHAPTER 3
インド民主主義とアイデンティティ政治
―― 国民,カースト,宗教の競合 ――

竹中千春［立教大学］

1　人民党システムの成立か

　2014年のインドの総選挙では,インド人民党（BJP：Bharatiya Janata Party,以下,人民党と略）が,カリスマ的な人気を誇るナレンドラ・モディ首相の下で,国民多数の支持を得て政権を樹立した。連邦下院議会（Lok Sabha ロク・サバ）で543議席の過半数を超える282議席を獲得し,人民党中心の選挙連合である国民民主同盟（NDA：National Democratic Alliance）としては332議席を獲得した。全国の州政権では,18年初めには29州のうち22州で人民党政権が立ち,16州は人民党単独の政権となった。人民党の優位に「人民党システム（BJP System）」という概念も提起され,権威主義的な政治や社会の「ヒンドゥー化（Hinduization）」は,インドを劇的に変えている（Vanaik 2017）。さらに,2019年総選挙は,5年間のモディ政権に対する信任投票と言われたが,開票結果は予想をはるかに上回る人民党とその連合の大勝となった。[1]

　政党システム論として言えば,いくつかの問いが立てられる。30年あまり続いた競争的多党制という状況が変わり,人民党中心の一党優位体制になったと考えられるか。そして反イスラームを謳うヒンドゥー至上主義を柱とする人民党の優勢が,排外主義の台頭する世界の潮流と結びついているのか。インドの国民国家と民主主義に何が起こっているのだろうか。本稿では,こうした問いを胸に,政党政治と「アイデンティティ政治

(Identity Politics)」の視角からインド民主主義の分析を試みる。

　従来，「アイデンティティ政治」は，移民を受け入れてきたイギリス，オーストラリア，アメリカ，カナダなどの先進諸国の課題として論じられる傾向があった。人種・エスニシティ・宗教・言語・文化などの異なる人々をいかに受け入れるか，マイノリティにはどのような権利主張が認められるべきか，といった関心からである。最近ではジェンダーの多様性も注目を集めている。そうした背景により，「多文化主義（multiculturism）」「コスモポリタニズム（cosmopolitanism）」，あるいは「他者の権利（right of others）」「承認の政治（politics of recognition）」などが論じられてきた（Kymlicka 1996；Benhabib 2004；Taylor 1997）。

　「アイデンティティ政治」を，「文化，エスニシティ，ジェンダー，人種，宗教，その他の集団的アイデンティティを特徴づけ，社会的な利益に基づいた政治活動や政治運動」と定義するなら，膨大な数の人々が互いの違いを意識して暮らすインド社会とそれを土台とする国家は，「アイデンティティ政治」の坩堝の中にある。アイデンティティの違いをもたらす要素として，カースト，言語，職業，出身地，都市と農村，教育なども加えざるをえないほどである[2]。

　ただし，ポストコロニアル国家としてのインドには，移民政策をとる欧米の先進諸国と異なる歴史的背景がある。19世紀の大英帝国は，互いに敵対する「現地人（natives）」「植民地の人々（colonial peoples）」に「法と秩序」を与えるのが「文明のミッション」であり，「イギリスの下の平和」だと説いた。だが，実質的には，植民地社会の分裂を固定化して操作するという，悪名高き「分割統治（divide and rule）」を意味した。当然，反植民地主義を掲げるナショナリズムの目標は「国民統一」とされ，宗教，エスニシティ，カースト，言語，階級，ジェンダーなどを掲げて個別に集団をつくる動きは帝国を利する分離主義，あるいは自己中心的な「コミュナリズム（communalism）」と批判された。イスラームの分離主義，ヒンドゥー至上主義，不可触民の運動などを克服し，「インド人（Indian）」と

いう「国民（Nation）」のアイデンティティを創造し普及させることが，ナショナリスト政党の「インド国民会議派（INC：Indian National Congress，以下，会議派と略）の重大な課題であった（Khilnani 1997）。

　1947年にパキスタンと分離して独立したインドは，カシミール紛争などの困難を抱えているものの，十分に機能する国民国家として存続している。独立後に導入された種々のしくみ——連邦制，議会制民主主義と小選挙区制度，多宗教の共存とインド型世俗主義，かつての不可触民や部族を優遇する制度，貧困克服をめざすインド型社会主義など——は，紆余曲折を経ながら，一定の成果を達成したといえる。いいかえれば，国民国家への求心力と国家からの遠心力との多次元的かつ多様な綱引きが，不断に続けられてきたのがインド政治である。本稿では，連邦下院議会選挙，つまり総選挙に映し出された国家，州，選挙区レベルの政治の軌跡を追いかけ，「アイデンティティ政治」の視点から分析する。

2　インド民主主義はなぜ保たれたか

（1）　一党優位体制の「会議派システム」

　歴史家ラーマチャンドラ・グハは，『ガンディー後のインド——世界最大の民主主義国の歴史』において，インドは「不自然な国民（Unnatural Nation）」の国だと表現し，J. ストレイチーやキプリング，W. チャーチルのような帝国主義者も，アメリカの政治学者も，民主主義はインドに向かないと言い続けてきたと指摘する（Guha 2008）。にもかかわらず，独立後のインドはなぜ民主主義を採用し，維持してきたのだろうか。

　民主主義論の大家R. ダールも，インドに頭を悩ませた。『民主主義について』（Dahl 1989）では民主主義の5つの条件を示し，民主主義の安定には，①公選の文民による軍隊と警察の統制，②民主主義的な信条と政治文化，③民主主義を阻害する外国の不在，が必要条件，民主主義の促進には，④市場経済と近代社会，⑤多様なサブカルチャーの不在，が必要条件だと

した。インドはこれらの条件を欠き，しかも言語，カースト，階級，宗教，地域などの分裂を抱え，統一的な国語もなく，識字率も低い。要するに，民主主義が失敗していてもおかしくないのだが，民主主義の国を保っている。なぜか。ダールは，文民統制の伝統，ナショナリズム運動が浸透させた民主主義思想，多数派の不在を理由に挙げたが，あまり説得力はない。結局，インドは「ありえない民主主義（Improbable Democracy）」なのだと，ある意味では白旗を挙げている（Dahl 1989 : 159-163）。

　エスニシティ・言語・階級などを共有する集団に分裂した「柱状化社会」における「コンソシエーショナル・デモクラシー（Consociational Democracy）」というモデルを提起したA. レイプハルトも，インドを論じている。「インドの民主主義が，エスニシティやコミュナルな深い亀裂を持ちつつ維持されてきた謎は，コンソシエーショナルな議論によって解明できる。独立後の50年間，民主主義的なパワー・シェアリングのシステムを保持したが，とくに最初の20年間はほぼ完全に実現され，オーストリア，オランダ，スイス，レバノン，マレーシアなどのコンソシエーショナル・デモクラシーと同様に，パワー・シェアリングの本質的な4つの要素が見られた」，と。要するに，コンソシエーショナル・デモクラシーの一例だということになる。だからこそ，1970年代以降，大衆の動員が促され柱状化社会が動揺すると，エリート間のパワー・シェアリングが困難となって民主主義が不安定化したと分析した（Lijphart 1996 : 258-266）。

　ダールやレイプハルトですらインド政治に頭を悩ませたとすれば，「インド特殊論」のほうが容易かもしれない。G. サルトーリは，会議派が中央でも州でも政権を維持した1947~67年の体制について，日本の自民党体制との類似性を指摘して，「一党優位政党システム（predominant party system）」と呼んだ（Sartori 1976）。また，インドの政治学者R. コターリは，与党内でも与党と野党の間でも交渉と妥協を行う「合意の政治」として「会議派システム（Congress System）」と呼び，インド民主主義のモデルをより肯定的に論じた（Kothari 1966 ; Kothari 1970）。いずれにせ

よ,「ありえない民主主義」であったことには変わりがない。

(2) 1970~80年代の非常事態体制とジャナタ革命

だが,コターリが「会議派システム」を論じたとき,この体制はすでに危機を迎えていた。西ベンガル州では共産党(中国派)中心の統一戦線政権,パンジャーブ州でスィク教徒のアイデンティティを掲げるアカリ・ダルの政権が成立するなど,州議会選挙で会議派が敗北する事態が続き,1967年の総選挙では野党が大幅に伸長した。その背景には,建国の父ネルーの死,後継首相シャーストリの急逝,中印国境紛争の敗北,農業不振と計画経済の挫折,外貨不足・IMFの緊急融資・ルピーの切り下げ,農民や労働者の抗議運動などがあり,混乱の中でネルーの一人娘インディラ・ガンディーが首相に選ばれた。

A. コーリーは,こうした現象を「不満の政治(politics of discontent)」という概念で捉え,経済危機によって「ガバナビリティの危機」が起こり,国家が強制力で秩序維持を行うと分析した(Kohli 1991)。実際に,インディラ政権は,急進的社会主義と銀行国有化,民衆運動の弾圧,反対派の抑圧と強硬手段に訴えた。会議派を分裂させてインディラ派の会議派(I)を立てた1972年総選挙では,バングラデシュ独立を支援した第3次印パ紛争の戦勝をテコに与党が大勝し,74年には原爆実験を成功させた[3]。さらに石油危機後に鉄道労働者のストなどを大弾圧し,反対派を逮捕し,75年には非常事態体制を敷いて民主主義を停止した。

だが,2年後に民主主義が復活する。政権側は勝利を見込んで1977年総選挙の実施を発表したが,野党勢力は「ジャナタ党(JP：Janata Party)」を結成し,インディラ打倒を叫ぶ民衆運動に後押しされて大勝した。非常事態体制下で投獄された経験もあるコターリは,インド型民主主義は「多様な形態・価値・イデオロギーの政治が現れ,さらに浸透する分散型の社会構造」を体現しており,それを取り戻すための「再民主化運動(Movement for Redemocratizaion)」が「ジャナタ革命」だったと論じた

(Kothari 1988)。

　選挙後，かつて会議派の長老であったモラルジ・デサイがジャナタ党を率いて新政権を設立した。民主化革命を推進した人々，つまり農村の貧しい民衆の期待に応えなければならない。そこで，憲法に記述される「他の後進諸階級（OBC：Other Backward Classes）」の優遇制度を検討するために国会の委員会を設置した。委員長の名をとってマンダル委員会と呼ばれ，1980年には報告書がまとめられた。政府や公的機関などの職員数の27％をOBCに確保する「留保制度（Reservation System）」を勧告するものである。この時点でOBCは総人口の54％と推計され，その1/2にあたる27％を留保する案である。だが，まもなく会議派に政権交代してしまったため，OBC政策はその後10年も据え置かれることになった。

　OBCの優遇政策の先例は，1950年憲法で制定された「指定カースト・指定部族（SC/ST：Scheduled Caste/Scheduled Tribe）」への「留保制度」である。SCは不可触民・アウトカーストとして差別された集団を指し，STはイギリスが部族と呼んだ先住民の集団を指す。国家がこれらの集団の人々を優先的に保護する制度である。一般的には，「ダリット（Dalit：差別された人々）」や「アディヴァーシー（Adivasi：土着の人々）」の呼称も定着している。独立前の植民地議会でイスラーム・不可触民・女性などに議席を留保する制度が導入された歴史があるが，カースト差別撤廃運動を指導したアンベトカルがネルーの依頼で憲法起草委員会の長を務めたとき，そうした前史を踏まえつつ，社会変革をめざして留保制度を導入する憲法案をまとめた。政府や公的機関の職員採用，大学や学校の入学枠や奨学金，農業補助金などについてSC/STの人々には優先枠が設定され，人口比に応じてSC/ST代表のみ立候補できる選挙区が設定された。

　さて，民主化運動に政府が動揺すると，武装闘争も活発化しやすい。カシミールではイスラームの分離主義が強まり，「緑の革命」が進行して富裕化したパンジャーブ州では独立国家カリスターンを求めるスィク教徒の

闘争が始まり，北東インドのアッサム州でも分離を求める闘争が起こった。まさに「アイデンティティ政治」の季節となり，民族紛争が頻発した。社会学者のM. ウィナーは，開発のために社会が流動化し，「国内移住（internal migration）」が増えると「地元っ子（Sons of Soil）」の排外主義が強まると指摘した（Weiner 1978）。

　実際，インディラと息子のラジヴという二人の首相は，武力紛争に絡んで相次いで暗殺された。インディラは，1983年アムリットサルの黄金寺に治安部隊を投入してスィクの武装勢力を掃討したが，翌年スィクの警備兵に官邸で銃殺され，首都は反スィク暴動に見舞われた。直後の総選挙で会議派が勝利し，ラジヴが首相職を継いだものの，彼もスリランカの紛争に平和部隊を投入してタミル系武装勢力の恨みを買い，91年に自爆テロで暗殺された。「アイデンティティ政治」は，武力紛争からテロや暴動にも展開した。

（3）　1990年代の競争的多党制と人民党の台頭

　1989年総選挙は驚きの結果となった。ヒンドゥー至上主義を掲げる人民党が急伸して85議席を確保し，会議派は197，ジャナタ党分裂後のジャナタ・ダル（JD：Janata Dal）は143で，連合でなければ少数派内閣を避けられない状況になった。「宙づり議会（hung parliament）」である。会議派が閣外協力し，JDのV. P. シンが首相に選ばれた。しかし，彼がOBC政策の実現を発表すると，会議派，人民党，自党からも反発が噴出し，街頭では反対運動が高まり，辞職に追い込まれた。OBCの留保政策は，90年代に，連邦政府より各州政府によって実現されていくことになる。

　V. P. シンの後を襲って，会議派の協力を得てバハラティヤ・ジャナタ・ダル（BJD：Bharatiya Janata Dal）を率いるチャラン・シンが組閣した。しかし，これも短命に終わって議会が解散し，1991年には総選挙が行われた。選挙戦の最中にラジヴが暗殺され，「弔い選挙」で会議派が大勝し，ナラシマ・ラオ政権が成立した。しかし，同年8月ソ連が崩壊し，

12月末にはインド型社会主義の終焉が宣言され，ポスト社会主義時代が始まった。また，経済が伸びず「不満の政治」が高まり，会議派の凋落が明らかになっていった。

衝撃を与えたのが，ヒンドゥー至上主義運動の過激化である。1990~91年カシミール大行進が行われ，92年12月にはアヨーディヤ暴動が起こった。国民義勇団（RSS：Rashtriya Swayamsevak Sangh）やシヴ・セーナー（Shiv Sena：シヴァージー軍団）などのヒンドゥーの右翼団体が主体となり，全国から大勢の「義勇兵（*karsevaks*）」がウッタル・プラデーシュ州（UP：Uttar Pradesh，以下，UP州と略）の寺町アヨーディヤに集結した。ムガール帝国のバーブル大帝の築いた寺院バブリ・マスジットを破壊し，ラーマ王子生誕記念寺を建立するためである。ラーマ王子は古代叙事詩『ラーマヤナ』の主人公で，理想の王，民衆の神としてヒンドゥーの人々に崇拝されてきた。国際都市ボンベイ（現在のムンバイ）にも暴動が飛び火し，何千人ものムスリムが殺害され，数十万人もの避難民が発生し，モスクや町が破壊された（Sarkar et al. 1993；Brass 2003）。

以下では，こうしたヒンドゥー至上主義の政治を「ヒンドゥートヴァ政治」と呼ぶ。会議派は暴動を防止できなかっただけでなく，ラジヴ政権時代にヒンドゥー勢力の要求に屈してバブリ・マスジットの開門を決定して暴動を誘発したと批判を浴び，少数派のムスリムを守るという国家の世俗主義原則も動揺した。勢いを背景に1996年総選挙で人民党が第一党となったが組閣できず，会議派の協力でジャナタ系の統一戦線内閣が成立した。多くの小党は，ムスリム票田を意識して，人民党との連合を回避した。

だが，統一戦線内閣は短命に終わり，1998年には総選挙が実施され，人民党は再び第一党となった。今回は「人民党も普通の政党になった」と言われ，多くの政党が加わって人民党中心の国民民主連合を結成し，ヴァジパイ首相の下で人民党連合政権を樹立した。同年5月インドは核実験・核保有を実施して世界を震撼させたが，翌年カシミールでパキスタン軍の支援するイスラーム武装勢力との「カルギル戦争」が起こり，インド軍は勝

利を収めた。タミル・ナドゥー州の地域政党である全インド・アンナー・ドラヴィダ進歩党（AIADMK）が連合政権を離脱したため，99年9～10月には総選挙となり，戦勝を謳う人民党は議席を増やして2期目のヴァジパイ政権を成立させた。まさに，人民党の時代となった。

（4） 2000年代の二大陣営の政権交代

しかし，2004年の総選挙では，ソニア・ガンディーを総裁とする会議派が，地方諸政党と連携して「統一進歩同盟（UPA：United Progressive Alliance）」を組み，国民民主連合と争った。会議派は独立いらい単独で選挙に臨んできたが，初めて連合に踏み切ったのである。その結果，予想を超えて会議派が議席を伸ばし，マンモハン・シン内閣が成立した。5年後の09年総選挙ではさらに議席を増やし，会議派政権の続投となった（Arora 2002）。

2004年総選挙の争点は，市場経済における貧困と格差の問題だった。人民党は「インドは輝く」をテーマに自画自賛したが，「庶民の政治」の実現を呼びかけた会議派に人々の支持が集まった。会議派連合政権は共通最小限計画を公約し，農村の道路建設，情報公開法，全国農民雇用保障法などを実現した。折しも成長インドが注目され，国際社会に実質的な核保有国として認められ，アメリカの安全保障上のパートナーとなるなど，国民の誇りも満足させられた。その結果，リーマンショックの打撃にもかかわらず，09年総選挙では会議派側が勝利した。人民党は，イスラームの脅威と対テロ戦争を大宣伝して敗北した。ただし，次の会議派政権は，経済停滞だけでなく汚職問題などに苦しみ，2014年総選挙で惨敗した（表1）。

2014年総選挙では，グジャラート州首相を14年務め，「10％経済成長」の実績を誇るナレンドラ・モディが首相候補として選挙戦を率い，人民党連合に大勝をもたらした。モディ政権の滑り出しは絶好調で，世界の大国がインドに接近し，成長率も4％台から7％台に急上昇した。順風満帆に見えたが，16年11月の高額紙幣廃止の頃から経済の悪化が始まり，与党の

表1 14〜17回連邦下院議員選挙における（2004年-2019年総選挙）会議派連合と人民党連合の得票比較

政党連合	2004年	2009年	2014年	2019年
会議派連合 UPA: Congress+	218 (145+73)	262 (206+56)	59 (44+15)	85 (52+33)
BJP連合 NDA: BJP+	185 (138+47)	159 (116+43)	337 (282+55)	350 (303+47)
その他	140	122	147	108
総 計	543	543	543	543

注：UPA＝統一進歩同盟。インド国民会議派（INC）の選挙連合、Congress＋と表記。
　　NDA＝国民民主同盟。インド人民党（BJP）の選挙連合、BJP＋と表記。
　　（ ）内は、選挙連合の主要政党の議席数と、連合諸党の議席数の内訳を示す。
参照：Election Commission of India, Statistical Report on General Elections, 1999: to The Thirteenth Lok Sabha, Vol. I (National and State Abstracts & Detailed Results) (New Delhi: 2004, 2009, 2014, 2019) http://www.eci.gov.in/ElectionResults/ElectionResults_fs.htm.

「ヒンドゥートヴァ政治」の負の側面が目立つようになった。人民党やRSSがヒンドゥー至上主義の価値観を押しつけ、政府、裁判所、大学や学校、メディアなどに圧力をかけて介入する事態が続いた（Vanaik 2017）。

しかし、2018年には変化も起こった。東北インドの州議会選挙では人民党連合が勝利したものの、5月のカルナタカ州、11月末〜12月に行われたチャッティスガル州、テレンガナ州、マディヤ・プラデーシュ州、ラージャスターン州の州選挙の結果、会議派や地方政党も健闘し、連合政策によって人民党が州政権を握ることに失敗したからである。こうした経緯から19年総選挙における人民党の苦戦も予測されたが、結果は人民党側の勝利に終わった。

3　多様性社会の分裂と競争的多党制
——ウッタル・プラデーシュ州——

次に、ウッタル・プラデーシュ州（以下、UP州）の政治に注目する。ガンジス川流域に位置し、19世紀半ばイギリスが藩王諸国を併合して設置した統合州（United Provinces）が基盤となり、独立後に現在の名称となった。人口は2011年国勢調査で1億9981万2341人、有権者数は09年総選挙時に1億1603万3151人、14年総選挙時に1億3435万1297人、19年総選挙

時に1億4431万6893人で，インド最大の州である。2000年にウッタルカンド州が分割されて5議席を失ったが，中央下院543議席中の80議席を保持している。

UP州の政治が動けば全国政治が動く。「会議派システム（1952~67）→会議派の危機（1967~77）→会議派-ジャナタ党の疑似二大政党制（1977~89）→競争的多党制（1989~2009）→人民党システム（2014~現在）」という流れが，それを表している。そして，農村の古い社会構造を残存させてきたUP州では，ヒンドゥーとムスリム，高いカーストの地主層，中堅カーストの農民層，ダリットや先住民の人々と，宗教やカーストに関わる社会的亀裂に基づいた，農村型の「アイデンティティ政治」と競合的多党制を生み出してきたのである。

（1） 1970~80年代のUP州——会議派とジャナタ党の拮抗

この州の「会議派システム」は，「地主の議会」として機能した。地主の下で働く農民たちは，地主の言うなりに選挙で投票した。ネルーのめざした社会主義や農地改革は，州議会で骨抜きにされたのである（Frankel 1971）。ここに介入して強権的に開発を進めようとしたのが，インディラ・ガンディーである。世界銀行やアメリカの援助で「緑の革命」を進め，人口抑制のための断種手術政策を進め，貧しい農民や都市の住民の男性に断種手術を強制した。これが，北インドで広汎な反政府運動を引き起こす主要な原因となったとされる。

77年総選挙を前にジャナタ党が結成される。インディラの会議派から分かれた会議派（O），農民政党のバハラティヤ・ロク・ダル（BLD：Bharatiya Lok Dal），人民党の前身で通称ジャン・サングのバハラティヤ・ジャナ・サング（BJS：Bharatiya Jana Sangh）などが集結した。予想もしなかった強さの「ジャナタの風」が吹き，会議派はUP州で全議席を失い，首相のインディラもUP州ラエ・バレリー選挙区で落選し，ジャナタ党が全85議席を獲得した。

しかし,「再民主化革命」は長続きしない。二期続いたジャナタ政権が短命に終わり, 1980年総選挙ではインディラ・ガンディーの会議派が復活した。彼女が暗殺された84年総選挙も会議派が勝利し, ラジヴ政権となった。先述したように, 89年総選挙は多党乱立の「宙づり議会」となり, 会議派の後押しで, UP州の指導者であるJDのV. P. シンとBLDのチャラン・シンが相次いで首相となった。ともに農民の代表を自負したが, V. P. シンはOBCの票田に支えられ, チャラン・シンはクシャトリヤに属すジャートという農民カーストの人々を支持層としていた。V. P. シンがOBCの留保政策を打ち出すと, チャラン・シンが猛反対した理由は, ジャートはOBCではなく留保制度の恩恵から排除されるからであった。こうした政争にも, UP州のカースト・アイデンティティと農民の階級的利益の複雑な緊張関係が反映されている。

(2)　1990年代のUP州——ヒンドゥートヴァ政治, OBC政治, ダリット政治

　1991年総選挙で会議派は全国を制覇したが, UP州では敗北を喫し, 85議席中5議席に止まり, 人民党51議席, ジャナタ系の2政党26議席の結果となった。98年総選挙で会議派は議席を取れず, UP州から姿を消し, ヒンドゥートヴァ, OBC, ダリットといった宗教やカーストの違いを押し出した「アイデンティティ政治」が注目された (Yadav 1996)。表2は, 1980〜2014年の政党別議席数の内訳を示している。

　まず,「ヒンドゥートヴァ政治」である。アヨーディヤ暴動に象徴されるように,「暴力の政治」を表に出したヒンドゥー至上主義運動だったが, それを背景とする人民党が有権者の心をつかんだ。かつてナチズム現象について「落ちぶれる旧中間階級」の反動政治だという指摘がなされたが, この時期のヒンドゥー至上主義運動にも類似した特徴が指摘できる。OBCやダリットなどの社会的上昇に対して, 古くからの支配層である高いカーストのヒンドゥーの地主や小商店主がルサンチマンを抱いて反発す

表2　UP州連邦下院議会選挙（総選挙）政党別選挙結果（議席数, 1980-2014年）

	1980	1984	1989	1991	1996	1998	1999	2004	2009	2014	2019
会議派	50	83	15	5	5	0	10	9	21	2	1
ジャナタ党〜社会党	29	LKD 2	JD 54	JD 22 JP* 4	16	19	26	19	23	5	5
人民党	0	0	8	51	52	58	29	11	10	71	62
大衆社会党	—	0	0	0	6	4	14	35	20	0	10
その他	6	0	8	3	6	4	6	6	6	2	2
合　計**	85	85	85	85	85	85	85	80	80	80	80

注：＊　政党名のLKD（Lok Dal），JD（Janata Dal）ともジャナタ党系の政党。LokとJanataはどちらもpeopleの意。1991年のJDはV. P. シン，JPはC. シェーカルが率いた。
＊＊　2000年ウッタルカンド州の分離により，2004年以降5議席減の80議席となった。
参照：http://www.elections.in/parliamentary-constituencies

るという分析である。

　SCの息子が留保制度で奨学金を得て，有名大学を出て役人として帰ってくる。選挙で出馬して村長どころか，州や国の議員になる。SCの一家が補助金でレンガの家を建てる。OBCの息子が中東に出稼ぎに行って送金し，新築の家を建て車やテレビも買う。逆に，ザミンダール（zamindar：地主階級）の息子は大学に行けず，出世街道から脱落して，村で貧乏に暮らしている。社会変動のもたらす現代版の「下剋上」に怒る階層の人々から「不満の政治」が噴出する。「ヒンドゥーを守れ」という声は，ムスリムを敵視しつつ，低いカーストの人々にも向けられたのである。

　次に，「OBC政治」である。分裂したジャナタ勢力をまとめ，92年にUP州で社会党（SP：Samajwadi Party）を立てたのは，OBCのヤーダヴ族出身のムラヤム・シン・ヤーダヴであった。ヤーダヴはシュードラに属すカーストだが，社会党の隆盛とともに新しい神話が広まった。ヤーダヴは今でこそ低い身分だが，古代にはクリシュナ神の牛を飼う高貴なクシャトリヤ身分だったという話である。しかも，社会党の優勢と比例して，ヤーダヴと自称する人々の数が急増した。ご利益を求めて，古いアイデンティティに新しい意味合いが盛られたのである。

　そして，憲法が制定されたとき，アンベドカルは平等な社会がなかなか実現しないと憂慮したが，40年後の90年代には「ダリット政治」が花開い

た。UP州に大衆社会党（BSP：Bahujan Samaji Party）が登場したのである。同党はOBC・SC/ST・ムスリムなど貧しい人々の連帯を訴えて，84年に誕生したが，OBCには社会党があり，ムスリムは会議派を離れない。次第に大衆社会党はダリット中心の政党へと変貌した。OBCが会議派からジャナタ党に移動した後も，会議派には「ブラーフマン－SC/ST－ムスリム」の票田，つまり各集団のイニシャルを取って「BSM」が残ったと言われたが，90年代にはブラーフマンは人民党へ，SC/STは大衆社会党へと動き，会議派の票田は解体されたのである。

　こうしてカーストや宗教のアイデンティティを背負った3党が競合する政治が定着し，選挙ごとに「宙づり議会」となった。しかし，州議会の混乱が続くと，非常事態宣言が下され中央の任命する州知事が統治することになる。頻繁な選挙と多党制のため，連邦と州の政権はしばしばねじれており，厳しく対立することが珍しくない。対抗する政党が握る中央政府の介入を阻むには，連合政権を樹立するほかない。こうして95年と97年には人民党と大衆社会党が手を組み，大衆社会党の女性党首マヤワティを首班とした州政権が成立した。ダリット出身のマヤワティは，留保制度を使ってデリー大学を卒業し，教員から政治家に転身した，まさに「ダリット政治」を体現する指導者であった（Sridharan 2002）。

（3）　2000年代のUP州――4党分裂から人民党システムへ？

　2002年のUP州議会選挙でも，第一党となった社会党は過半数を取れず，第二党の大衆社会党と第三党の人民党が連合し，大衆社会党のマヤワティ首班の政権が成立した。この政権下で，非常事態体制の際にインディラ・ガンディー政権が憲法改正により停止した選挙区の区割り改正が30年ぶりに行われ，大衆社会党に有利な選挙区が設定された。その後の2004年の総選挙では会議派連合が人民党連合に勝利し，会議派政権が成立した。しかし，UP州の議席は4党に分裂し，しかも人民党や会議派の議席は伸びず，人民党連合にも会議派連合にも加わらない社会党と大衆社会党が強さを発

揮した。競争的多党制の下の分裂状況である。次の2007年の州議会選挙では大衆社会党が圧勝し，単独で政権を樹立した。このように，連邦下院議会の総選挙と州議会選挙とが数年おきに行われ，中央の政府と州の政府は同期したりねじれたりしながら，有権者の審判を受けてきたのである。

2009年の総選挙では，先述のように会議派政権の続投が問われ，全国的には会議派連合が勝利した。UP州では大衆社会党政権の2年目を迎えており，州首相としてのマヤワティの独裁的な手法と腐敗が批判され，他の政党には有利な状況となっていた。その結果，議席は4党に分裂し，大勝が期待されていた大衆社会党は大幅に議席を減らし，マヤワティが中央政界で首相をめざすという目論見はみごとに断たれた。会議派は20議席を獲得して同州で復活を遂げ，91年以来の快挙となった。勝利の影には，ムスリム票の動きがあったと言われている。

しかし，5年後の2014年総選挙では人民党連合が勝利し，UP州では80議席中73議席を獲得した。選挙戦を仕切ったモディの右腕であるアミット・シャーは，次のように語ったという。「ムスリムは絶対に人民党に票を入れない。ほとんどのOBCは社会党に忠誠を誓い，とくにヤーダヴは人民党に入れない。ダリットの多くもマヤワティに入れて，人民党には入れない」。有権者はABCの3つに分類できる。Aは必ず人民党に投票する固い票田，Bは未定，Cは人民党に絶対に入れない有権者。Aの得票だけでは足りないので，それに加えて投票総数の5〜10％の票を獲得しなければならない。したがって，人民党に絶対に入れないCは最初から捨てて，活動をBに集中すべきだと指令した。さらに，ダリットでもマヤワティに恨みを持つ人なら人民党に入れるかもしれない。だから，Bの有権者を探し出して全力を集中する。国勢調査のように選挙区の情報を集めて分析し，ジグソーパズルのように勝てるピースを組み合わせる。「選挙算術」と「社会工学」の選挙戦だと言われるものである（竹中 2019）。

2017年の州議会選挙でも人民党が圧勝し，熱狂的なヒンドゥー至上主義者のA. ヨギが州首相に選ばれた。人民党に敵なしと見えたが，前述した

ように，18年3月のUP州の補欠選挙では，これまで人民党の指定席とさえ言われた，ヨギの地盤のゴーラクプル選挙区など2つの選挙区で人民党が敗北した。野党側の勝因は，人民党を倒すために，これまでは対立し続けてきた3党が反人民党連合として協力したことであった。諸政党の合従連衡は，有権者にも支持された。

しかし，1年後の2019年総選挙では，社会党と大衆社会党が精力的に選挙連合を組んだものの，獲得議席数は社会党5，大衆社会党10に止まり，人民党62，人民党と連合するアプナー・ダル2に遠く及ばなかった。会議派は，首相候補のラフル・ガンディーも落選し，その母で，元総裁のソニア・ガンディーの1議席に終わった。

UP州の政治から何が読み取れるだろうか。ヒンドゥー至上主義を掲げた多数派主義の支配か。貧しい人々の民主主義の実現か。選挙制度と政党政治を利用した権力と利益の争いか。おそらく，これらすべての要素をはらみつつ，農村社会のしがらみを抱えながら自分たちの安全や利益を求めて一票を投じる人々が，UP州だけでも1億を超える。そうした民主主義のダイナミクスこそが，「アイデンティティ政治」と競争的多党制を支えてきた。しかし，過去2回の総選挙を踏まえると，多党の分裂を乗り越えて人民党の優位が形成されたと判断すべき時が来たのかもしれない。

4　草の根社会のアイデンティティ政治
──ミルザプル選挙区──

最後に，草の根の選挙区としてUP州ミルザプル県（Mirzapur District）を取り上げよう。全国的にも貧しいとされる州の東部にあり，宗教的には91％がヒンドゥー，7％がムスリム，他がキリスト教やスィク教で，ムスリムは州平均より少ない。カーストではSCが21％，STが7％，合計で25％以上で，SC/STの留保選挙区ではない。この選挙区で「ありえない民主主義」はどう展開してきたのか。

3 インド民主主義とアイデンティティ政治

表3 連邦下院議員選挙の結果一覧
(UP州ミルザプル選挙区・1952-2019年)

	選挙年	選出議員	政党名
第1回総選挙	1952	John N. Wilson	インド国民会議派（INC）
第2回総選挙	1957	John N. Wilson	インド国民会議派（INC）
第3回総選挙	1962	Shyam Dhar Mishra	インド国民会議派（INC）
第4回総選挙	1967	Bansh Narain Singh	バハラティヤ・ジャナ・サング（BJS）
第5回総選挙	1972	Aziz Imam	インド国民会議派（INC）
第6回総選挙	1977	Faqir Ali Ansari	バハラティヤ・ロク・ダル（BLD）
第7回総選挙	1980	Aziz Imam	インド国民会議派(I) INC(I)
第8回総選挙	1984	Umakant Mishra	インド国民会議派（INC）
第9回総選挙	1989	Yusuf Beg	ジャナタ・ダル（JD）
第10回総選挙	1991	Virendra Singh	インド人民党（BJP）
第11回総選挙	1996	Phoolan Devi	社会党（SP）
第12回総選挙	1998	Virendra Singh	大衆社会党（BSP）
第13回総選挙	1999	Phoolan Devi	社会党（SP）
補欠選挙	2001	Ramrati Bind	社会党（SP）
第14回総選挙	2004	Narendra Kumar Kushwaha	大衆社会党（BSP）
補欠選挙	2007	Ramesh Dubey	大衆社会党（BSP）
第15回総選挙	2009	Bal Kumar Patel	社会党（SP）
第16回総選挙	2014	Anupriya Singh Patel	アプナー・ダル（AD）（NDA）
第17回総選挙	2019	Anupriya Singh Patel	アプナー・ダル（AD）（NDA）

参照：http://www.eci.gov.in

（1） 1980年代までのミルザプル選挙区——会議派とジャナタ勢力の交代

表3は、この選挙区での歴史的な選挙結果一覧である。独立後はもちろん会議派の時代だったが、1967年には人民党の前身のBJSが議席を獲得している。72年には会議派がムスリムの候補を立てて議席を奪還し、77年には「ジャナタの波」で、ジャナタ党に合流したBLDがムスリムの候補を立てて当選した。80年代には、「ブラーフマン－SC/ST－ムスリム」の票田を頼りにする会議派（I）と、OBCとムスリムの票田をめざすジャナタ系の諸党が対抗した。

（2） 1990年代——3党の競合と「盗賊の女王」の登場

1991年総選挙で、ミルザプル選挙区でも人民党が四半世紀ぶりに議席を

獲得した。会議派，社会党，人民党，大衆社会党，共産党系の左翼政党，ジャナタ系の小政党，ヒンドゥー右翼系の小政党，無所属など30名あまりもの候補者が乱立し，現職が落選し新議員が誕生して，選挙区レベルの「現職不利の原則」が働き，候補者の顔ぶれは一定しなかった。まさに競争的多党制である。しかも人民党の勢いが強かった。

　社会党指導者のムラヤム・シン・ヤーダヴは，OBCとSC/STとムスリムの「虹の連合」を訴え，1996年総選挙には「盗賊の女王」として有名なプーラン・デーヴィーをミルザプル選挙区で立候補させた。UP州出身で盗賊団の首領として名を轟かせた後，インディラ・ガンディー政権時代に投降し，隣のマディヤ・プラジーシュ州のグワリオール刑務所に11年間収容された人である。彼女は，強盗や殺人を犯した犯罪者とされながら，貧しい農民，とくに自身の属すOBCの人々に人気を誇っていた。憎き地主を倒し，虐める役人や警官と戦った「義賊」だからである。

　ムラヤム・シンはUP州首相として彼女を釈放し，1996年総選挙で社会党候補として出馬させた。人民党が50議席を獲得した96年総選挙でも，ミルザプル選挙区ではプーランが人民党を下して勝利した。2年後の98年総選挙ではプーランが敗北し，人民党候補が勝った。だが，99年の総選挙では人民党を抑えてプーランが返り咲いた。学校に行ったこともなく，字も書けない元盗賊の女性が，社会党のもっとも頼りになる候補者だったのである。

　なぜ女盗賊が議員になったかを説明しておこう。立候補時に30代だった彼女は，UP州南西部のジャムナ川沿いの農村で，マッラーという漁民カーストの家の次女として生まれた。マッラーはOBCの中でも身分の低いカーストで，子ども時代のプーランは貧しさや暴力の中で育った。幼児婚という伝統のため11歳で年上の男性に嫁ぎ，性的虐待や暴力を受け，命からがら逃亡した後，復讐されて盗賊団に拉致された。当時は，盗賊団の中にも厳しいカースト秩序があり，高いカーストのタークルの首領がマッラーの少女プーランの生殺与奪の力を持ち，性暴力をふるって従えた。盗

賊として頭角を現した彼女は、この首領を裏切り、自分と同じカースト出身の愛人とともに自らの盗賊団を立てた。警察やライバルの盗賊団と争いつつ、ブラーフマンやグジャールという、自分たちを虐めた高いカーストの村を襲い、金品を強奪し、村人を殺害した。奪ったものは故郷の家族や親戚に配り、女神の寺に寄進した。警察や他の盗賊団に追い詰められて投降したが、義賊の女神として崇められた。盗賊の世界でも、カースト間の階級闘争が展開していたのである（竹中 2010）。

殺人罪で死刑にされるべきだという世論も強かったが、伝説の女王は99年に議員としてデリーに戻った。筆者が2000-01年に実施したインタビューでは、彼女自身はムラヤム・シンを師と仰ぎ、アンベトカルを尊敬し、農民や女性をエンパワーする運動を行うと意気軒昂だった。だが、2001年7月国会から官舎に戻ったところを銃撃されて失命した。中央もUP州も人民党政権で、政敵プーランには警備を与えていなかった。容疑者はUP州北部のデラドゥーン出身のブラーフマンの青年で、プーランを殺して有名になり、人民党の政治家として立候補したいと考えていたという。人民党と社会党が対立するUP州の政治の文脈でのみ理解できる話だろう。しかし、プーランの死後のミルザプル選挙区の補欠選挙では、社会党の候補者が勝利した。

（3） 2000年代のミルザプル選挙区——OBC政治とダリット政治の対抗

2000年代、全国政治においては人民党連合と会議派連合が二大政党制のように争っているときに、UP州、そしてミルザプル選挙区では、「OBC政治」の社会党と「ダリット政治」の大衆社会党が厳しく競い合っていた。両党とも、OBCやダリットの農民だけでなく、ムスリムの人々にアピールし、人口7％を占めるムスリムの支持を得ようとした。ここでも、より多いカースト集団だけでなく、少数派のムスリムの保護を謳うという「アイデンティティ政治」が機能している。

それでは、少数派のムスリム側にはどういう戦略があったのか。2009年

表4　2009年第15回連邦下院議員選挙の開票結果
UP州ミルザプル選挙区（有権者総数1,405,539）

立候補者名	政党名（N/S/他）*	得票数	得票(%)	有権者総数(%)
Bal Kumar Patel	社会党 SP（S）	218,898	29.87	15.57
Anil Kumar Maurya	大衆社会党 BSP（N）	199,216	27.18	14.17
Anurag Singh	人民党 BJP（N）	139,686	19.06	9.94
Ramesh Dubey	会議派 INC（N）	56,185	7.67	4.00
Prem Chand	Pragatisheel Manav Samaj Party PMSP（U）	26,995	3.68	1.92
Jagdish	アプナー・ダル AD（S）	19,086	2.60	1.36
Others（21Candidates）	他の政党候補の合計	73,800	9.94	5.17
合　計		733,866	100.00	52.13

注：* 選挙委員会は政党の分類を公示する。N：National Party 全国政党，S：State Party 州政党，U：Registered（Unrecognized）Party 登録（未承認）政党。
参照：インド選挙委員会第15回連邦下院議会（2009年）選挙区別選挙結果一覧
http://eci.nic.in/eci_main/archiveofge2009/Stats/VOLI/25_ConstituencyWiseDetailedResult.pdf

　総選挙時にUP州の州都ラクナウで，ムスリム陣営の有力者にインタビュー調査を行った。県の警察長官を退職した有力者で，孤児の福祉財団を運営して豊富な資金力を持ち，ムスリムの組織票を動かす立場にあった人物である。彼によれば，選挙戦の全体的な流れを見つつ，選挙区ごとにムスリムの投票を決めたという。このスケジュールには，全国で5週間，UP州だけで数週間を要する独特な選挙制度が反映している。ラクナウとヴァラーナシーでは選挙日がずれるのである。反ムスリムの人民党を除外しても，社会党，大衆社会党，会議派，左翼政党，その他と候補者の選択肢は多い。少数派としては安全と利益のために，勝利する候補者に入れて恩を売る必要がある。投票で5年間のサービスを引き出すという，競争的多党制の下での現代的な「パトロン－クライエント関係」ともいえる。有権者への指示はどうするかというと，投票の二日前の夕方にモスクで祈りの集会を開き，ウラマーが説教の中で指示するということだった。ヒンドゥー至上主義の嵐の中で少数派が生き延びるための，舌を巻く選挙戦術というほかない（Kumar 2012）。

　こうしたムスリム側の作戦は，2009年総選挙までは有効性を発揮した。

表5　2014年第16回連邦下院議員選挙の開票結果
UP州ミルザプル選挙区（有権者総数1,720,661）

立候補者名	政党名（N/S/他）	得票数	得票（％）	有権者総数（％）
Anupriya Singh Patel	アプナー・ダル AD/NDA＊（S）	436,536	43.32	25.37
Samudra Bind	大衆社会党　BSP（N）	217,457	21.58	12.64
Lalitesh Pati Tripathi	会議派　INC/UPA＊＊（N）	152,666	15.15	8.87
Surendra Singh Patel	社会党　SP（S）	108,859	10.80	6.33
Others	他の19候補	4,539	9.15	5.35
合　計		1,007,627	100.00	58.56

注：＊　NDA：国民民主同盟。人民党（BJP）選挙連合。ADの候補が立った。
　　＊＊ UPA：統一進歩同盟。会議派（Congress）選挙連合。会議派の候補が立った。
参照：インド選挙委員会第16回連邦下院議会（2014年）選挙区別選挙結果一覧
　　　http://eci.nic.in/eci_main/archiveofge2014/33%20-%20Constituency%20wise%20detailed%20result.pdf

　競争的多党制の下で4党が争うとき，まとまった少数派の票は決定的な意味を持つ。ヴァラーナシー選挙区のムスリムは大衆社会党に，隣のミルザプル選挙区では社会党に入れたという。選挙区ごとに勝ち馬を推測して賭ける——流動的なパワー・シェアリングのような「アイデンティティ政治」ともいえる。表4は，2009年総選挙のミルザプル選挙区の結果である。

（4）　2014年総選挙——人民党連合の勝利

　2014年の総選挙の結果が表5である。2009年第6位のアプナー・ダル（AD：Apna Dal）が，人民党の支持を得て圧勝したことがわかる。表4と比較すると，20％以上の人口増加率を反映し，18歳以上になって有権者となった人の数が5年間で約30万人増えている。いいかえれば，選挙戦では若者の比重が大きい。だからこそ，携帯電話の普及に伴い，SNSを用いた宣伝作戦が注目されているのである。

　この選挙区では，人民党の候補はあまり強くない。2009年にも大差をもって第三位に終わっている。2014年に人民党は新しい戦略を立て，ここでは自党の候補を立てず，ADの候補を応援することにした。ADは，「ダ

リット政治」を打ち出すマヤワティと対立し，大衆社会党から分裂した小党で，一党では議席を獲得する力はない。しかし，ADを駒に使い，人民党の支持層の高いカーストの票田，ADが社会党や大衆社会党から奪うことのできるOBC・ダリット・アディヴァーシーの票田，「10%の経済成長」を謳うカリスマ指導者モディを支持する若い有権者の票田を獲得して勝利をもぎとるという作戦を立てた（Jha 2017）。人民党の選挙対策責任者であるアミット・シャー自身の決断だったとされ，ミルザプル選挙区がそれほど重視されたことが興味深い。しかし，低いカーストの候補に投票せよという選挙本部の意向は，もともとの人民党支持者のブラーフマンたちには嫌がられたとも伝えられる。UP州全体で人民党連合が優勢となった2019年総選挙でも，この選挙区はほぼ同じ結果となった。

　このように，一選挙区を見ても，多様性社会で複数の政党が争う競争的多党制の選挙戦は厳しい。自党の票田を死守するだけではなく，他陣営から票を奪い，新たな票を獲得し，時運に乗って初めて勝利できる。カースト，宗教，貧富の差，世代などが「アイデンティティ政治」の境界線を示すが，2014年総選挙で勝利したADの候補者が女性だった点は，無視できない要素である。最近，ジェンダーも重要性を増しているからだ。ともあれ，アイデンティティは固定的でも一つでもないし，常に内容が変化している。新しいアイデンティティも誕生する。したがって，世論の動向を見据えながら，「アイデンティティ政治」を適切に操作することが選挙戦のコツである。メディアも使い，行進や集会などのイベントを使い，有力者の買収や右翼団体の恐喝も行って，票を獲得する「社会工学」なのである。

　アミット・シャーは，モディの右腕としてグジャラート州の選挙戦を指揮してきた。原型になった選挙戦は，1991年総選挙で当時のRSS総裁アドヴァーニーの選挙戦を仕切ったときの方法だとされる。選挙区がグジャラート州の州都ガンディナガルだったので，「ガンディナガル方式」と呼ばれる。インド版のドブ板選挙だが，現地に頻繁に足を運び，選挙区を知り尽くして有権者に働きかけて票を獲得する方法である。2014年総選挙で

はモディが人民党の首相候補に選ばれたため、シャーが全国の選挙戦を指揮することになった。最大の議席数を持つUP州で、人民党は2004年、09年と連続で敗北したため、モディはUP州の古都ヴァラーナシーで立候補して人心を引き、シャーが「ガンディナガル方式」で選挙戦を仕切ったのである。モディ側は1万6000人のインド工科大学卒業のエンジニアを選挙対策本部に雇ったとされ、多数の技術者がUP州の選挙支部にも派遣され、コンピューターの並ぶ「作戦室（War Room）」で人口調査や選挙データやその他の情報を村や町ごとに入力し、作戦を分析した[6]。選挙資金、インターネット、人海戦術などについて、他党は人民党に大きく後れを取ったが、2019年総選挙でもこの趨勢が維持されたと考えられる（竹中 2019）。

6　グローバル・インドの民主主義はどこに向かうか

　本稿では、多様性社会における「アイデンティティ政治」という視点から、インドの国家、州、草の根レベルの政党政治を比較しながら分析してきた。70年以上、インド国家が維持されているとすれば、建国の父が構想し、彼らが権力を得て形作ったしくみが改変されながら利用され続けていると解釈できる。以下では、インドの事例から、国民国家、民主主義、ナショナリズム、市場経済に関わる論点を引き出して結びにかえたい。

　第一に、民主主義と統合機能についてである。独裁・軍政・一党支配体制からの民主化によって「アイデンティティ政治」が噴出し、民族や宗教を掲げる勢力と政府の対立が深まり、内戦にまで至る事例が世界各地で観察されてきた。矛盾を抱える多様な集団が、民主主義体制の下で共存できるかは、古くて新しい問いである。インドでも、疎外された人々が武器を持って戦う事例はカシミールやアッサム、マオイスト勢力など数多く、国家が強制的に抑え込んできたことも否定できない。しかし同時に、「OBC政治」や「ダリット政治」のように、新党を立てて選挙で勝利し、権力への道を切り拓いて自らの権利や利益を実現するという民主主義の方法も、

民衆政治の有効な手段として活用されてきた。いいかえれば,「アイデンティティ政治」によって不断に民主主義を作り替えることで,インドの民主主義は国民統合の装置として機能してきた（中溝 2012；近藤 2015）。

　第二に,多数派主義と民主主義の関係である。「ヒンドゥートヴァ政治」が台頭し,ナレンドラ・モディ首相の下での人民党政権（2014-19年）では「人民党システム」とすら呼ばれる優位を確立した。多くの有権者が「偉大なヒンドゥー国家の再興」を叫ぶ人民党を支持してきたからにほかならない。かつての人民党はブラーフマンなどの高いカーストの政党であったが,最近はカーストやエスニシティの壁を越えたヒンドゥー・アイデンティティをアピールして成功を収めている。逆に,ムスリム,スィク,クリスチャンなどの少数派には厳しい状況が続いている。ただし,他の力も無視できない。90年代に凋落したかに見えた会議派が全国政党として復活し,マンモハン・シン政権（2004-14年）を担ったのだが,その背景には「ヒンドゥートヴァ政治」を押し付ける多数派主義に反発し,宗教・エスニシティ・カーストなどの多様な「アイデンティティ政治」を掲げる地方政党が会議派と組んだという事情があった。多数派の「アイデンティティ政治」と少数派の「アイデンティティ政治」の合従連衡の過程で,国家,州,草の根レベルの権力交代メカニズムが機能してきたといえる。とはいえ,2019年総選挙で人民党の優位が固められたため,今後しばらくは多数派主義が一層強められることが予想される。

　第三に,ポスト社会主義国家の抱える課題として,グローバリゼーションと市場経済と民主主義の関係である。急速な経済成長,都市化,先進国や中東への移民労働者の移動と海外送金,グローバルな情報共有など,国境を越えた動きが人々の生活に変化をもたらしている。そうした変化が,新しい貧困を生み,経済格差をつくっている。こうした状況で,民主主義はどのように機能できるのだろうか。すでに見てきたように,「OBC政治」や「ダリット政治」は「アイデンティティ政治」であるが,同時に貧しい人々を代表する階級的な役割を果たしてきた。これらの政党は,公け

にはカースト主義を否定し、真剣に貧困撲滅や社会的公正の実現を訴えている。つまり、これまでのところ、インドの民主主義は格差社会のもたらす「不満の政治」を「アイデンティティ政治」の形で取り込んできた、と言っても間違いではない。しかし、この傾向が今後も維持されるのかは注視すべき論点である。

第四に、21世紀インドのナショナリズムである。社会主義時代には会議派のナショナリズムが国家のイデオロギーだったが、ポスト社会主義時代には、ヒンドゥー至上主義的なナショナリズムがそれに代わるものとして出現した。それでは、グローバリゼーション時代の21世紀インドでは、どんなナショナリズムが求められているのか。マンモハン・シン会議派政権は民主主義の価値と世俗主義を押し出し、モディ政権はヒンドゥー至上主義と大国主義をアピールしてきたが、強硬な国家主義やナショナリズムが流行している今日の世界では、ヒンドゥー至上主義の「人民党システム」のほうが時流に乗った様相である。しかし、今後数年間の州選挙では再び多くの政党が人民党勢力との戦いを繰り広げることは確かである。したがって、ポストコロニアル・ナショナリズムの後を襲うポスト・ポストコロニアル・ナショナリズムが模索される状況は、まだ終わる気配がない。

第五に、ジェンダーの視点を付言したい。モディ政権の最大の弱点はジェンダーかもしれない。ヒンドゥー過激派のイスラーム女性迫害、イスラーム男性とヒンドゥー女性の結婚を「ラヴ・ジハード（愛の聖戦）」と呼んでヒンドゥー過激派が攻撃する事件、女人禁制のヒンドゥー寺をめぐる衝突、インド版の#MeToo運動での閣僚辞任と、枚挙にいとまがない。総裁も大統領も女性であった会議派政権から様変わりし、人民党政権はヒンドゥー男性が牛耳っているという批判もある。しかし、1993年の憲法改正で農村の村長や村議会については約1/3を女性に留保するという制度が導入され、マンモハン・シン政権時代に中央の議会に女性留保制度を導入する法案がつくられ、2013年には少なくとも上院では可決された。ジェンダーも焦点に掲げつつ、少数派や弱者による「アイデンティティの政治」

は，多数派の強硬なナショナリズムや暴力的なファンダメンタリズムに抗して，今後も粘り強くインドの民主主義を展開させる土台となるにちがいない（竹中 2009）。

注
1) 本稿のオリジナルは2018年6月に執筆したが，2019年4月11日～5月19日に7段階の投票が行われ，5月23日開票結果が発表された第17回総選挙の開票結果を受けて，2019年5月末の初校段階にて加筆修正した。参照：https://data.indianexpress.com/lok-sabha-elections-results
2) http://www.dictionary.com/browse/identity-politics
3) 政治危機の中で新方針をめぐってインド国民会議派の内部分裂が起こり，1969年にはインディラ・ガンディー首相が党から除名されるという未曾有の事態を迎えた。会議派の党組織は会議派（O）(Indian National Congress (Organization))の党名を掲げ，インディラ派は党内の支持者を糾合して新党を建て，まもなく会議派（インディラ派）(Indian National Congress (Indira))という名称が定着した。本稿では，それぞれCongress (O)，Congress (I) と記載した。その後も会議派勢力内の離合集散が続いたが，現在の会議派は後者の流れを引いている。
4) HindutvaとはHindu-nessと英訳され，「真のヒンドゥーらしさ」を指す。ヒンドゥー至上主義の指導者サーヴァルカルが1920年代より広め，RSSの標語となっている。
5) ビハール州でヤーダヴの人々を主な票田に抱える全国ジャナタ・ダル（RJD：Rashtriya Janata Dal）とOBC政治については，中溝（2012）参照。
6) Pamela Philiposeへのインタビュー，2018年11月24日。

参考文献
〈日本語文献〉
近藤則夫（2015）『現代インド政治——多様性の中の民主主義』名古屋大学出版会。
竹中千春（2005）「グローバリゼーションと民主主義の間——インド政治の現在」『国際問題』542号：7-25。
竹中千春（2009）「総選挙後のインド政治——諦めない民衆」『現代インド・フォーラム』2号：11-18。http://www.japan-india.com/
竹中千春（2010）『盗賊のインド史——帝国・国家・無法者』有志舎。

竹中千春（2019）「インドの政治——2019年総選挙へのダイナミクス」『Security Studies 安全保障研究』1巻2号：1-27。http://ssdpaki.la.coocan.jp/propasals/25.html

中溝和弥（2012）『インド 暴力と民主主義——一党優位支配の崩壊とアイデンティティ政治』東京大学出版会。

〈外国語文献〉

Arora, Balveer (2002) "The Political Parties and the Party System : The Emergence of New Coalitions," Zoya Hasan (ed.) (2002) : 540-552.

Benhabib, Seyla (2004) *The Rights of Others : Aliens, Residents, and Citizens.* Cambridge : Cambridge University Press.

Brass, Paul R. (2003) *The Production of Hindu-Muslim Violence in Contemporary India.* New Delhi : Oxford University Press.

Dahl, Robert (1989) *On Democracy.* New Haven and London : Yale University Press.

Guha, Ramachandra (2008) *India After Gandhi : The History of the World's Largest Democracy.* New Delhi : Harper Prennial, India. ラーマチャンドラ・グハ（2012）『インド現代史』（佐藤宏訳）明石書店。

Frankel, Francine R. (1971) *India's Green Revolution : Economic Gains and Political Costs.* Princeton : Princeton University Press.

Gutmann, Amy (2012) *The Spirit of Compromise : Why Governing Demands It and Campaigning Undermines It.* Princeton : Princeton University Press.

Hasan, Zoya (ed.) (2002) *Parties and Party Politics in India.* New Delhi : Oxford University Press.

Hasan, Zoya (2002) "Representation and Redistribution : The New Lower Caste Politics of North India," Zoya Hasan (ed.) : 370-397.

Jha, Prashant (2017) *How the BJP Wins : Inside India's Greatest Elections Machine.* New Delhi : Juggernaut.

Kaviraj, S. and S. Khilnani (eds.) (2001) *Civil Society : History and Possibilities.* Cambridge : Cambridge University Press.

Khilnani, Sunil (1997) *The Idea of India.* New York : Farrar, Straus and Giroux.

Kohli, Atul (1991) *Democracy and Discontent : India's Growing Crisis of Ungovernability.* New York : Cambridge University Press.

Kothari, Rajni (1966) "The Congress System in India," *Asian Survey*, 4 (12) : 1161-73.

Kothari, Rajni (1970) *Politics in India*. New Delhi : Orient Longman.

Kothari, Rajni (1988) "Why Has India Been Democratic?," Rajni Kothari, *State against Democracy : In Search of Humane Governance*. Delhi : Ajanta Publications : 154-176.

Kumar, Devesh (2012) "UP Polls : Muslim votes hold the key in UP elections," *The Economic Times* (January 5), https://economictimes.indiatimes.com/news/politics-and-nation/up-polls-muslim-votes-hold-the-key-in-up-elections/articleshow/11369513.cms

Kymlicka, Will (1996) *Multicultural Citizenship : A Liberal Theory of Minority Rights*. Oxford : Oxford University Press.

Lijphart, Arend (1996) "The Puzzle of Indian Democracy : A Consociational Interpretation," *The American Political Science Review*, 90(2) : 258-268.

Sarkar, S., T. Basu, P. Datta, T. Sarkar and S. Sen (1993) *Khaki Shorts and Saffron Flags : A Critique of the Hindu Right*. New Delhi : Orient Longman.

Sartori, Giovanni (1976) *Parties and Party Systems : A Framework for Analysis*, vol. 1. Cambridge, U. K. : Cambridge University Press.

Sridharan, E. (2002) "The Fragmentation of the Indian Party System, 1952-1999," Zoya Hasan (ed.) (2002) : 475-503.

Taylor, Charles (1997) "The Politics of Recognition," Charles Taylor, *Philosophical Arguments*. Cambridge, MA : Harvard University Press : 25-73.

Vanaik, Achin (2017) *The Rise of Hindu Authoritarianism : Secular Claims, Communal Realities*. London : Verso.

Yadav, Yogendra (1996) "Reconfiguration of Indian Politics : State Assembly Elections, 1993-5," *Economic and Political Weekly*, 31(2/3) : 95-104.

Weiner, Myron (1978) *Sons of the Soil : Migration and Ethnic Conflict in India*. Princeton : Princeton University Press.

(たけなか・ちはる：立教大学)

CHAPTER 4
法の精神
―― イスラエルの政党政治とナショナル・アイデンティティ ――

浜中新吾［龍谷大学］

1 「憲法」に書き込まれたナショナル・アイデンティティの象徴[1]

　イスラエル建国から70年目にあたる2018年7月18日，クネセト（イスラエル国会）は賛成62，反対55で「基本法：イスラエル－ユダヤ人の民族国家」（以後「ユダヤ民族国家法」）を成立させた。同法は第1条で「イスラエルがユダヤ人の歴史的郷土」（A項）であること，「ユダヤ人の民族国家（Medinat Haleom）」（B項）であること，「イスラエル国の民族自決権の実現はユダヤ人に固有のものである」（C項）と定めている。そして第4条で国語をヘブライ語のみとすること[3]，第5条と第6条で同国が外国居住の離散ユダヤ人の帰還先であると定めていること，第7条でユダヤ人入植地が民族的価値を有し，入植地の建設と発展を国家が後押しすることを規定している。以上の内容から，ユダヤ民族国家法がエスノナショナルな性格を濃厚に主張していることは自明である。

　成文憲法を持たないイスラエルにとって，建国宣言ならびに基本法は他国における憲法に相当する(1)「国家の統治の基本を定めた法」であり，そして(2)「自由主義に基づいて定められた国家の基礎法」でもある。自由主義世界に属する国家の憲法は，上記(2)の意味合いにおいて，普遍的な人権を保障することをねらいとしている（芦部 2011：4-5）。イスラエル「憲法」の場合，この普遍的な人権保障を謳っているのは建国宣言の文言，す

なわち「宗教，人種，性別にかかわりなく，そのすべての国民に対し，完全な社会的・政治的権利の平等を実現する」に求められる（ビン-ナン 1996：21）。さらに1992年に成立した「基本法：人間の尊厳と自由」および「基本法：職業の自由」によって，同国は立憲民主主義の原理と調和する統治機構を創出した，と考えられている（Navot 2007：35）。

　建国以来イスラエルの「憲法」は「ユダヤ人国家であり民主主義国家である」という国家像を謳ってきた。しかし2009年4月にベンヤミン・ネタニヤフ政権が成立してから現在まで，民主主義であるよりもユダヤ民族主義，つまりエスノナショナルであろうとする立法が目立つようになっている。[4] すなわちイスラエルのボイコットを呼びかけた個人や組織に対して罰金を科す「反ボイコット法」（「ボイコットを通じたイスラエル国の損害防止法」2011年7月11日成立），人権問題に取り組むNGOに対する規制を強化する「NGO透明化法」（「外国法人による支援された団体に対する情報開示義務に関する法律」2016年7月11日成立），そしてヨルダン川西岸地区のパレスチナ人私有地に建設された入植者の不法住宅を合法化する「入植地合法化法」（「ジュディア・サマリア入植地規制法」2017年2月6日成立）といった一連の立法である。

　ユダヤ民族国家法の成立はエスノナショナルな立法活動の一環として位置づけられるが，同法が実質的な「憲法」たる基本法であるため，イスラエル政治の右傾化および民族主義化の象徴として位置づけることができる。[5] それに留まらず，ユダヤ民族国家法はユダヤ人としての民族的アイデンティティを国家と結びつける役割を果たしている。このことは第1条C項で国家形成に関わる民族自決権がユダヤ人だけに帰すること，そして国際法上は「外国による占領」と解釈されるユダヤ人入植地の建設拡大を第7条で国家目標に定めていることから明確である。言い換えるとイスラエル「憲法」は，いっそうエスノナショナルな精神を帯びる方向に向かったのである。

　本稿はイスラエル「憲法」に認められるユダヤ民族主義と民主主義とい

う二つの価値を政治科学の立場から研究するものである。二つの価値はイスラエルという国家の成立に関わる原理であり，「憲法」に書き込まれたナショナル・アイデンティティの象徴である。第2節では，ナショナル・アイデンティティの象徴である二つの価値を議論するため，リサーチクエスチョンを設定し，その問いをナショナリズム理論の中に位置づける。第3節ではユダヤ民族主義と民主主義という二つの価値をめぐる政党政治のプロセスについて，ユダヤ民族国家法の成立過程を中心に分析する。そのうえでこれら二つの価値はイスラエル国民の中でいかなる政治的・政策的態度と結びつくのかを分析する計量モデルをセッティングする。第4節ではセッティングに沿った計量分析を行い，第5節では分析結果をナショナリズム理論の観点から，そして現代イスラエル政治の文脈から考察する。

2　リサーチクエスチョンと理論

（1）　価値と態度

　イスラエルは「ユダヤ人の民族郷土」を実現するシオニズム運動によって建国された。そして「建国の父」達が世俗的なシオニストであったにもかかわらず，ユダヤ人の定義がユダヤ宗教法（Halacha）にのみ求められる現状がある。かかる問題意識から，人々の信仰形態と国家像の関係について多くの理論的・実証的研究が積み重ねられている。ここではユダヤ民族と国家に関わる諸価値[6]，そして諸価値と公共政策の関係性を実証的に分析した先行研究をレビューする。

　憲法は国家権力の正統性原理である[7]。この正統性原理に関わる諸価値に政治科学の立場からアプローチした最初の研究はShamir and Arian（1994）である。Shamir and Arian（1994）はイスラエル建国宣言に記された国家形成に関わる原理的価値，すなわち「ユダヤ人国家としてのイスラエル」「エレツ・イスラエル（イスラエルの地）」「民主主義」「平和」のそれぞれがイスラエル国民の中でどのように順序づけられているのかを，

世論調査データから明らかにした。そして順序づけられた価値が領土とパレスチナ問題をめぐる政策への賛否態度と，いかに結びついているのかを計量分析によって推論した。その結果，「ユダヤ人国家」と「エレツ・イスラエル」の組み合わせがもっとも右派的で領土問題について非妥協的であり，「民主主義」と「平和」の組み合わせがもっとも左派的かつ領土問題について妥協的であることが示された。

　価値と政策態度の相関を扱う研究は，安全保障政策と政治文化の関係を体系的に検討したArian（1995）において深化した。アリアンが注目した概念は敬虔さ（religiosity）である。ユダヤ教の信仰実践の形態，つまり世俗的（secular）か宗教的（religious）か，宗教的な立場はハレディーム（超正統派）なのか，オーソドックス（正統派）なのか，それともリフォーム（改革派）なのかによっても，治安政策や領土の維持・返還に関する政策態度は大きく異なっている。現実のイスラエルは国家と宗教の関係性を法律面で規定できていないにもかかわらず，敬虔さが治安問題や領土問題の政策態度の規定因となっている。[8]

　Yuchtman-Ya'ar and Peres（2000：52）は市民が宗教的ではなく世俗的であれば，ユダヤ民族主義よりも民主主義を優越させる態度を示す傾向にあることを実証した。またLewin-Epstein and Levanon（2005）も世俗と宗教の二分法が社会的マイノリティ嫌悪をよく説明することを見出し，Ben-Num-Bloom, Zemach, and Arian（2011）は敬虔さが民族的偏見や政治的不寛容，非民主的規範との強い相関を持つことを発見した。

　Tessler（2009）は「イスラエル人がいかなるユダヤ国家を求めているのか」を問うため，国家の世俗的側面と宗教的側面，すなわち公共における宗教法の位置づけやイスラエル系アラブ人との政治的協力関係についての意見分布を社会的属性で分割し，記述的に推論した。[9] テスラの研究は国家論やナショナリズム論および政教関係論といった理論的背景を有しておらず，変数間の関連を分析しているわけでもないが，本稿の問題関心とは近しいと言える。

以上のレビューから国家形成に関わる原理的価値へのこだわり，言い換えると国家への帰属意識たるナショナル・アイデンティティは，ユダヤ教の信仰実践形態や和平政策への態度と関連すると見られている。このことを普遍的立場から検討するうえで有用と考えられる理論はナショナリズム研究に求められるだろう。

（2）　理論的検討

　ナショナリズム研究は政治学のみならず，歴史学，社会学，文化人類学など数多くのディシプリンが参入している分野であるため，膨大な先行研究が存在する。ただし本稿のように政治科学アプローチを採る研究にとって，検討すべき理論は必ずしも多くはない。なぜならその大半が属する歴史的，思想的研究は，「特殊主義と普遍主義の交叉，特殊に限定された共同性への志向と普遍的な社会性への志向の接続をこそ，その本質としている」（大澤 2009：2-3）ことに焦点を当て，課題の解明に努めようとするからである。

　本稿では制定されたばかりの「基本法：イスラエル－ユダヤ人の民族国家」に見られるイスラエル国家のユダヤ民族主義という価値を，「憲法」の他の部分に認められる民主主義的価値との比較を通じて分析する。イスラエル国民にとって「憲法」に記されたこの二つの価値はナショナル・アイデンティティの象徴であり，国家との一体感を創り出す原理的価値である。二つの価値はそれぞれナショナリズムの民族性と市民性を代表していると考えられ，ユダヤ民族的要素は信仰と血統に基づく紐帯を，民主主義的要素は諸個人の自由と尊厳への忠誠に基づく紐帯を創出することが仮託される。ナショナリズムの二分法という図式は，このような展望を示す有力な理論である。

　ナショナリズムの二分法は，ハンス・コーンの『ナショナリズムの理念』（Kohn 1944）における「西欧型ナショナリズム」と「非西欧型ナショナリズム」という類型にその起源がある。西欧型ナショナリズムは

「一定の領域内に居住し同一の政府と法のもとに結びついた人々の共属意識であり，個人の自由を尊重したリベラルで民主的な性格を有している」（黒宮 2009：318）。一方，非西洋型ナショナリズムは「過去の神話や民族的な夢，理想とする祖国像をもとに既存の国境を引き直そうとする，非合理で排他的な民族運動」と位置づけられる（黒宮 2009：319）。

　コーンによるこの図式は「コーン・ダイコトミー」（Kohn Dichotomy）と呼ばれ，後の二分法に受け継がれた。ゲルナー（2000：167-170）はコーンではなくプラムナッツ（John Plamenatz）の研究から，リベラルで穏健的な「西欧型ナショナリズム」と強権的で残酷な「東欧型ナショナリズム」という類型化を提示している。スミス（1999：159-180）はより包括的かつ体系的に類型化を検討しており，国境の感覚・法と法制度・市民権・共通の文化に特徴づけられる「領域的ナショナリズム」とエスニックな絆ないし血統的結びつき・大衆動員・習慣と方言に特徴づけられる「エスニック・ナショナリズム」の二分法を展開した。イグナティエフ（Michel Ignatieff）やフランク（Thomas Franck）は領土内に住むあらゆる人に開かれた，包摂的で自由と平等の原理を基礎とするナショナリズムと，血統で構成員資格を定義し，排他的で反近代的なナショナリズムを区別した（キムリッカ 2012：342-343）。このうちイグナティエフ（1996：13）は「人種，肌の色，信条，性別，言語，民族性にかかわらず，その国の政治理念を支持する者はすべて社会の成員」と見なす前者を「シヴィック・ナショナリズム」（Civic Nationalism）と呼んだ。そして国家を生み出す民が共有する「言語，宗教，慣習，伝統といった，歴史に根ざす民族性」に基づく後者を「エスニック・ナショナリズム」（Ethnic Nationalism）と名付けた（イグナティエフ 1996：14）。以後，本稿においても「シヴィック／エスニック」の二分法を用いる。

　以上の理論的検討から，実証的に取り扱うことのできる次の仮説を導出することができる。すなわち「エスニックなナショナル・アイデンティティは排他的で非リベラルな行為への態度と結びつき，シヴィックなナ

ショナル・アイデンティティは包括的で自由と平等の原理に沿った行為への態度と結びつく」。エスニックなナショナル・アイデンティティは「民族国家アイデンティティ」，シヴィックなナショナル・アイデンティティは「国民国家アイデンティティ」と言い換えることもできるだろう。

3　モデルセッティング
——ユダヤ民族国家法成立過程の政党政治——

（1）法案成立までの政党政治

　第1節で論じたように2009年から2018年現在までの10年間，リクード党をはじめとする右翼政党が連立政権を担っている。ベンヤミン・ネタニヤフは2013年と2015年の選挙で勝利し，首相の座を維持してきた[10]。この間，右翼ポピュリスト政党に位置づけられる「イスラエル我が家」および宗教シオニスト政党の「ユダヤの家」が連立政権のパートナーであり続けた[11]。民族主義的色彩の強い右派政権が10年以上存続してきたため，エスノナショナルな立法が断続的に行われている。冒頭にも述べた反ボイコット法はゼエブ・エルキン議員（当時カディーマ所属，のちリクード党へ移籍）を中心にリクード，シャス，イスラエル我が家，統一トーラー党などの支援を受けて成立に至った議員立法である[12]。

　NGO透明化法は既存の情報公開法の改正としてアイェレット・シェケド司法大臣（ユダヤの家）が提出した政府案であり，イスラエル我が家およびユダヤの家からの議員提出法案と合併されて審議の俎上に載せられた[13]。「入植地合法化法」もユダヤの家およびリクード党からの議員提出法案であり，第一読会の審議過程で現内閣を構成する全政党が賛成したことにより成立の道筋がついた[14]。

　反ボイコット法は「イスラエル国のボイコット，ボイコット参加の奨励，またはボイコットを促進する援助や情報提供を禁じる」（第2条）と定めており，違反者には最高3万シェケルの罰金が科せられうる（第3条B

項）とともに，イスラエル国内在住者であれば刑法の定めにある2倍の罰金を裁判所の所管とし（第4条），国外の個人・団体等に対しては最低10年間の入国禁止を内務大臣の所管と定めている（第5条A項）。NGO透明化法はその批判者から，パレスチナ人の権利を擁護する左派系NGO，具体的にはブレーキング・ザ・サイレンス，ベツェレム，ピース・ナウなどを標的にしたと指摘されている。植民地合法化法は西岸地区に無許可で建設されていた小規模入植地（outpost）を合法化するものであり，国連と英仏および日本を含む国々が国際法違反であり，中東問題の平和的解決を阻害するものとして強く批判した。ユダヤ民族国家法案の採択はこのようなエスノナショナルな立法活動の一環として位置づけられる。

　それではユダヤ民族国家法の成立過程を追っていきたい。同法は2011年当時カディーマに属していたアビ・ディフター議員と反ボイコット法にも関わったゼエブ・エルキン議員が超党派の議員40名分の署名を獲得し，議員立法としてユダヤ民族国家法案を提出したことに始まる。この時はカディーマ党首を務めていたツィピ・リブニの圧力を受け，法案は棚上げとなる。同案が本格的な審議過程に載るのは2014年の11月である。移籍先のリクード党で院内総務に就いていたエルキンが，同じくリクード所属になっていたディフターと修正案を提出し，これがクネセットの司法委員会に上程された。この修正案をネタニヤフ首相が支持したことで立法化への道筋が見えることになる（*Jerusalem Post* November 21, 2014）。

　ネタニヤフ首相は2014年11月23日の閣議で次のように発言し，ユダヤ民族国家法の必要性を説いた。

　　本日，私がその制定を主導すべきだと信じる民族の法と諸原則を閣議にかける。イスラエル国はユダヤ人の民族国家である。すべての市民は等しく人としての権利を有し，我々はそのことに配慮している。しかし民族としての権利はユダヤ人だけに属する。つまり国旗，国家，すべてのユダヤ人がイスラエルに移民する権利，およびその他の民族的特性で

ある。これらはただひとつの，唯一の国家における我らの人民にのみ与えられている。

　（中略）いま我々は別の理由からもこの法を必要としている。ユダヤ人の民族国家というイスラエルの性格に挑戦する多くの者がいるからだ。パレスチナ人はこの性格の承認を拒んでいるし，国の内側からも抵抗がある。（中略）私は自らの信じる法の原則，独立宣言に記された諸原則，私の父やジャボティンスキー，そしてヘルツェルから引き継いだシオニズムの精神における諸原則を提起しているのだ。」(イスラエル首相府，閣議記録)

　政局によってカディーマを離党後，ハトゥヌアを旗揚げし連立内閣に加わっていたツィピ・リブニ司法大臣は，ユダヤ民族国家法をめぐって首相と対立した。1週間前の11月16日閣議でリブニは次のように発言する。「私はシオニストであり，ハトゥヌアもシオニストである。シオニストはイスラエルをユダヤ人の民主的国家にするために戦う。（中略）リクード党の思想的支柱であるゼエブ・ジャボティンスキーは次のように言っている『一国の憲法は明確に民族的特徴を記した条項を持つべきだとは，私は思わない。そのような条項が見出せないならば，それが良い憲法の証なのだ。』」(*Jerusalem Post* November 21, 2014)。リブニが引用したようにジャボティンスキーは演説の中でかかる発言をしており，また彼の「アラブ自治構想」には市民的平等や言語の平等といった観念が認められる[19]。ゆえにユダヤ民族国家法案はジャボティンスキーの思想的系譜に連なるものとは言いがたい。

　ユダヤ民族国家法案はオリジナルのエルキン＝ディフター案に加えて，アイェレット・シェケド議員（ユダヤの家）らによる案（リクード党所属議員，イスラエル我が家所属議員との合同提案），そしてネタニヤフ首相自身の案の3案が提出されていた。閣議で取りあげられた3案は閣僚間の激しい議論を引き起こす。同法案の審議継続がリクード，イスラエル我が

家，ユダヤの家の所属閣僚によって支持され，賛成多数となる。イエッシュ・アティッド党とハトゥヌアの閣僚は反対票を投じた（*Jerusalem Post* November 24, 2014）。12月2日，イエッシュ・アティッド党のヤイール・ラピッド財務大臣とハトゥヌアのリブニ司法大臣はユダヤ民族国家法案をめぐる閣内不一致を理由に罷免される。この罷免が一因となって政局になり，翌年の2015年3月17日に前倒し総選挙が実施された[20]。

　総選挙後の2015年6月，ディフターとエルキンが修正案を改めて提出する。内容は「ヘブライ語が公式言語であり，アラビア語は特別な地位」に留まること，「政府はユダヤ人の入植を推進すべきであり，そのために資源配分をすべきである」ことなどが含まれていた（*Jerusalem Post* July 3, 2015）。この年，同法案の起草者であるディフターがエルサレム・ポスト紙のインタビューに答えている。

　「（一連のテロ事件を受けて）パレスチナ人はユダヤ人国家の抹消を目標としていることを，もはや隠そうとはしていない。ここ数カ月の出来事は国家像とナショナル・アイデンティティをめぐる戦いが必要であることを証明した。（中略）イスラエルは11の基本法を有しているが，そのどれも国家のアイデンティティまたは国民の定義づけを扱ってはいない。この法案はユダヤ人の国民国家としてのイスラエルの地位を守護することを意味し，基本法におけるユダヤ人および民主主義国家としてのイスラエル国の価値を支えるものである。」（*Jerusalem Post* October 23, 2015）

　2年後の2017年5月，クネセット司法委員会がユダヤ民族国家法案を検討していることが伝えられる（*Jerusalem Post* May 7-8, 2017）。ネタニヤフ首相はリクード党の会合で同案の支持を改めて表明する。そして2017年5月10日，ユダヤ国家法案がクネセットの予備読会を賛成48・反対41で通過した（*Jerusalem Post* May 11, 2017）。同年7月，アミール・オハナ

（リクード）を代表とする憲法制定特別委員会が設置され，第一読会に向けた法案準備がなされる（*Jerusalem Post* July 27, 2017）。そして同年10月，ユダヤ民族国家法案の第一読会が始まる。

翌年の2018年5月1日，第一読会で賛成64・反対50で法案が承認された（*Ynet-news* May 1, 2018）。同法案は再び司法委員会に上程され，再検討のプロセスに入った。第二読会の1週間前にあたる7月10日にラズ・ニズリ司法副長官とルーベン・リブリン大統領から同法案が人種差別主義およびアラブ系を含むすべてのマイノリティに対する差別に利用される危惧が寄せられた（*Jerusalem Post* July 11, 2018）。7月15日，ネタニヤフ首相とナフタリ・ベネット教育大臣（ユダヤの家）の間で法案の文言をめぐる妥協案が出され，第7条が「国家はユダヤ人入植地の開発を国民的価値だと見なすこと，および入植地の設立と強化を推進すること」という文言となった（*Ma'ariv* July 15, 2018）。

7月18日に第二読会，翌19日に第三読会が行われ，法案に対する投票が実施された。賛成62・反対55で法案は可決され，「基本法：イスラエル—ユダヤ人の国民国家」は成立した。連立与党は3名の離反者を除いて賛成し，野党は反対票を投じた[21]。

（2）エスノナショナルな政治過程とモデルのセッティング

以上のように立法過程における政党政治の動向には，エスノナショナルで非民主的なプロセスが散見される。しかしこのプロセスは何の障害もなくひとつの方向に向かっている，というわけではない。イフダ・ウェインステイン司法長官（在2010-16年）は反ボイコット法案とNGO透明化法案に対して「憲法」に抵触する可能性を指摘した（*Haaretz* July 13, 2011 ; The Association for Civil Rights in Israel 2016：1）[22]。議会で成立した法律が既存の法規と抵触し，法体系に瑕疵が生じる事態は，民主主義国家でも珍しいことではない。成文憲法を持たないイスラエルでは立法府と司法府どちらに，より上位の権威が与えられているのかが不明確であった。

「基本法：人間の尊厳と自由」が1992年に成立した際，当時の最高裁判所長官であったアハロン・バラクは論文の中で「最高裁判所は，揺るぎなき基本法を憲法上至高のものとして，そして憲法制定権力によって成立されるものと認識する」と述べ，イスラエルに憲法革命が生じていると主張した（Lerner 2011：78-81；Lerner 2017：275）。1995年の「ミズラヒ銀行対ミグダル共同村」事件で「基本法は一般法に優越する」との判決が下されたことにより，憲法革命が具現化した（Galnoor and Blander 2018：52-53）。言い換えれば，違憲審査権を有するのは最高裁判所であると明らかになったのである（Friedmann 2016：189-196；Lerner 2017：276）。

さて，本節の政党政治に関する議論を受けて，イスラエル国民のナショナル・アイデンティティの類型と排外的で非リベラルな政治的態度との関係をモデル化しよう。前節の理論的検討から次の仮説を導出した。すなわち「エスニックなナショナル・アイデンティティは排他的で非リベラルな行為への態度と結びつき，シヴィックなナショナル・アイデンティティは包括的で自由と平等の原理に沿った行為への態度と結びつく」。イスラエル政治の文脈でこれを操作化すると，エスニックなナショナル・アイデンティティの象徴はイスラエル国家のユダヤ民族性に相当し，シヴィックなナショナル・アイデンティティの象徴は民主主義性となる。これらを独立変数とした時，「イスラエル民主主義指標（2017）」（Israel Democracy Index 2017）[23]調査が従属変数となり得る「排他的／包括的」「非リベラル／リベラル」な政治的態度を質問項目として含んでいる。同調査を分析対象データとして使用するにあたり，下記の3つの質問を従属変数とした。

(1)イスラエルをユダヤ人の民族国家として認めない人間は参政権を剥奪するべきである。
(2)反NGO法や入植地合法化法といった法制は国家の民主主義性に有害だという主張に同意しますか。
(3)有権者が選出したクネセット議員による立法を無効にする最高裁判所

の権限(違憲審査権)は否定されるべきだ。

　同調査はこれらの質問に4件法で回答させている。質問(1)と質問(3)については「全く同意しない」「同意しない」を0,「同意する」「強く同意する」を1として再コードした。質問(2)については「強く同意する」「同意する」を0,「全く同意しない」「同意しない」を1として再コードした。再コード作業により従属変数はそれぞれ,質問(1)「公民権剥奪について賛成」なら正,質問(2)「反NGO法や入植地合法化法を民主主義性に有害だと思わない」なら正,質問(3)「最高裁判所の違憲審査権の否定に賛成する」なら正の値をとる。
　独立変数であるナショナル・アイデンティティは「イスラエル民主主義指標(2017)」調査に含まれる次の質問から操作化した。

　「(ユダヤ人にのみ質問)イスラエルはユダヤ的かつ民主主義国家であると定義されている。あなたの意見ではどちらの側がより支配的であるべきだと思うか？」

　同調査は次の選択肢「ユダヤ的であるべき」(22.7%),「民主主義的であるべき」(32.4%),「同等であるべき」(43.2%)の中からひとつを選ばせている(n=864)。このうち「ユダヤ的であるべき」を選んだ個人をエスニックなナショナル・アイデンティティの保有者,「民主主義的であるべき」を選んだ個人をシヴィックなナショナル・アイデンティティの保有者と操作的に定義した。
　先ほどモデル化されたナショナル・アイデンティティの二類型と排外的で非リベラルな態度との関係を統計的に処理するにあたって,交絡要因すなわち二類型と政治的態度の両方に影響を及ぼすおそれのある変数を統制しなければならない。本研究では,交絡要因の統制に傾向スコアマッチングを利用した。交絡要因と考えられる共変量として所得水準,教育水準,

年齢，性別を選び，傾向スコアを算出する。傾向スコアのc統計量は0.712であり，過不足無しだと判断した。[24]

4　実証分析

前節でセッティングしたナショナル・アイデンティティと政治的態度とのモデルについて，ここでは(1)二変数クロス集計による記述統計分析と，(2)政治行動に関係する変数を統制したロジスティック回帰分析を用いて評価する。

（1）　記述統計

表1から表3までに示したクロス集計表は従属変数とした3つの質問を独立変数であるナショナル・アイデンティティの二類型で分割したものである。表1は(1)「イスラエルをユダヤ人の民族国家として認めない人間は参政権を剥奪するべき」という質問への回答分布であり，シヴィックなナショナル・アイデンティティの保有者（シヴィック・ナショナリスト）の3/4が「剥奪するべきでない」と回答している。一方，エスニックなナショナル・アイデンティティの保有者（エスニック・ナショナリスト）の3/4は「剥奪するべき」だと回答している。

表2は(2)「反NGO法や入植地合法化法といった法制は国家の民主主義性に有害だという主張に同意しますか」という質問への回答をアイデンティティの類型で分割されている。エスニック・ナショナリストの7割弱が「民主主義性に有害だという主張」に同意しない。またシヴィック・ナショナリストの7割は主張に同意していることが分かる。

表3に示されたクロス集計は(3)「有権者が選出したクネセット議員による立法を無効にする最高裁判所の権限（違憲審査権）は否定されるべきだ」という質問への回答分布であり，ナショナル・アイデンティティの類型で分割されている。エスニック・ナショナリストの7割弱が最高裁の違

4 法の精神

表1 ユダヤ人国家を認めないなら参政権を剥奪すべき？（マッチング処理済み）

	シヴィック	エスニック	合計
参政権を剥奪すべきでない	100 (74.07)	35 (25.93)	135 (50.0)
参政権を剥奪すべき	35 (25.93)	100 (74.07)	135 (50.0)
合計	135	135	270

$\chi^2(1) = 62.59$, Fisher's exact test = 0.000, （　）内は%

表2 NGO透明化法や入植地合法化法制は非民主的？（マッチング処理済み）

	シヴィック	エスニック	合計
同意する	94 (70.15)	43 (32.09)	137 (51.12)
同意しない	40 (29.85)	91 (67.91)	131 (48.88)
合計	134	134	268

$\chi^2(1) = 38.84$, Fisher's exact test = 0.000, （　）内は%

表3 最高裁判所の違憲審査権は否定されるべき？（マッチング処理済み）

	シヴィック	エスニック	合計
肯定されるべき	110 (80.88)	43 (31.62)	153 (56.25)
否定されるべき	26 (19.12)	93 (68.38)	119 (43.75)
合計	136	136	272

$\chi^2(1) = 67.06$, Fisher's exact test = 0.000, （　）内は%

憲審査権は否定されるべきだと回答し，シヴィック・ナショナリストの8割が肯定されるべきだという回答を示した。表1から表3まですべてのクロス集計表のカイ二乗検定によって帰無仮説が棄却されており，ナショナル・アイデンティティの二類型と排外的で非リベラルな態度との間には統計的な関連性が認められる。

（2） ロジスティック回帰分析

　第3節(2)でセッティングしたモデルを検証するため，二項ロジスティック回帰分析を行った。従属変数は(1)「参政権剥奪」に「剥奪すべき」，(2)「反民主的法制だという主張」に「同意しない」，(3)「最高裁の違

表4　ロジスティック回帰分析の結果（マッチング処理済み）

	(1)参政権剥奪に賛成		(2)反民主的法制ではない		(3)違憲審査権の否定	
	係数	S.E.	係数	S.E.	係数	S.E.
ナショナル・アイデンティティ	1.010	.3629 **	1.113	.3547 **	1.312	.3547 ***
イデオロギー	-0.885	.1710 ***	-0.3298	.1422 *	-0.581	.1208 ***
アシュケナジ	-1.027	.3195 **	0.2613	.2791	0.194	.2454
(定数)	2.066	.5680 ***	0.0681	.5165	0.002	.4004
N	260		258		259	
疑似R^2	0.3010		0.1285		0.2465	

*：$p<.05$，**：$p<.01$，***：$p<.001$

憲審査権の否定」に「同意する」に対して，それぞれ1とコード化した（(1)で「剥奪すべきでない」，(2)で「同意する」，(3)で「同意しない」に対して，それぞれ0とコード化）。独立変数はエスニックなナショナル・アイデンティティを1，シヴィックなアイデンティティを0とコード化した。このロジスティック回帰分析では政治的イデオロギーとエスニシティをコントロールしている。政治的イデオロギーは左右のイデオロギー次元における自己位置づけであり，5点尺度で測定されている[25]。エスニシティは自らをアシュケナジ（東欧系）だと答えたケースを1とするダミー変数として統制した[26]。

表4の結果は「エスニックなナショナル・アイデンティティは排他的で非リベラルな行為への態度と結びつき，シヴィックなナショナル・アイデンティティは包括的で自由と平等の原理に沿った行為への態度と結びつく」という仮説と整合的である。すなわち他の変数の影響を統制したうえで，エスニック・ナショナリストであれば「ユダヤ人国家を認めない者の参政権を剥奪すべき」「NGO透明化法や入植地合法化法制が反民主的だという主張に同意しない」「有権者が選出したクネセット議員による立法を無効にする最高裁判所の権限（違憲審査権）は否定されるべき」と答える傾向にある。

図1は表4(1)の分析結果から計算した確率変化のグラフである。横軸は

イデオロギー次元であり,縦軸は質問(1)に対して「剥奪するべき」だと答える確率である。自らを右派と位置づける人々でエスニック・ナショナリストが「ユダヤ人国家を否定する者の参政権剥奪」を支持する確率は84%であるのに対し,同じ右派でもシヴィック・ナショナリストでは65.5%になる。この時エスニック・ナショナリストとシヴィック・ナショナリストの差は18.5ポイントである。穏健右派のエスニック・ナショナリストなら確率は68.5%に,シヴィック・ナショナリストだと44.1%になる。穏健右派の場合,二つのナショナリズムの間には24ポイントの差がある。右派とは異なり左派に自らを位置づける人々だと,二つのナショナリズムの差は小さい。左派のエスニック・ナショナリストが公民権の剥奪を支持する確率は13.4%,同じカテゴリのシヴィック・ナショナリストの確率は5.3%であり,その差は8.1ポイントになる。ただしエラーバーが重複しているため,ナショナル・アイデンティティの違いによる差は消失する可能性が高い。

　図2は表4(2)の分析結果から計算した確率変化のグラフである。右派のエスニック・ナショナリストが「NGO透明化法や入植地合法化法制が反民主的法制だという主張」に同意しない確率は72.9%であるのに対し,同じ右派でもシヴィック・ナショナリストでは47%になる。この時エスニック・ナショナリストとシヴィック・ナショナリストの差は26ポイントである。穏健右派の場合,エスニック・ナショナリストであれば反民主的法制だという主張を否定する確率は65.9%,シヴィック・ナショナリストであれば38.9%であり,その差は27ポイントとなる。政治的イデオロギーごとに見た場合のナショナル・アイデンティティ間の差は均等であり,二つのグループ間の距離は平行に見える。

　図3は表4(3)の分析結果から計算した確率変化のグラフである。右派のエスニック・ナショナリストが最高裁判所の違憲審査権を否定する確率は77.5%であるのに対し,同じ右派のシヴィック・ナショナリストでは否定する確率が48.1%になる。この時エスニック・ナショナリストとシヴィッ

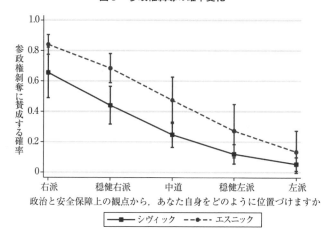

図1　参政権剥奪の確率変化

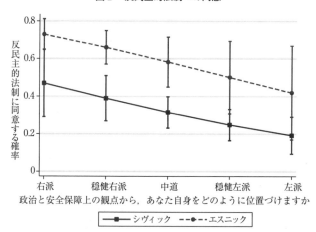

図2　反民主的法制への同意

ク・ナショナリストの差は29.4ポイントである。穏健右派のエスニック・ナショナリストなら確率は64.3％に，シヴィック・ナショナリストだと32.6％であり，その差は31.7ポイントになる。言い換えると右派・穏健右派のエスニック・ナショナリストの多くは最高裁判所の違憲審査権を否定

4　法の精神

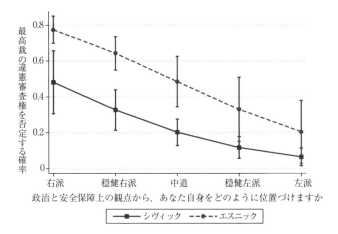

図3　最高裁の違憲審査権の否定

し，同じイデオロギーでもシヴィック・ナショナリストはその過半数が違憲審査権を肯定する。

　一方，左派の場合は二つのナショナリズムの差が小さい。左派のエスニック・ナショナリストが最高裁判所の違憲審査権を否定する確率は20.5％，同じカテゴリのシヴィック・ナショナリストの確率は6.5％であり，その差は14ポイントに縮まる。政治的イデオロギーの右派から中道においてナショナル・アイデンティティ間の差は大きく，左派になるとその差は小さくなっていることが分かる。つまり自らを右派と位置づけるエスニック・ナショナリストの多くが違憲審査権を否定するのに対し，ほとんどのシヴィック・ナショナリストの左派はこれを肯定するのである。また穏健左派と左派ではエラーバーが重複しているため，ナショナル・アイデンティティの違いによる差は消失している可能性がある。

5　結果と考察

　本稿ではユダヤ民族国家法の成立をイスラエル政治の右傾化，民族主義

99

化の象徴であると位置づけ，同法の成立過程とその中核的価値であるユダヤ民族主義の排他性・非リベラル性を分析した。第3節で論じたようにユダヤ民族国家法は実質的な憲法の一部であり，リクード党やユダヤの家といった右派政党の所属議員が立法を推進し，リベラルな価値を奉じるクネセット議員の反対を押し切る形で成立した。そして第4節での分析から，ユダヤ民族主義を重んじるエスニック・ナショナリスト（民族国家主義者）は，近年成立したNGO透明化法や入植地合法化法制が民主主義を傷つけるものだとは見なさないことが明らかにされた。

　本稿の分析結果は「コーン・ダイコトミー」と呼ばれるナショナリズムの二分法から導出された仮説を支持する。すなわちイスラエル政治の右傾化，民族主義化は単純にエスノナショナルな主張やイデオロギーを奉じる政党の議会における勢力拡大だけを意味するのではない。第3節で論じたように，ユダヤ民族主義というエスノナショナルな価値が立法過程において台頭している。そして第4節の分析から，国民の意識レベルにおいても，エスニック・ナショナリズムは参政権の剥奪や，特定の法制が反民主的という主張の否定，最高裁が違憲審査権を有することの否定といった態度と結びついている。つまりエスノナショナルな価値を思想信条の自由や立憲主義の上位に位置づける人々が少なからず存在し，立法過程で顕在化した動向と軌を一にしているのだ。

　この研究で明らかになった含意はイスラエル政治の文脈に特有のものであるとは言えない。近年，西欧の政治において保守政権の復権および右翼ポピュリスト勢力の台頭が顕著となっている。イスラエル政治の民族主義化は西欧政治とパラレルな現象として理解できるのかもしれない。またエスニック・ナショナリストの排他性・非リベラル性についても，先進民主主義国に見られる新しい反民主主義的傾向との共通性を看取できる。[27]

　本稿の計量分析結果は観察データの分析であるため，交絡要因の除去は（試みてはいるが）完全には期待できない。それゆえエスニック・ナショナリズムと排他的で非リベラルな政治過程への態度との関連は，あくまで

も相関関係である。ただし本研究はユダヤ民族国家法の成立時から直近の世論調査データを用いていることが特徴のひとつである。それゆえ，同法に内在するエスノナショナルな価値の危険性を国民意識のレベルで解明したことは，イスラエル現代政治研究ならびに比較政治研究において功績になるものだと言えるだろう。

注

1) 本稿ではナショナル・アイデンティティを「nation stateに対する国民の帰属意識」であると定義する。
2) ユダヤ民族国家法の正文は『官報：法典2743号』（2018年7月26日）に掲載されており，本稿ではこれを参照した。基本法の英訳は英語版クネセットHPに掲載されている（unofficialと断り書きがある）。また臼杵陽氏による日本語訳が国際問題研究所編（2001）に収録されている。投票記録はクネセットHP（http://www.knesset.gov.il/vote/heb/Vote_Res_Map.asp?vote_id_t=31013）による（2018年8月23日アクセス）。
3) オスマン帝国法の定めによりアラビア語も国語であったが，同法により「特別な地位を持つ言語」として実質的に格下げされた。
4) 反ボイコット法の成立とNGO透明化法（NGO資金規制法案）の審議過程については立山（2012）に詳しい。
5) 1996年から2015年まで8回のクネセット選挙分析を通じて右傾化を論じたものとして浜中（2019）を参照のこと。
6) ユダヤ民族と国家に関わる諸価値を検討した研究は枚挙にいとまがないが，「憲法」である建国宣言とイスラエル基本法に着目し，その条文を検討・分析した邦語の研究としては奥山（2002）が参考となる。
7) 長谷部（2006：36-37）は国家の基本となる構成原理としての憲法が権力を正統化し，政治秩序を構成すると論じている。憲法が依って立つ立憲主義は人々の生活領域を公私に区分し，公的領域では各自が信奉する価値観・世界観を脇に置き，社会の全構成員に共通する利益を実現するため議論し決定する原理である（長谷部 2006：10）。イスラエル「憲法」にも立憲主義の原理を認めることはできるが，ユダヤ民族国家法による上書きによって，その立憲主義が後退したと判断できる。
8) 建国時に成文憲法を創出できなかった理由のひとつになっている。
9) 具体的には連立政権樹立の可能性や重要な政治的決定を下すにあたってはアラブ

側の意見を取り入れるといった事案である。

10) ネタニヤフ政権の長期化について大統領制化という概念から論じたものとして浜中（2018）がある。

11) 第32期内閣（2009-2013年）では穏健左派の労働党，中道政党のカディーマ，ハレディーム系宗教政党のシャスと統一トーラー党が，第33期内閣（2013-2015年）では中道政党のハトゥヌアとイエッシュ・アティッド党，第34期内閣（2015-2019年）では再びシャスと統一トーラー党，そして中道右派政党のクラヌが連立入りしている。

12) クネセット調査情報センター「ボイコットおよびボイコット参加の禁止：司法委員会提出法案」2010年9月19日。https://www.knesset.gov.il/mmm/data/pdf/m02861.pdf（2018年8月24日アクセス）。

13) Press Release "Knesset passes NGO transparency law" July 12, 2016. the Knesset HP. https://knesset.gov.il/spokesman/eng/PR_eng.asp?PRID=12164（2018年8月24日アクセス）。

14) Ynet-news, November 16, 2016. https://www.ynet.co.il/articles/0,7340,L-4879909,00.html（2018年8月24日アクセス）。

15) 『官報：法典2304号』2011年7月13日。

16) Peter Beaumont "Israel passes law to force NGOs to reveal foreign funding." *The Guardian*, July 12, 2016. ブレーキング・ザ・サイレンスは占領地での任務に従軍した元兵士達で組織された，占領反対を主張する団体である。ベツェレムは西岸地区の占領の実態を批判的に公表する人権擁護団体，ピース・ナウはパレスチナとの和平を求める平和団体である。

17) AFP news February 8, 2017；CNN. co. jp February 19, 2017；外務省「イスラエル議会による入植地合法化法案の採択について（外務報道官談話）平成29年2月8日（2018年8月26日アクセス）。

18) イスラエル司法省HP立法記録。http://www.justice.gov.il/StateIdentity/ProprsedBasicLaws/Pages/DichtersProposal.aspx（2018年8月25日アクセス）。

19) ジャボティンスキーの発言についてはKremnizter and Fuchs（2013：11-12）を，「アラブ自治構想」については鶴見（2012：340-342）を参照のこと。

20) CBC News "Israel's Benjamin Netanyahu fires 2 ministers, election likely." December 2, 2014.

21) リクードのベニー・ベギン議員は棄権，クラヌとイスラエル我が家にそれぞれ属する2名はドルーズ派であったため反対票を投じた。

22) "Anti-NGO Legislation in the Israeli Knesset." Updated February 2016. https://www.acri.org.il/en/wp-content/uploads/2016/02/Anti-NGO-Bills-Overview-Updated-Febuary-2016.pdf（2018年8月26日アクセス）．
23) Israel Democracy Index 2017の個票データはイスラエル民主主義研究所のガットマン世論・政策調査センターが開発したデータベース「Data Israel」（https://dataisrael.idi.org.il/）から入手できる．
24) c統計量は0.5から1の値をとる．0.5に近い場合は二類型の識別能が低くて傾向スコア分析を行う意味がなく，1に近いと二群のオーバーラップが少なすぎて統計的検出力が低下してしまう．
25) 数値が小さいほど右派，大きいほど左派である．イスラエル社会の文脈では主に中東和平政策をめぐり，自らを右派（強硬的）ないし左派（妥協的）と位置づけるイデオロギー尺度が慣用的に使われており，政党選択にとって最大の規定因と考えられている（Arian 2005：239；Mahler 2016：237）．イスラエルの世論調査ではしばしば7点尺度で測定されるが，国際比較調査においては10点尺度が用いられることもある．
26) 傾向スコアマッチングでこれらの変数を共変量として加えるとc統計量が過大となって統計的検出力が低下するため，ロジスティック回帰分析の統制変数としてコントロールするデザインを採用した．
27) 世論調査データの分析から「民主主義の脱定着」が生じていると主張するものとして Foa and Mounk（2016）および Mounk（2018）がある．

参考文献

芦部信喜（2011）『憲法 第5版』（高橋和之補訂）岩波書店．
イグナティエフ，マイケル，幸田敦子訳（1996）『民族はなぜ殺し合うのか——新ナショナリズム6つの旅』河出書房新社．
大澤真幸（2009）「ナショナリズムという謎」大澤真幸・姜尚中編『ナショナリズム論・入門』有斐閣．
奥山真知（2002）『イスラエルの政治文化とシチズンシップ』東信堂．
キムリッカ，ウィル，岡崎晴輝ほか訳（2012）『土着語の政治——ナショナリズム・多文化主義・シティズンシップ』法政大学出版局．
黒宮一太（2009）「シビック／エスニック・ナショナリズム」大澤真幸・姜尚中編『ナショナリズム論・入門』有斐閣．
ゲルナー，アーネスト，加藤節訳（2000）『民族とナショナリズム』岩波書店．

国際問題研究所編（2001）『中東基礎資料調査——主要中東諸国の憲法』国際問題研究所．

スミス，アントニー D., 巣山靖司訳（1999）『ネイションとエスニシティ——歴史社会学的考察』名古屋大学出版会．

立山良司（2012）「右傾化するイスラエル社会——背景にある脅威認識や安全保障観の変化」『経済志林』79(4)：17-37．

鶴見太郎（2012）『ロシア・シオニズムの想像力』東京大学出版会．

長谷部恭男（2006）『憲法とは何か』岩波書店．

浜中新吾（2018）「イスラエル政治における「大統領制化」——首相公選制廃止後を中心に」2018年度日本政治学会研究大会報告ペーパー．

―――（2019）「イスラエルの内政——選挙政治を通じた「右傾化」」中村覚監修・浜中新吾編『イスラエル・パレスチナ』ミネルヴァ書房，刊行予定．

ビン-ナン，アリエル，半田伸訳（1996）『イスラエル法入門』法律文化社．

Arian, Asher. (1995) *Security Threatened: Surveying Israeli Opinion on Peace and War*. Cambridge：Cambridge University Press.

―――. (2005) *Politics in Israel : The Second Republic*. Washington D.C.：CQ Press.

Ben-Num-Bloom, Pazit, Mina Zemach, and Asher Arian. (2011) "The Religious Experience：The Case of Democratic Performance Evaluation in Israel." *Democratization* 18(1)：25-51.

Foa, Roberto Stefan, and Yascha Mounk. (2016) "The Danger of Deconsolidation：The Democratic Disconnect." *Journal of Democracy* 27(3)：5-17.

Friedmann, Daniel. (2016) *The Purse and the Sword : The Trials of Israel's Legal Revolution*. Oxford：Oxford University Press.

Galnoor, Itzhak, and Dana Blander. (2018) *The Handbook of Israel's Political System*. Cambridge：Cambridge University Press.

Kohn, Hans. (1944) *The Idea of Nationalism : A Study of Its Origins and Background*. New York：Macmillan.

Kremnizter, Mordechai, and Amir Fuchs. (2013) *Ze'ev Jabotinsky on Democracy, Equality, and Individual Rights*. Jerusalem：Israel Democracy Institute.

Lerner, Hanna. (2011) *Making Constitutions in Deeply Divided Societies*. Cambridge：Cambridge University Press.

―――. (2017) "Constitutional Impasse, Democracy, and Religion in Israel." in Asli

U. Bali and Hanna Lerner eds. *Constitution Writing, Religion and Democracy.* Cambridge：Cambridge University Press, 267-288.

Lewin-Epstein, Noah, and Asaf Levanon. (2005) "National Identity and Xenophobia in an Ethnically Divided Society." *International Journal on Multicultural Societies* 7(2)：90-118.

Mahler, Gregory S. (2016) *Politics and Government in Israel : The Maturation of a Modern State 3rdedition.* Boulder：Rowman and Littlefield.

Mounk, Yascha. (2018) *The People vs. Democracy : Why Our Freedom Is in Danger and How to Save It.* Cambridge：Harvard University Press.

Navot, Suzie. (2007) *The Constitutional Law of Israel.* Alphen aan den Rijn：Kluwer Law International.

Shamir, Michael, and Asher Arian. (1994) "Competing Values and Policy Choices：Israeli Public Opinion on Foreign and Security Affairs." *British Journal of Political Science* 24(2)：249-271.

Tessler, Mark. (2009) "What Kind of Jewish State Do Israelis Want? Israeli and Arab Attitudes toward Religion and Politics." In Zvi Gitelman ed. *Religion or Ethnicity? Jewish Identities in Evolution.* New Brunswick：Rutgers University Press, 193-220.

Yuchtman-Ya'ar, Ephraim, and Yochanan Peres. (2000) *Between Consent and Dissent : Democracy and Peace in the Israeli Mind.* Lanham：Rowman & Littlefield.

（はまなか・しんご：龍谷大学）

CHAPTER 5

選挙と政党政治はどのようなナショナリズムを強めるのか
――ラトヴィア総選挙前後サーベイ調査から――

中井 遼［北九州市立大学］

1 選挙とナショナリズム

　人々の意識は社会的に構築される。長期的に変化する社会経済的要因や，短期的に発生する政治的な事件などによって，人々の意識や選好は影響をうける。同じように，ナショナル／エスニックなアイデンティティの可変性についての理論的研究もまた膨大に存在する。それらの意識とは可変的な物だと単に理論的に指摘するのではなく，近年ではそれらを実証的な問い・指標に変換したうえでの検証が進められてきた（Chandra 2012）。近代化によるナショナリズム構築理論はその端緒ともいえるであろうし（Gelner 1983；Anderson 1983[1991]），多数派集団と少数派集団が，それぞれコミュニティの内外で受ける経済的便益を考慮してネーション帰属意識を変化させていくという指摘（Laitin 1998）はもはや古典の域にある。また民主的な選挙競争が民族をめぐる争点に着目を集め，それが統合を加速したり，時に民族間暴力などの遠心的な効果を有している，といった指摘はマクロレベルの分析に関していえばこれまでも多く存在してきた（Laitin 1986；Przeworski & Sprague 1986；Snyder 2000；Posner 2004, 2005；Chandra 2005；Newman 2013）。
　ところが，このような選挙とナショナリズムの関係性について，実力行使を伴う紛争にあたえる効果の分析はしばしばなされてきた一方，それが

人々の「意識」の部分に与える影響がいかほどのものであるのか。また，影響をうけるのはどのような意識であるのかの検証については直接的にはあまり検証されてこなかった。近年生まれつつあるいくつかの研究も，基本的にはデータ利用可能性の制限を受ける特定事例に制限されているため，他の地域でも同様の傾向が見られるのか外的妥当性の検証が待たれている状況にある。

　本研究は，この実証的要請上のギャップを埋めることを目的とする。選挙とナショナルな意識の変化に関する先行研究についての整理を行い，ナショナリズムの多次元性に言及したうえで，選挙時の政治環境も考慮に入れた仮説構築を行う。本稿では，単一の指標化・操作化を加えた検証を行うのではなく，むしろナショナリズムという概念が包含する多様な側面について幅広く複数の意識を検討し，どのようなナショナリズムの要素が選挙時にどのように影響を受けるのかを検討する。分析対象としては，日常的にナショナリズムに関する争点が社会的に重視されており，それゆえに選挙時だからといって突然ナショナリズム争点が着目されることもなく，ナショナリズム意識変化が非常に確認されづらいであろうleast likelyケースといえる国家（欧州のラトヴィア）を設定する。同国で，2014年と2018年の総選挙前後に継続的に世論調査を行い，当該データの時系列的変化に着目することで本研究の問いに接近する。

　結論を先取りすると，選挙直前の時期の人々は，その前後の月に比べてナショナルプライドを強め，他方で反多文化主義的な傾向を弱める傾向が，多数派民族集団に限って示される。しかしこの変化はすべての人々に一様に見られるのではなく，高い政治的関心を持つ層が選挙近接時に反多文化主義的傾向を弱める一方で，政治関心の低い層が選挙時の与党動員に影響されてナショナルプライドの高揚（とそれと連動する対外国敵視や反移民感情の高揚）を示すという，二現象が併存して発生していることが論じられる。このことは，選挙という契機が，一定の社会層においては異なる集団間の連携を涵養する好機であると同時に，一定の社会層においては偏狭

な自尊感情を助長する危機でもあることを示唆する。

2　選挙におけるアイデンティティ動員と高揚

（1）　先行研究の整理

　人々の政治意識が選挙に重要な影響を及ぼすことは所与のことのように思われる。この際，因果の流れとしては，意識が先行し，選挙（結果）が後に来ることになっている。しかし，人々の政治意識・アイデンティティが選挙結果に影響を与えるならば，それを見越した政党政治家たちは選挙での得票増大のために，人々の意識を操作し影響を及ぼすことを企図するだろう。特定のアイデンティティ領域に着目するよう仕向けたり，すでに着目されているアイデンティティ領域で人々の態度を特定方向に変えようと試みる。ゆえに選挙の時期は，政治意識の変化がもっとも発生しやすい契機の一つであると考えることができる。民主的ルールの下では，選挙こそが社会的資源や権力の集約と分配にとってもっとも重要な契機であり，その結果は政治家にとっても有権者にとってもきわめて死活的な意味を持つ。それゆえに，たとえ通常は政策形成に影響を及ぼすことがかなわないようなラジカルな勢力であろうとも，少しでもその便益や利害の主張を展開するために，選挙に参加するインセンティブを有する（Guelke & Smyth 1992；Boone 2009）。

　特に一部の民族主義的な勢力は，人々の民族意識・ナショナリズムに訴えかけることを通じて，その支持を増やそうと企図する（Collier & Hoeffler 1998；Collier, Hoeffler & Sambanis 2005；Cederman & Girardin 2007）。またそれゆえに民族間暴力は選挙の時にこそ発生しやすいという指摘が存在するのである（Brass 1997；Wilkinson 2004；Cederman, Gleditsch & Hug 2011）[1]。

　たとえ暴力的な紛争を惹起するものでなくとも，民族的な言説の動員力の高さは，一部の政治勢力にとってはきわめて魅力的なものである。有権

者からの支持を増やし，より多くの議席を獲得するために，政治勢力が自らの主張を釣り上げていくことは，民主主義国で頻繁に見られる現象である（Rabushka & Shepsle 1972；Horowitz 1985）。民族や帰属意識をめぐる主張や情報は，visibleで入手しやすくわかりやすい情報の一つであり，特に，有権者の手持ちの政治情報の少ない新興民主主義国にあっては，時に第一義的に重要な政治情報でさえある（Chandra 2004；Hale 2008）。

　では，選挙戦とそれに付随する動員を経ることで，人々の民族やナショナリズムをめぐる意識は影響を受けるのだろうか。また，受けるとすればどのような意識なのだろうか。この際，理論的には二つのタイプの変化が想定される。一つは選挙戦を通じて，有権者がナショナリズムやアイデンティティに関わる争点に，経済や福祉の争点よりも着目するようになるという変化（＝人々のIssue Saliencyの変化）であり，もう一つは同じナショナリズムやアイデンティティにおける争点次元の中でその態度の強度や同意・不同意の好みが変わるという変化（＝人々のPreferenceの変化）である。両者は相互に連関する面はあるものの，観察される現象としては別物である。

　そのどちらの変化についても，一部先行研究が部分的に明らかにしている。Saliencyの変化を見たものとしては，本分野の先駆的研究ともいえるEifert, Miguel, & Posner（2010）が，アフリカで行われた世論調査と選挙実施の時間的ギャップを利用し，選挙直後に実施された世論調査の結果ほど（選挙実施が近いほど），人々は自身にとって重要な帰属意識として，経済的な社会階層や職業の違いなどよりも自身のエスニック・アイデンティティを挙げるようになることを明らかにした。ガーナでタクシー料金交渉を題材に実験を行ったMichelitch（2015）の研究は，選挙時以外には同じエスニックグループへの依怙贔屓が観察される一方で，選挙時にはむしろインターエスニックなナショナルレベルの党派間の紐帯が重要視されることを示している。Preferenceの変化を見たものとして，Whitaker & Giersch（2015）は，アフリカのデータを利用して，選挙が近い時に実施

した世論調査ほど，反移民感情が高まるという指摘を行っている。Fresken（2018）はルーマニアのデータを用いて，選挙時には多数派民族と少数派民族の双方でそれぞれ相手グループへの反感が減少し，民族横断的な国家帰属意識が高まることを論じている。拙稿（Nakai 2018）でも，選挙時には民族横断的なナショナル・プライドの高揚が見られることを明らかにした。本稿の関心はこの後者の研究潮流に属する。

（2） 残る課題と本論の貢献

　先述の諸研究は，選挙とナショナリズム意識の関係を明らかにしているが，依然として次のような3点の課題が残されている　①ナショナリズムの操作化としてそれぞれ個別の変数を利用し，変化が観察された部分に着目した議論を展開しているため，変化しなかった部分はどこなのかが不明である。②それぞれの意識変化が他の地域でも確認できるのか，種々の事例の検証蓄積により外的妥当性の検証が待たれる段階にある。③数年おきに実施される世論調査を利用した年単位の中期的な変化である。

　三つの問題のうち，第一の問題はそもそもナショナリズムというものが多様で複数性をはらむ概念であることに依拠している。その根源にあるのは文化的境界と政治的公開を一致させんとする情念や運動を志向する感情である点で共通しているものの，理論的にも現実の政治現象としても多次元的なものであり（Gelner 1983；Anderson 1983［1991］；塩川 2008），個々の具体的な意識変数に落とし込む過程では複数の指標として表すことが可能／必要となる。近年の実証研究ではナショナルプライド概念で代替されることも散見されるが（Huddy and Khatib 2007；Cebotari 2015；Wimmer 2017, 2018；Nakai 2018），これは当然種々の側面の一次元でしかない。ナショナルプライド自体が，エスニックな属性・態度と関連づけられて時に排斥感情やOut-groupへの優越ないし敵対感情と連関することもあれば，そうではないこともある（Hjerm 1998；de Figueiredo & Elkins 2003；Ariely 2017）。エスニックナショナリズムとシビックナショ

ナリズムという古典的理論の実証的表出の検討ともいえるだろう。こういった，ナショナリズムという言葉で表現される現象の複数の次元に対して，データ分析を用いて実証的に，どれがつながり関連するのか，どのように複数次元に落とし込めるのか，国や条件づけによってどのように違うのかという検討を実証的に蓄積する努力が展開されている（Mummendy et al. 2001；田辺 2001；Billiet et al. 2003；de Figueiredo & Elkins 2003；Smith & Kim 2006；Pehrson et al. 2009；田辺 2011；Nagayoshi 2011；水原 2016）。ナショナリズムという用語を排斥的態度や他国への優越感情としてのみ操作化する研究も見られるが（その際，たいてい依拠されるのはConover & Feldman 1987であり，かつPatriotismとの対比で用いられることが多い）[2]，これはSolt（2008, n3）や田辺（2011）も指摘するように過度に単純化された議論であるし，広範な比較研究を企図した先行研究の用語法とも一致しないから本稿では採用しない[3]。むしろナショナリズムとは複数の実証的コンポーネントの組み合わせからなり，その結節のあり方次第で排他的にも包摂的にもなる（いわば価値中立的な現象）として本論ではとらえる。田辺（2011）がナショナリズムを「愛国主義・排外主義・純化主義」の3次元に下位分類化した整理方法は簡便かつ有用だろう。すなわち，帰属する自国に対するポジティブな意識，国内外の「他者」に対し排斥／敵対する意識，メンバーシップに民族・文化的な一元性を追求する意識，である。

　これら，相互に関連したりしなかったりしながら表出する意識を一つの項目で包括することはできない。そのため，本研究の分析においては特定の従属変数に絞るのではなく，複数の従属変数をそのまま用意することで，ナショナリズムのどのような側面に選挙という契機とそれに伴う動員が影響を及ぼすのかを実証的検証に付す。

　その際，選挙の影響を直截に観察するにあたっては，先行研究の第3の問題は依然として改善の余地を残している。それらの多くは，選挙との間で数カ月や年単位の中期間における意識レベルの差異に着目している。そ

れに対し本研究では，選挙の持つ効果をより直接的に検証するために，選挙の前後ひと月単位での変化に着目した．これにより，より短期的なスパンでの変化の検証が必要となる．選挙近接に伴う動員投下量が最大となるのは，投票日直前となるはずだ．よってもしそのような選挙という契機とそれに伴う動員が人々のナショナルな意識を強めるのであれば，有権者は（それ以外の時期と比べて）選挙直前の月において，もっとも高い・強いナショナリズムに関連する諸意識を示すはずである．

これらからまず本稿は第一に，次のような仮説を提示する．

仮説1：人々は選挙直前月に聴取されたサーベイにおいて，その前後の月に比べより高いナショナリズム関連意識の水準を示す．

むろん，選挙時とそれよりも以前とのあいだにおいて差が見られることと，選挙時とその後のあいだにおいて差が見られることは同じではない．論理的には，その両方が発生することもあれば，どちらか片方だけが発生することも想定される．たとえば，あるナショナリズム関連意識は選挙直前期の強烈な動員によってはじめて高まり，選挙後もしばらくは有権者のあいだで残存・継続しやすいかもしれない．その場合，選挙時とその前のあいだには有意差が観察されるが，選挙時とその後のあいだには明確には見られないことになる．他方で，選挙戦自体は数カ月間前からゆるやかに展開されはじめる中，早い時期にナショナリズム関連意識が変化し，動員が消滅する選挙終了後にすみやかに意識がもとに戻るのであれば（いわば"熱しやすく冷めやすい"態度変化を見せたとすれば），選挙時とその終了後のあいだにのみ有意差が見られることになるだろう[4]．

本稿ではどちらのような変化であっても，ナショナリズム関連意識の選好変化として質的には同列なものであると取り扱うが，敢えていえば前者が，選好の変化に強い・長い政治的動員を必要としつつもいったん変化したらすぐには戻らない「重たい」選好変化であるのに対し，後者の方が比

較的早期に素早く変化を示しつつも選挙戦終了後にはまたすぐに戻ってしまう「軽い」選好変化であるといえるだろう。

（3） 選挙とナショナリズムにかかわる政治的環境の考慮

むろん，本研究では選挙という政治的機会構造を重視しているので，その際にはHigashijima & Nakai（2016）でも検証されたように，動員を展開する政治エリートとの相互作用や，実際に選挙前に情報接触を行う各人の政治的洗練性や関心の程度も考慮に含めなければならない。人々のナショナリズムを煽動・動員してその政治的支持に結びつけようとする政党として真っ先に想定されるのは，一般にその国の民族派であるとか右派ナショナリストといったふうに呼ばれる政治勢力であろう。先述のように，極端な右派政党ですら選挙という利益分配契機には参与するインセンティブがある（Guelke & Smyth 1992；Boone 2009）。加えて，近年の研究からは，単にそういった極端政党ではなく，むしろ中道的な与党勢力にもまたナショナリズム動員のインセンティブがあることが論じられている。代表的なSolt（2011）は，格差が高い時ほど（人々の経済的地位に依存せず階級横断的に）ナショナルプライドの効用が見られるのは，再分配要求から有権者の目をそらさせるために政権勢力によってナショナリズムの動員が利用されるからだと論じた。これは，政治エリート側の意図としてはSaliencyの変化を狙ったものであるといえるが，その結果として人々のレベルとしてはPreferenceの変化が発生する可能性は十二分にある。

特に，これらの政党の動員の効果をもっとも顕著に受けやすいのは，当該政党を支持している者であろう。当該政党を支持しているものは，そうではないものに比べて，自身の支持政党の情報により頻繁に接触するし，またその情報に対して好意的・受容的な態度で接することが想定される。もし政党側の動員にそれ固有の効果があるならば，その効果は当該政党支持者にもっとも顕著に見られるはずだ。よって本稿は政党支持との関係性から次の仮説（群）を提唱する。

5　選挙と政党政治はどのようなナショナリズムを強めるのか

 仮説2a：右派民族派政党支持者の人々は，選挙直前月に聴取されたサーベイにおいて，その前後の月に比べより高いナショナリズム関連意識の水準を示す。

 仮説2b：政権政党〔政府首班政党〕支持者の人々は，選挙直前月に聴取されたサーベイにおいて，その前後の月に比べより高いナショナリズム関連意識の水準を示す。

　ところで，このような政党支持と選挙近接の関係が見られたからといって，それは単に特定の政党を支持できるだけの政治関心や政治的洗練性の高さが原因であるのかもしれない。もしそれが事実であるならば，政治的洗練性や関心が高い方が，選挙時にナショナリズム意識を高めることが想定されよう。他方で，先行研究の一部は（e.g. Chandra 2005），有権者の政治的知識が欠けているところでこそ，選挙時に帰属意識や民族意識という（情報入手が比較的簡便な）属性と帰属をめぐる政治の言説が力を持ちやすいと指摘しているから，むしろ政治的洗練性や関心が低い有権者の方が，これらの選挙時のナショナリスティックな動員の影響を受けて意識変化を示すかもしれない。よってここでは，仮説2群との連関で検証が必要な，次の（相互に対抗しうる）仮説群を挙げる。

 仮説3a：政治的関心の高い人々は，選挙直前月に聴取されたサーベイにおいて，その前後の月に比べより高いナショナリズム関連意識の水準を示す。

 仮説3b：政治的関心の低い人々は，選挙直前月に聴取されたサーベイにおいて，その前後の月に比べより高いナショナリズム関連意識の水準を示す。

以下では上記に挙げた仮説群のそれぞれについて，順を追って，かつ複数のナショナリズム指標を用いて検討を行っていく。

3 分析対象と分析方法

（1） 対象社会——ラトヴィア

本稿の研究目的を満たすためには，選挙前後にかけて集中的に世論調査を繰り返す必要がある。このような研究デザインを，多国間で平等に実施することは，資源や資金の面で現実性に乏しい。また，政党の動員の効果やメディアの影響を計測するためには，各国の政党政治やメディア産業の実態について，文脈を抑えておく必要がある。そのため，本研究の目的を満たすためには，1カ国に絞った集中的なリサーチが適している。そのような観点から，本研究はヨーロッパのラトヴィアを対象とし，世論調査をデザインし，分析を行った。ラトヴィアを分析対象として設定したのは，次の理由による。

第一に，ラトヴィアは，Ethnic Fractionalization指数（Alesina et al. 2003）がベルギーやルクセンブルクをぬいてOECDトップであることから示唆されるように，顕著な民族問題を抱えている。その歴史的固有性とも相まって，特にナショナリズムをめぐる争点が日常的に政治の重要争点となっており，政党間の争点次元を分析した研究（Rohrschneider & Whitefield 2009）によれば，ほとんどの国で第一争点となる経済問題・福祉問題を抜いて，民族アイデンティティ争点がこの国の第一争点次元であると計測されている。よって，これらアイデンティティ政治をめぐるIssue Saliencyはもともと高止まりしており，人々のPreferenceにおいてもネーションをめぐる態度は堅固に確立されているといえる。しかしだからこそ，選挙前後の数カ月といった短期間での変化がもっとも見込めない，ハードケースあるいはleast likely caseとしてラトヴィアを位置づけることができる。そのようなラトヴィアで，なお選挙前後でナショナリズムに

関連意識の水準が変化するならば，同様の現象は（方向性などに各国の文脈に応じた差はあろうが）他国でも観察されるのではと想定できるだろう。

　第二に，ラトヴィアは，政治的に優位にあるラトヴィア語系住民と政治的に劣位なロシア語系住民という，言語利用によって分断された（しかし一定の人口比率規模を持つ）明確な「マジョリティ対マイノリティ」構造を有する。多数派エスニックグループと少数派エスニックグループが分かれているため，民族をめぐるある種の意識変化が確認された際に，それがどちらかの民族集団にだけ効果を有する「エスニック」な原理に基づく意識の変動なのか，民族横断的で「シビック」な原理に基づく意識の変化なのかを弁別しつつ議論するにあたり有用である。

　第三に，ラトヴィアは，目立った選挙暴力を経験していない。よって，過去の紛争経験によるナショナリズムへの影響を考慮する必要なく，純粋に選挙という民主的競争のみが与える効果の検証にも適している。

（2）　方法・聴取項目

　本稿では，2014年10月および2018年10月の総選挙時に，それぞれ数カ月にわたり継続的に実施した世論調査データを用いる[6]。複数回の選挙データを用いるのは，ある特定時の選挙活動の効果や文脈を抑制するためである。たとえば2014年選挙であればどうしてもウクライナ紛争の余波が選挙戦の論調に影響を与え得た。2018年は建国100周年に当たりこれに関連する特殊性が選挙戦に影響を与える可能性があった。複数回の総選挙前後データを用いることで，このような特殊性の影響を可能な限り小さく抑えた[7]。

　調査対象は，ラトヴィア全土における18歳以上の居住者である[8]。現地世論調査会社（SKDS社）に実査を依頼し，行政地域による層化を行い，ランダムサンプリングに基づき，対面訪問調査（PAPI調査）を実施した[9]。先述のように，明確なマジョリティ・マイノリティ構造があるため，質問票はラトヴィア語とロシア語の二言語で用意した。

　すでに論じたように，ナショナリズムというものは一つの指標で計測で

きる要素ではない。本稿ではナショナリズムを計測できる複数の質問として，（かつ先行他サーベイでの利用実績を踏まえつつ）次のような項目を用意した。(1)「ラトヴィア居住者であることを誇りに思うか」（ナショナルプライド），(2)（隣国の）「ロシアを安全保障上の脅威とみなすか」（対外国敵視），(3)「学校教育はラトヴィア語のみで行われるべきか」（反多文化主義）。これら3質問はおおよそ先述の田辺（2011）によるナショナリズムの下位分類化であるところの，愛国主義・排外主義・純化主義に対応する形となっている。これに加え，2018年だけ聴取した項目として，(4)「移民はラトヴィア文化を破壊するか」（反移民感情）を用意した。これも排外主義の一部であるといえよう。回答者の選択肢は，基本的には質問に対する同意度を計測した順序尺度である。

これら4項目に対する回答分布状況を確認しておく。ラトヴィア語話者とロシア語話者で平均的な態度が違うことは自明に想定できるため，それぞれのエスニックグループに分別して示す（図1）。

反移民感情を除けば，民族集団の差異は，各種ナショナリズム意識の違いに影響を与えている。このことは現地の先行研究においても繰り返し指摘されている面であり（BISS 2004：65；Zepa & Kļave 2011），特筆するべきことではない。両者の違いは単に多数派か少数派かという差異だけではなく，日常的に接触している情報源の差にも求められる（特に対ロシア敵視）（Šulmane 2010）。

では，これらの意識分布状況は，選挙直前動員期とその前後で変化するのだろうか。多変数の効果も統制したうえで検証する。本分析の独立変数は，選挙直前期の調査をT時とした時の，T−1時ダミー，T+1時ダミー[10]である。また，基礎的な社会経済指標として各個人の年齢，性別，学歴（3段階），市民権有無ダミー，収入（月収・ユーロ・対数変換）を統制する。少数派民族ダミーは，全体をサンプルとする分析ではそのまま統制変数として用い，民族集団別にサンプルを分割する際にはその基準として用いる。T−1時ダミーもしくは／およびT+1時ダミーが，マイナスに有意

5　選挙と政党政治はどのようなナショナリズムを強めるのか

図1　各従属変数の分布状況

な効果を有していれば，それはT時すなわち選挙時にナショナリズムが高まっていることを証する。分析手法としては基本的には線形回帰分析を用いる（順序ロジットでも同様の結果が得られる頑健性チェック済み）。すべての分析結果で定数の報告は省略する。

4　分析結果

（1）　全体サンプル回帰分析の結果

　次のことが確認された。全体をサンプルとして分析を行った場合（表1），選挙動員期と比べて，選挙動員終了後にナショナルプライドの低下と反多文化主義の向上が見られた。逆にいえば，選挙動員時（T時とT－1時）には人々は自国の居住民であることに対し正の感情を抱いている傾向があり，また，それは偏狭な民族主義的なものによるものではなく，むしろ多文化的政策を許容する感情の流布とセットで確認されたのであるといえる。対外国敵視と反移民感情には全体サンプルの分析の場合には変化が見られなかった。なお，本結果に対してはT＋1時に突然それまでのナショナリズム関連意識水準が低下したとの解釈も可能だろうが，ナショナルプライドのみに限定してT－2期まで分析を行った別稿（Nakai 2018）ではT－2期からナショナルプライドの高揚が観察されているので，選挙動員時に高揚したナショナリズム関連意識が選挙終了後に鎮静化した（≒選挙時のみ高かった）と解釈する方が自然であろう。

　統制変数の効果について，ロシア語話者や非市民権保有者などのマイノリティ性を帯びる者は，全般的にナショナリズム関連意識が弱い。高齢・高学歴層がナショナルプライドを強く抱く傾向があるのは，先行研究とも高度に類似しており，ラトヴィア社会が特異な分析対象ではない証左ともいえるだろう。反移民感情については本分析で用いた諸変数はいずれも効果を有さなかった。

　分析対象サンプルをそれぞれ，多数派（ラトヴィア系）および少数派

5　選挙と政党政治はどのようなナショナリズムを強めるのか

表1　全体サンプルによる多変量解析（左：係数／右：頑健標準誤差）

従属変数	ナショナルプライド	対外国敵視	反多文化主義	反移民感情
T−1	−.039 / .028	−.011 / .042	.066 / .043	−.107 / .062
T+1	−.061* / .028	−.070 / .041	.092* / .043	−.076 / .060
女性	.093** / .023	.057 / .034	−.045 / .036	.039 / .051
年齢	.004** / .001	−.000 / .000	−.001 / .001	−.001 / .002
学歴	.068** / .020	−.024 / .031	−.024 / .031	−.054 / .047
少数民族D	−.447** / .237	−1.462** / .038	−1.562** / .041	−.076 / .059
非市民D	−.065 / .039	−.228** / .047	−.295** / .053	−.004 / .089
所得（対数）	.180** / .047	.161* / .066	.235** / .070	−.023 / .280
N	4971	4939	5123	2445

** p＜.01，* p＜.05．

表2　多数派民族集団サンプルのみによる多変量解析（左：係数／右：頑健標準誤差）

	ナショナルプライド	対外国敵視	反多文化主義	反移民感情
T−1	−.079** / .036	−.010 / .059	.083 / .059	−.073 / .078
T+1	−.056 / .035	−.055 / .058	.155** / .058	−.124 / .076
女性	.068* / .030	.169** / .049	−.012 / .049	.084 / .064
年齢	.005** / .001	.002 / .001	−.000 / .001	−.000 / .000
学歴	−.076** / .025	.064 / .042	.024 / .041	−.049 / .057
非市民D	−.093 / .492	−1.322* / .516	−.756 / .797	−.337 / 1.113
所得（対数）	.222** / .058	.145 / .094	.302** / .093	−.220 / .128
N	3008	2921	3058	1509

** p＜.01，* p＜.05．

表3　少数派民族集団サンプルのみによる多変量解析（左：係数／右：頑健標準誤差）

	ナショナルプライド	対外国敵視	反多文化主義	反移民感情
T−1	.020 / .045	−.004 / .056	.043 / .063	−.161 / .103
T+1	−.069 / .045	−.093 / .054	−.000 / .062	.003 / .099
女性	.130** / .037	−.110* / .045	−.099 / .052	−.038 / .083
年齢	.002 / .001	−.003* / .001	−.001 / .002	−.001 / .003
学歴	.059 / .033	−.185** / .043	−.115* / .048	−.043 / .083
非市民D	−.049 / .041	−.210** / .048	−.296** / .055	.023 / .092
所得（対数）	.094 / .079	.163 / .091	.111 / .103	.321* / .156
N	1963	2018	2065	936

** p＜.01，* p＜.05．

(ロシア語系）に分割して確認すると，先述の現象はもっぱらラトヴィア系住民の中でのみ確認される現象であることが確認された（表2）。統計的有意性の現れ方については全体サンプルとはぶれており，ナショナルプライドでT－1時とT時のあいだに有意差が見いだされている。ただし係数の傾向は全体サンプルと同一である。選挙時にナショナルプライドが高まっていると整理してよいだろう。反多文化主義の変化の出方は先述の全体サンプルと同じである。

　ロシア語系住民に関しては，ナショナルプライドや多文化主義に対する態度に関してだけではなく，その他の態度においても，選挙前後で特に統計的に有意な変化は見せていない（表3）。多数派民族側が選挙時動員によって一定のナショナリズム意識変化を示した一方，少数派民族側は選挙時の動員によってそのような変化は示さなかったといえそうである。統制変数の部分では，同じロシア語系住民の中で，市民権の有無で対外国感情や多文化主義に対する態度に差が見られる一方，ナショナルプライドの程度には差異がないという点が興味深い。

（2）　政治的環境を考慮に入れた回帰分析結果

　では人々に影響を与えていると想定される政治的環境を考慮に入れ，サンプルを分割して分析を行うとどのような結果が見いだされるであろうか。ナショナリズム動員を利用すると想定される，二つの政治勢力は右派民族派もしくは政府首班政党であった。ラトヴィアの場合，右派民族派政党に当たるのは国民連合（Nacionālā Apvienība）である。独立回復期からの民族主義運動政党とネオナチ的政治団体の合併により2011年に成立した。政府首班政党と本稿で定義したのは2014年選挙時は統一（Vienotība），2018年選挙時は緑農民連合（Zaļo un Zemnieku Savienība）である。どちらも中道右派の政党で，各選挙の前の期間に政権を担当していた。これらの政党による動員効果を確認するため，サンプルを支持党派別で分割して先述と同様の回帰分析を行った結果からは次のことが明らかになった。

表4　政府首班政党支持層による多変量解析（左：係数／右：頑健標準誤差）

	ナショナルプライド	対外国敵視	反多文化主義	反移民感情
T−1	−.196*／.078	−.274*／.128	−.227／.131	−.044／.201
T＋1	.086／.075	.032／.137	.204／.133	−.192／.238
女性	−.071／.065	.233*／.111	.015／.115	.329／.176
年齢	.003／.002	.002／.003	.004／.004	.001／.006
学歴	.051／.052	.004／.088	−.144／.092	.099／.172
少数民族D	−.448**／.091	−1.013**／.170	−.939**／.175	−.120／.248
非市民D	.143／.434	−1.599**／.257	−1.196**／.244	.209／.309
所得（対数）	.118／.126	.297／.211	.211／.211	−.198／.327
N	519	507	521	195

** p＜.01，* p＜.05．

表5　右派民族派政党支持者による多変量解析（左：係数／右：頑健標準誤差）

	ナショナルプライド	対外国敵視	反多文化主義	反移民感情
T−1	−.006／.089	.144／.148	.076／.145	.257／.242
T＋1	−.020／.089	−.067／.153	.118／.138	−.059／.217
女性	−.021／.075	.166／.124	−.032／.118	−.053／.179
年齢	.005*／.002	.005／.004	−.001／.004	−.002／.006
学歴	.093／.066	.086／.108	.013／.109	−.042／.178
少数民族D	−.180／.180	−.778*／.317	−.732*／.348	−.305／.415
非市民D	−.223／.229	−2.343**／.359	−2.486**／.396	−
所得（対数）	.017／.174	−.406／.284	−.010／.287	.170／.420
N	365	363	373	159

** p＜.01，* p＜.05．

　まず，政府首班政党支持者は選挙時にナショナルプライドを高める傾向がある（表4）。結果の出方は先述の多数派民族に限定した分析結果（表2）と同様である。これと同時に，対外国敵視がT−1時からT時にかけて強化される傾向も見いだされた。やや意外なことに，右派民族派政党支持者に関してはいずれの態度感情変化も見られなかった（表5）（なお本分析からは割愛しているが，少数民族派政党支持者も同様で特に何の変化も見せなかった）。

　選挙時動員に伴ってその政治意識を変化させるのは，極端政党の支持者ではなく，むしろ中間に位置する与党支持者であるという結果が示された。

表6 高政治関心層サンプルによる多変量解析（左：係数／右：頑健標準誤差）

	ナショナルプライド	対外国敵視	反多文化主義	反移民感情
T−1	−.012 ／ .048	.018 ／ .076	.134 ／ .077	.024 ／ .117
T+1	−.008 ／ .047	−.055 ／ .074	.146* ／ .074	−.097 ／ .113
女性	.034 ／ .040	.120 ／ .062	.023 ／ .063	.001 ／ .095
年齢	.003** ／ .002	.001 ／ .002	−.001 ／ .002	.003 ／ .003
学歴	.046 ／ .034	−.001 ／ .056	−.044 ／ .056	−.199* ／ .086
少数民族D	−.540** ／ .049	−1.648** ／ .072	−1.538** ／ .077	.041 ／ .120
非市民D	−.053 ／ .074	−.220** ／ .091	−.474** ／ .100	−.016 ／ .208
所得（対数）	.103 ／ .086	.310* ／ .124	.403** ／ .124	.047 ／ .183
N	1683	1666	1715	759

** $p<.01$, * $p<.05$.

表7 低政治関心層サンプルによる多変量解析（左：係数／右：頑健標準誤差）

	ナショナルプライド	対外国敵視	反多文化主義	反移民感情
T−1	−.046 ／ .035	−.021 ／ .050	.041 ／ .053	−.161* ／ .074
T+1	−.087* ／ .034	−.087 ／ .049	.070 ／ .053	−.064 ／ .072
女性	.163** ／ .029	.073 ／ .042	−.062 ／ .045	.059 ／ .061
年齢	.002 ／ .001	−.003* ／ .001	−.001 ／ .001	−.004 ／ .002
学歴	.041 ／ .025	−.077* ／ .038	−.037 ／ .039	−.002 ／ .057
少数民族D	−.394** ／ .033	−1.340** ／ .045	−1.568** ／ .050	−.098 ／ .069
非市民D	−.049 ／ .047	−.168** ／ .055	−.212** ／ .063	.033 ／ .098
所得（対数）	.173** ／ .056	.019 ／ .081	.138 ／ .086	−.070 ／ .117
N	3221	3210	3341	1654

** $p<.01$, * $p<.05$.

仮説2群のうち，仮説2aは否定された一方で，仮説2bについてはナショナルプライドと対外国敵視において採択されたといえる。

ただし理論的セクションにおいても述べたように，先述の結果は，政府首班政党支持という政党支持構造との関連で発生しているのではなく，単に何らかの政党支持を持っているという政治的洗練性の結果であるのかもしれない。そこで政治関心の高低でサンプルを分割して分析を行った結果が表6と表7である。

結果としては，高政治関心層では選挙時に反多文化主義が低く出るものの，他のナショナリズム関連態度には変化は見られなかった。他方，低政

治関心層では選挙前動員期にT−1時との対比で反移民感情が高揚し，T＋1時との対比においてナショナルプライドも高揚している。ここからわかるのは，先述した選挙時の多文化主義肯定とナショナルプライド高揚は，それぞれ違う社会層が影響をうけて発生しているという点である（詳細な検討は後述する）。仮説3a，3bについてはそれぞれ別のナショナリズムの要素において確認されることができたといえるだろう。なお，高関心層において見いだされた選挙時の多文化主義受容（これは全体サンプルでの分析でも見られた結果である）は，政党支持との関連においては見いだされていなかったことを改めて確認しておく。

5 選挙が生み出す寛容と偏狭

（1） 議論：変化が起きる複数のメカニズム

これまでの分析結果から得られた知見を整理しその背景について検討する。まず，選挙時に人々が選好を変化させやすいナショナリズム関連意識としては　ナショナルプライドと，多文化主義が挙げられるだろう。ナショナルプライドがどのような変数によって高められたり弱められたりするのか，ということに関する検証はこれまでも多く存在してきたが（Kunovich 2009；Shayo 2009；Solt 2011；Han 2013），本分析はこれに対して選挙という機会があたえる効果を付け加えたといえる。

方向性としては，有意差が確認されるタイミングに若干の揺れはあれど，選挙時にナショナルプライドが高揚し反多文化主義は低下している。ラトヴィアの文脈に置き換えれば，学校教育においてロシア語とラトヴィア語の双方の利用を肯定する見解が選挙時には高まると同時に，ラトヴィアの住民であることへの誇りの感情は高まっている状態である。田辺（2011）の三分類法を借りれば，ナショナリズムのうち愛国主義の高揚が見られる一方で，純化主義は低下しているといえる。これは，一見エスニックではないシビックなナショナリズムが選挙時に人々のあいだで涵養されている

結果かのように見える。

　ところが，このような意識の変化自体は，民族横断的には発生しておらず，多数派民族であるところのラトヴィア系住民の中で観察されているに過ぎなかった。さらにいえば，政治的関心度合いによって人々を分割した場合，ナショナルプライドを高揚させる層と，反多文化主義の低下を示している層は分かれた。反多文化主義の低下が政治的関心の高い層によって選挙時に示される一方，ナショナルプライド（と反移民感情）の高揚は政治的関心の低い層によって選挙時に示されている。そのため，同じ社会層がナショナルプライドと多文化主義的傾向を同時に高めている——すなわち選挙に伴う政治活動がシビックナショナリズムを生み出している——わけではないのだろう。

　政治的関心の差異と呼応するように，政党支持との関連で変化が見いだされるのはナショナルプライド（と対外国敵視）であって，反多文化主義については政党支持とのあいだには関連性は見いだされなかった。

　これまでの結果も総合すれば，おそらく選挙と政党政治がナショナリズム感情を変化させる過程は，二つの層による二つの異なる理路が背景にあることが示唆されるだろう。第一に，政治的関心の高い層は自ら選挙時に必要な情報を自発的に収集・処理できるから，その政党支持とは無関係に自ら選挙時に必要な情報を取捨選別できる。畢竟，それがもたらす意識変化も穏健なもので，回帰分析からは人々がむしろ多文化主義を肯定する方向への変化であることが示された。当該層は選挙時にこそ経済や福祉などの自分に直截に考慮し実際的な争点に考慮を向け，民族差を超えた共通意識が形成されたり党派的利益の方が優先されるので（Michelitch 2015；Flesken 2018），日常においては感情的になりがちなアイデンティティをめぐる争点が後退化し，反多文化主義的な態度を緩めているのかもしれない。

　他方で，第二に，政治的関心の低い層は自ら政治的情報を処理する意欲や能力において劣後するため，政党によって提供される政治情報に対して

受動的かつ脆弱に影響をうける。そこで惹起されるのは，ナショナルプライドと対外国敵視と反移民感情という，（愛国主義と排外主義の結節という）わかりやすい意味での不寛容な意識であった。特に政党支持との関連が見いだされたのは，しばしばその動員としての主体性が指摘される右派民族派政党との関連ではなく，むしろ中道に位置づけられるような政府首班政党であった。政府首班政党は，選挙時には自らの過去の失政から目をそらさせるため，また自らの過去の政権の業績をアピールするために，種々の功績と現地社会の成長や発展をアピールするから，これが人々の（特に政治的洗練性の低い人々の）ナショナルプライドを高め，副作用として（あるいは動員時のスケープゴートとして外国や国内の「他者」が攻撃されるため？）反外国感情や反移民感情を強めるのかもしれない。他方の右派民族派政党支持者は，いわば最初からそういった態度を有しているからこそそういった政党を支持しているのであって，選挙だからといっていまさら改めてその意識を変化させる余地は少ない。

（2） 結論と留保

あらためて議論をまとめよう。本稿の発見，主張は以下のように要約される。選挙は人々のナショナルプライドを高め，他方で反多文化主義的な傾向を弱める。ただしこの変化は多数派民族集団に限って示され，全社会層で一様に現れるわけではない。高い政治的関心を持つ層が選挙近接時には反多文化主義的傾向を弱める一方で，政治的関心の低い層が選挙直前の与党動員に影響されてナショナルプライドの高揚（とそれと連動する対外国敵視や反移民感情という排外主義感情の高揚）を示していた。ナショナリズムの三分類法に従えば，選挙時に高政治関心層のあいだで純化主義の抑制が見られる一方で，低政治関心層のあいだでは愛国主義と排外主義の高揚が見られていた。

本稿は，上記の主張を，ナショナリズムをめぐる意識の短期的変化が発生しづらいハードケースとみなしうるラトヴィアでのデータをもとに論じ

た。そのことは，同様の現象が，ことなる諸国においても観察されうることを示唆している。ただし，先行研究でも示されているように，ナショナリズムの多様な次元のうちどれとどれが結節しやすいかは国による文脈も介在するため，まったく同じ結果が他国で得られるとは限らない。だが，別の結節を媒介して一定のナショナリズム変化が発生することであろうことは予想できる。他国や他事例での後発研究によりさらなる知見の蓄積が必要である。また，本稿では紙幅の都合により，現地で実際にどのような言説や動員が展開されたかは論じることができなかったが，そのようなさまざまに用いられた言説やメッセージや政治情報のうち，「どの」政治的言説に人々の意識をかえる力があったのかは，あきらかではない。これは，世論調査などのデータ分析よりは，実験刺激をランダマイズした政治学実験などによる検証が適している領域であろう。

　本稿が全体的に論証したのは，選挙という政治的利益集約の契機が，人々のナショナリズムという多様なアイデンティティの一つを左右する機能も持つということである。これは，選挙や政党政治というものが，人々のアイデンティティや意識や態度を確認し交渉するための装置としてではなく，むしろ反対に人々のアイデンティティや意識を形成するための機会を提供していることを意味する。そしてそこで観察された現象は，民主主義と社会的結節という大きなストーリーの中では，幾分両義的である。なぜなら，選挙という民主的競争の重要局面が，多様性ある社会を結合させる効果と破断させる効果の双方を有していることが示されたからである。

補遺：記述統計

	N	平均	標準偏差	最小値	最大値
性差（M：1，F：2）	6056	1.547	.498	1	2
年　齢	6056	45.56	16.112	18	75
学　歴	6056	2.177	.607	1	3
少数民族ダミー	6056	1.403	.491	1	2
非市民ダミー	6056	1.146	.353	1	2
月収（ユーロ，log）	5223	2.470	.277	1	3.653
ナショナルプライド	5724	2.061	.852	1	4
対外国敵視	5703	3.317	1.406	1	5
反多文化主義	5927	2.963	1.501	1	5
反移民感情	2786	3.150	1.236	1	5

謝辞

本研究はJSPS科研費#25780100，#17K13676の助成を受けたものです。複数意識に着目する重要性において東島雅昌・俞振華（Eric Yu）からの助言が，理論的精緻化において匿名査読者からの助言が大変有益でした。記して謝意を表します。

注

1) むろん，たとえ新興民主主義国であろうとも，選挙のたびに常に民族紛争のリスクを高めるわけではない（Saideman et al., 2002）。
2) 私見ではあるが，ナショナリズムを排斥的な物としてのみ扱う（パトリオティズムと対比させた）用語法を用いるのは，アメリカ一国研究のナショナリズム研究論文に多く，特殊アメリカ的な用語法の傾向があるようにも思われる。だが，奇しくも同様の用語法——「ナショナリズム＝悪，パトリオティズム＝善」という用語法——がソ連においても見られていたこと同様の用語法の受容が日本や欧州でも2000年代ごろから（一部には冷戦構造崩壊以降の民族紛争の一時的拡大を受けて）見られるようになってきたことを塩川（2015）は指摘している。
3) ナショナリズムの操作化として対外的優越感情指標のみを用いつつ，当該操作化がはらむ実証分析上の致命的問題点を結論部において指摘したものとして小林（2018）も参照。
4) この点に関し，はたして本当に選挙前の早い時点で変化が発生していたのかは不明であるという指摘は当然ありうる。
5) ラトヴィアのネーションをめぐる政治については，たとえばGalbreath 2005；

Agarin 2010；Auers 2015など。
6） 2014年部分のローデータについてはHarvard Dataverseにて公開済みである（詳細情報はNakai 2018）。2018年データについても後日公開予定である。
7） なお多くの欧州諸国で選挙争点に影響を与えた難民問題は，ラトヴィア国内でも一時大きな社会的争点となっていたが，2014年選挙よりは後のことであり，また2018年選挙時にはすでに下火となっていた。そもそもラトヴィアには中東難民は少数の家族しか割り当てられなかったし，やってきた難民たちもラトヴィア国内に居住することを嫌って逃亡することが頻発するといった始末であった。
8） 国籍政策が制限的なため，対象者はかならずしもラトヴィア国民≒市民権保有者に限られない。ラトヴィアには「市民権を持たない国民」が多数存在する。
9） ランダムルート法で訪問邸宅を決め，誕生日法で聴取対象者を決定する。
10） 具体的には10月冒頭に投票が行われる直前の9月中旬ごろに行った調査である（2014年9月5日-9月21日，2018年9月8日-18日）。

参考文献

Agarin, Timofey (2010) *A Cat's Lick : Democratisation and Minority Communities in the Post-Soviet Baltic.* Rodopi.

Alesina, A., A. Develeeschauwer, W. Easterly, S. Kurlat, and R. Wacziarg (2003) "Fractionalization." *Journal of Economic Growth* 8：155-194.

Anderson, Benedict (1983[1991]) *Imagined Communities.* London：Verso.

Ariely, Gal (2017) "Why Does Patriotism Prevail? Contextual Explanations of Patriotism across Countries." *Idenities : Global Studies in Culture and Power* 24(3)：351-377.

Auers, Daunis (2015) *Comparative Politics and Government of the Baltic States : Estonia, Latvia and Lithuania in the 21st Century.* Palgrave

Billiet, J., B. Madeens, and R. Beerten (2003) "National Identity and Attitude toward Foreigners in a Multinational State：A Replication." *Political Psychology* 24(2)：241-257.

BISS (2004) *Ethnic Tolerance and Integration of the Latvian Society.* Riga：Baltic Institute of Social Sciences.

Boone, Catherine (2009) "Electoral Populism Where Property Rights Are Weak：Land Politics in Contemporary Sub-Saharan Africa." *Comparative Politics* 41(2)：183-201.

Brass, Paul R. (1997) *Theft of an Idol*. Princeton : Princeton University Press.

Cebotari, Victor (2015) "The Determinants of National Pride of Ethnic and Immigrant Minorities in Europe." *Nationalism and Ethnic Politics* 21 (3) : 269-288.

Cederman, L. -E., and L. Girardin (2007) "Beyond Fractionalization : Mapping Ethnicity onto Nationalist Insurgencies." *American Political Science Review* 101 (1) : 173-185.

Cederman, L.-E., K. Gleditsch, and S. Hug (2011) "Elections and Ethnic Civil War." *Comparative Political Studies* 46(3) : 387-417.

Chandra, Kanchan (2004) *Why Ethnic Parties Succeed : Patronage and Ethnic Head Counts in India*. Cambridge : Cambridge University Press.

───── (2005) "Ethnic Parties and Democratic Stability." *Perspectives on Politics* 3 (2) : 235-252.

───── (2012) *Constructivist Theories of Ethnic Politics*. New York : Oxford University Press.

Collier, P., and A. Hoeffler (1998) "On the Economic Causes of Civil War." *Oxford Economic Papers* 50 : 563-573.

Collier, P., A. Hoeffler, and N. Sambanis (2005) "The Collier-Hoeffler Model of Civil War Onset and the Case Study Project Research Design." in Paul Collier and Nicholas Sambanis. *Understanding Civil War : Evidence and Analysis*. Washington DC : World Bank.

Conover, P. J., and S. Feldman (1987) "Measuring Patriotism and Nationalism," ANES Pilot Study Report, No. nes002263.

Eifert, B., E. Miguel, and D. Posner (2010) "Political Competition and Ethnic Identification in Africa." *American Journal of Political Science* 54(2) : 494-510.

Eriksen, H. Thomas. (2010 [1994]) *Ethnicity and Nationalism : Anthropological Perspectives, third edition*. New York : Pluto Press.

de Figueiredo, R. J. P. Jr. and Z. Elkins (2003) "Are Patriots Bigots? An Inquiry into the Vices of In-Group Pride," *American Journal of Political Science* 47(1) : 171-188.

Fresken, Anaïd (2018) "Ethnic Parties, Ethnic Tensions? Results of an Original Election Panel Study." *American Journal of Political Science* 62(4) : 967-981.

Galbreath, David (2005) *Nation-Building and Minority Politics in Post-Socialist*

States : Interests, Influence, and Identities in Estonia and Latvia. Ibidem.

Gelner, Ernest (1983) *Nations and Nationalism*. Oxford : Blackwell Publishers.

Guelke, A., and J. Smyth (1992) "The Ballot Bomb : Terrorism and the Electoral Process in Northern Ireland." *Terrorism and Political Violence* 4(2) : 103-124.

Hale, Henry E. (2008) *The Foundations of Ethnic Politics : Separatism of States and Nations in Eurasia and the World*. Cambridge : Cambridge University Press.

Han, Kyung-Joon (2013) "Income Inequality, International Migration, and National Pride : A Test of Social Identification Theory." *International Journal of Public Opinion Research* 25(4) : 502-521.

Higashijima, M., and R. Nakai (2016) "Elections, Ethnic Parties, and Ethnic Identificatikon in New Democracies : Evidence from the Baltic States." *Studies in Comparative International Development*, 1-23.

Hjerm, Mikael (1998) "National Identities, National Pride and Xenophobia : A comparison of Four Western countries." *Acta Sociologica* 41 : 335-347.

Horowitz, Donald L. (1985) *Ethnic Groups in Conflict*. Berkeley : University of California Press.

Huddy L. and N. Khatib (2007) "American Patriotism, National Identity, and Political Involvement." *American Journal of Political Science* 51(1) : 63-77.

小林哲郎（2018）「ナショナリズムの浮上」池田謙一編『「日本人」は変化しているのか：価値観・ソーシャルネットワーク・民主主義』勁草書房, 235-257頁。

Kunovich, Robert M. (2009) "The Source and Consequence of National Identification." *American Sociological Review* 74(4) : 573-593.

Laitin, David D. (1986) *Hegemony and Culture : Politics and Change among the Yoruba*. Chicago/London : University Chicago Press.

――― (1998) *Identity in Formation : The Russian-speaking Populations in the Near Abroad*. Ithaca : Cornell University Press.

Michelitch, Kristin (2015) "Does Electoral Competition Exacerbate Interethnic or Interpartisan Economic Discrimination? Evidence from a Field Experiment in Market Price Bargaining." *American Political Science Review* 109(1) : 43-61.

水原俊博（2016）「多文化主義の規定要因の実証分析――松本市日本国籍住民調査（2014）のデータ分析を中心に」『地域ブランド研究』第11号, 15-26頁。

Mummendey, A., A. Klink, and R. J. Brown (2001) "Nationalism and Patriotism : National Identification and Out-group Rejection." *British Journal of Social*

Psychology 40：159-172.
Nakai, Ryo (2018) "Does Electoral Proximity Enhance National Pride? Evidence from Monthly Surveys in a Multi-ethnic Society ― Latvia." *Studies in Ethnicity and Nationalism* 18(3)：198-219.
Nagayoshi, Kikuko (2011) "Support of Multiculturalism, But For Whom? Effects of Ethno-National Identity on the Endorsement of Multiculturalism in Japan." *Journal of Ethnic and Migration Studies* 37(4)：561-578. doi：10.1080/1369183X.2011.545272
Newman, Lindsay S. (2013) "Do Terrorist Attacks Increase Closer to Elections?" *Terrorism and Political violence* 25(1)：8-28.
Pehrson, S., V. L. Vignoles, and R. Brown (2009) "National Identification and Anti-Immigrant Prejudice：Individual and Contextual Effects of National Definitions." *Social Psychology Quarterly* 72(1)：24-38.
Posner, Daniel N. (2004) "Measuring Ethnic Fractionalization in Africa." *American Journal of Political Science* 48(4)：849-863.
――― (2005) *Institutions and Ethnic Politics in Africa*. Cambridge：Cambridge University Press.
Przeworski, A., and J. Sprague (1986) *Paper Stones：A History of Electoral Socialism*. Chicago：University of Chicago Press.
Rabushka, A., and K. Shepsle (1972) *Politics in Plural Societies*. Columbus：Merrill.
Rohrschneider, R., and S. Whitefield (2009) "Understanding Cleavages in Party System：Issue Position and Issue Salience in 13 Post-Communist Democracies." *Comparative Political Studies* 42(2)：280-313.
Saideman, S., D. Lanoue, M. Campenni, and S. Stanton (2002) "Democratization, Political Institutions, and Ethnic Conflict：A Pooled Time-Series Analysis, 1985-1998." *Comparative Political Studies* 35(1)：103-129.
Shayo, Moses (2009) "A Model of Social Identity with an Application to Political Economy：Nation, Class, and Redistribution." *American Political Science Review* 103(2)：147-174.
塩川伸明 (2008)『民族とネイション――ナショナリズムという難問』岩波書店。
――― (2015)『ナショナリズムの受け止め方――言語・エスニシティ・ネイション』三元社。
Smith, Anthony D. (1983) *The Ethnic Origins of Nations*. New Jersey：Wiley.

Smith, T., and S.-K. Kim (2006) "National Pride in Comparative Perspective: 1995/96 and 2003/04." *International Journal of Public Opinion Research* 18(1): 127-136.

Snyder, Jack L. (2000) *From Voting to Violence: Democratization and Nationalist Conflict.* New York: WW Norton.

Solt, Frederick (2008) "Diversionary Nationalism: Economic Inequality and the Formation of National Pride." LIS Working Paper Series, No. 495.

Solt, Frederick (2011) "Diversionary Nationalism: Economic Inequality and the Formation of National Pride." *Journal of Politics* 73(3): 821-830.

Šulmane, Ilze (2010) "Mediji un integrācija." Nils Muižnieks. red. *Cik Integrēta ir Latvijas Sabiedrība? Sasniegumu, Neveiksmju un Izaicinājumu Audits* (lpp. 225-253). Rīga: Latvijas Universitātes Akadēmiskais Apgāds.

田辺俊介（2001）「日本のナショナル・アイデンティティの概念構造——1995ISSP：National Identityデータの実証的検討から」『社会学評論』52号，398-411頁。

―――（2011）「ナショナリズム――その多源性と多様性」田辺俊介編『外国人へのまなざしと政治意識』勁草書房。

Whitaker, B., and J. Giersch (2015) "Political Competition and Attitudes towads Immigration in Africa." *Journal of Ethnic and Migration Studies* 41 (10): 1536-1557.

Wilkinson, Steven (2004) *Votes and Violence : Electoral Competition and Ethnic Riots in India.* New York: Cambridge University Press.

Wimmer, Andreas (2017) "Power and Pride: National Identity and Ethnopolitical Inequality around the World." *World Politics* 69(4): 605-639.

―――（2018）*Nation Building : Why Some Countries Come Together While Others Fall Apart.* Princeton University Press.

Zepa, B., and E. Kļave, red. (2011) *Latvia Pārskats par Tautas Attīstību, 2010/2011 : Nacionālā Identitāte, Mobilitāte un Rīcībspēja.* Rīga: LU Socialo un Politisko Pētījumu Institūts.

（なかい・りょう：北九州市立大学）

CHAPTER
6

地域アイデンティティと排外主義の共鳴と隔離
――現代ベルギーにおける二つの地域主義政党の事例――

宮内悠輔［立教大学］

1 問題の所在

　現代における欧米の先進デモクラシー諸国では，国家の下位レベルにおいて権限移譲や分離・独立を要求する運動が噴出している。そして，地域利益を代表しようとするこの地域アイデンティティの高まりを，反移民・排外主義と結びつけて「共鳴」させ，選挙において一定の成果を挙げる事例が複数存在する。たとえば，本稿で分析対象とするベルギーのフラームス・ブロック／ベラング（Vlaams Blok/Belang：VB）[1]のほか，イタリアの北部同盟（Lega Nord：LN），カナダ改革党（Reform Party of Canada：RPC）なども挙げられる。いずれも地域主義政党でありながら移民排斥をも訴えたポピュリスト政党である（VBについては後述；LNについては，Tarchi 2002：126-131；RPCについては，Laycock 2012：49）[2]という点でVBと共通する。

　しかし，そのような排外ポピュリストの側面もあわせ持つ地域主義政党が，別種のポピュリストの登場によって票を奪われているかのような現象がベルギーで起こった。2010年6月，ベルギーの連邦選挙でそれまでは弱小勢力だった地域主義政党「新フランデレン同盟」（Nieuw-Vlaamse Alliantie：N-VA）が国政第一党となった。ベルギーは伝統的に三勢力（カトリック・自由主義・社会民主主義）の政党が中心となって国政を担っており，伝統政党以外が国政でもっとも支持を集めるのは2010年が初

表1　2010年時点でのベルギーの主な国政政党

政党系列	オランダ語系	フランス語系
カトリック	キリスト教民主フランデレン党（CD&V）	人道民主センター（CDH）
社会主義	相異社会党（SP.A）	社会党（PS）
自由主義	開かれたフランデレン自由民主党（Open VLD）	改革者運動（MR）
エコロジー	緑！（Groen!）	エコロ（Ecolo）
急進右翼	フラームス・ベラング（VB）	国民戦線（FN）
地域主義	新フランデレン同盟（N-VA） リスト・デデッケル（LDD）	フランコフォン民主連邦主義党（FDF） ※ブリュッセルの地域主義政党

出典：筆者作成。

めてである。

　ベルギーは建国以来，さまざまな面で北部フランデレン地域と南部ワロニー地域の対立が起きている。そのため，権限移譲の要求や分離主義といった側面において，アイデンティティ・ポリティクスの政治争点化が常態となっている。建国期のベルギーにおいて，言語は統一のための中心的存在と見なされていた（Krämer 2010：22）。フランデレンも含めエリートの使用言語がフランス語であったことや，経済的にもワロニーが多くの炭鉱を有し発展していたことから，当初オランダ語圏・話者の地位は低かった（小島 2007：318-319）。戦後になると，言語問題の加熱やフランデレンとワロニーの経済状況の逆転により地域対立が激化し，国政政党もそれぞれ地域ごとの組織として分裂（2010年時点での状況は表1参照），そして中央主権国家から連邦制への移行に至る（小島 2007：323-337）。しかし，連邦制への転換後も対立は収まっておらず，その帰結の一つがN-VAの台頭である[3]。

　なぜN-VAを研究しなくてはならないのか？　詳細は事例分析に譲るが，現時点で指摘すべき点は，N-VAは近年とみに注目を集めるポピュリスト政党の特徴を持つことである。少なくとも「ややポピュリズム的傾向があ

る」と評する論者は存在する（水島 2015：22）。また，N-VA 出現前から活動し，支持を集めていたVBが，N-VAの躍進と時を同じくして支持を落としている。N-VAがポピュリストであるとするなら，両者の動きに関係があるかは検討の必要がある（具体的な選挙結果は3節以降を参照）。加えて，N-VAはフランデレン地域の利益を擁護しようとし，さらなる分権を求める地域主義政党でもある。かつては，VBと同じように，よりラディカルにフランデレン独立を訴えたこともあった。すなわち，N-VAの台頭は，昨今ヨーロッパでしばしば観察される分離主義・地域アイデンティティの高まりの一端を成すものでもある。一方，時期により程度の差はあるものの，一貫して排外主義に慎重な姿勢を保っている。

　ポピュリズム政党において「共鳴」しがちな地域アイデンティティと排外主義は，N-VAにおいてはむしろ「隔離」されている。N-VAは明確に強く排外主義を否定しないものの，少なくともイシューに対する態度を曖昧化しており，その意味で当該争点を「隔離」しているのである。同党は，地域アイデンティティという（真にそうであるかはさらなる議論が要されるものの）相対的にポジティヴな価値観を既成政党よりも強調し，排外主義というネガティヴな価値観とは距離を置いてアイデンティティ・ポリティクスを展開し，成功した。以上から，N-VAは分析する価値があるというだけにとどまらず，分析されねばならない事例である。

2　先行研究と新たな視座

　N-VAは結党（2001年）からそれほど時間が経っていないものの，ベルギー本国内外を問わず研究が発表され始めている。世論調査の結果を用いて2010年選挙のデマンド・サイド分析を行った先行研究においては，政治家や政党プログラムがどの程度まで有権者の選好に影響を与えたかが論じられている。スウィンゲドウとアブツが研究において示したデータによれば，2010年選挙におけるN-VA投票者には，候補者よりも政党のプログラ

ムを理由に投票した有権者がやや多い。さらに，政党のイメージやリーダーと同等かそれ以上に，政治変革やフランデレン問題に動機づけられたN-VA投票者が多かったことも明らかにされている（Swyngedouw, Abts 2011：21-23）。以上から，政治指導者のカリスマ性のみに政党の支持要因を還元することは不適当である。

　ただし，地域アイデンティティの観点からフランデレンの人々を動員し，ワロニーや連邦政府との妥協を拒否して批判するという姿勢が，N-VAのスタイルだということも事実である。この点に注目して，一歩踏み込んでこれをポピュリスト政党と考えることは可能であろうか。

　ポピュリズムとは非常に定義の難しい概念であり，適用される事例も数多い。タガートはポピュリズムとして扱われる政治現象を場所や時代を問わず列挙した上で，ポピュリズムを概念的な火打箱（a conceptual tinder-box）に等しいと評価した（Taggart 1995：36）。そのような厄介な概念であるポピュリズムの定義を，水島治郎は大まかに「固定的な支持基盤を超え，幅広く国民に直接訴える政治スタイル」と「『人民』の立場から既成政治やエリートを批判する政治運動」の二つに分類し，近年の政治学では後者の定義をとる立場が多いと論じた（水島 2016：6-7）。本稿の定義においては，ポピュリズムとは概ね「人民」対「エリート」の構図に基づき，反エリート主義（anti-elitism）的な政治的言説を掲げて実行される対エスタブリッシュメント戦略を指すものとする。管見では，ポピュリズムが代議制デモクラシーの中で生成されるという点では学術的な見解の一致が存在する。

　N-VAについては，ポピュリストとして扱おうとする研究が散見される。たとえば松尾秀哉は，ベルギーの合意型デモクラシーとしての側面に注目した。曰く，西欧における合意型デモクラシーは，エリート主義的な妥協とそれを担保する制度によって維持されており，ここにポピュリストによる批判の余地が生じていた（松尾 2017：103-107）。そして，既成政党の地域主義化・ポピュリスト化が進むことで急進的な地域主義政党である

N-VAに連立交渉の余地が生じ、妥協の拒絶と柔軟な政策転換によって成功した（松尾 2017：110-114）。ポピュリズムと地域主義・民族主義の境界はきわめて曖昧であり、経済危機の状況ではポピュリストが語る「敵」は移民にも特定地域にもなりうるという（松尾 2017：115）。

だが、ポピュリストが設定する「敵」の中でも移民と特定地域では違いがあるのではないだろうか。換言すれば、地域主義政党だからこそポピュリズム戦略が成功したと考えることが可能ではないだろうか。

この点に関して、N-VAをポピュリスト政党と見なすべきではないとの見解が存在する。ポーウェルスは、デモクラシーに対し信頼を示していることや既成政党との選挙連合の経験、そしてエリート主義的な特徴から、N-VAをポピュリストとして類型化する議論には欠陥があるとしていた（Pauwels 2014：42-43）。

後にポーウェルスは、ヴァンホートらとの共著でこの姿勢をやや転換している。ヴァンホートらは、サブステート・ナショナリズムとポピュリズムの関係を明らかにするために、VBや独立連邦主義民主党（DéFI：ブリュッセルで活動していた政党FDFの後継政党）との比較分析を行った。その結果、N-VAはポピュリズムそのものを単体で利用することはないものの、サブステート・ナショナリズムと組み合わせて既成政党を批判する限りにおいてはポピュリズムを運用しているとの見解を示した（van Haute, Pauwels, Sinardet 2018：966-967）。

地域主義政党という組織の性質・政策自体は、理論的にはポピュリズム戦略とそもそも親和的である。ポピュリズムとは敵対者の代表性に否定的な反エリート主義戦略のことを指す。「人民」に依拠するポピュリズムは、本質的に「下」からの運動であることを意味する（水島 2016：8-9）。翻って地域主義政党を見るに、マッツォレーニとミューラーが指摘するように、そもそも地域主義政党という政治組織は中央－周辺間の政治権力の垂直的割り当てを修正しようとする組織である（Mazzoleni, Mueller 2017：3）。「周辺」地域を代表して「中央」政府への申し立てを行うとい

うこの構造は、「下」の人民から「上」のエリートへの糾弾を引き受ける格好をとるポピュリズムの手法を想起させる。先述のヴァンホートらの研究も、ポピュリズムが喧伝する「我々対彼ら」のフレームワークを、「サブステート対ネーション」に読み替えることは可能であると論じている（van Haute, Pauwels, Sinardet 2018：957）。

　ヴァンホートらの研究はサブステート・ナショナリズムをポピュリズム戦略と組み合わせる手法を提示した点において意義深いものの、難点もある。それは、ポピュリズムという概念を所与のものとして運用していることである。ヴァンホートらの研究に限らず、現状ではポピュリズム間の質的な比較検討はきわめて珍しく、それ以外に普遍的な概念が提示されているとも言い難い。ポピュリズムが政治アリーナにおいて普遍化した現在、政治学はすでに政治現象を「ポピュリズムか否か」ではなく、「どのようなポピュリズムであるか」検討する段階にある。

　鍵となることは、政党がどのようなアイデンティティに依拠して有権者を動員しようとするかである。右派ポピュリスト政党が政治アリーナで搔き立てようとするアイデンティティは、従来、西ヨーロッパでは反移民・排外主義（＝ナショナル・アイデンティティ）とされてきた（Mudde and Kaltwasser 2017：19）。だが、右派的でありながら排外主義者としては扱われにくいN-VAがポピュリスト政党であるなら、同党が依拠するアイデンティティとは地域アイデンティティだと考えるのが自然である。

　以下に、ベルギーの事例について、理論的にさらなる検討を加えていく。「友」と「敵」を明確に区分する根拠となる地域アイデンティティは、「我々」と「移民」を差別化しようとする排外主義と「共鳴」する側面を持つ。ある政党が排外主義を前面に打ち出す場合、移民政策を牽引してきた既成勢力に対する反エリート主義を採用することにつながり、一般にポピュリストと呼ばれる類型の政党となる。ベルギーのように特定地域で支持を集める政党が排外主義に訴求すると、地域アイデンティティにおいても排外的な傾向が採用されるとの推測が成り立つ。

しかし，住民において地域アイデンティティが強い国であればこそ，逆説的に排外主義を採用しないポピュリストが出現しうる。つまり，N-VAは反エリート主義を修正し，排外主義に対する態度を曖昧化した上で，地域アイデンティティを排外主義から「隔離」させて前面化したと推測できる。地域問題において「友」と「敵」を強調することで，排外主義を採らずとも既成勢力批判が可能になるからである。

といっても，N-VAは反エリート主義を完全に放棄したわけではなく，既成政党との対話の中でフランス語圏や既成勢力への批判は継続したとも推察できる。この姿勢を本稿では「間エリート主義」(inter-elitism) と呼称する。すなわち，N-VAは既成勢力との交渉を完全に放棄せず，かつエスタブリッシュメントに対抗していくというスタイルを採ったのである。このような動きがベルギーの場合に成功したことについては，右派ポピュリストの前例であるVBがすでに活動していたことが重要となる。排外主義と地域アイデンティティの「共鳴」事例が存在したことで，N-VAはVBとも既成政党とも自党を差別化し，有権者に対する新たな選択肢となることが可能であった。間エリート主義は，地域間の対話を妨げない形で地域アイデンティティに依拠するエスタブリッシュメント対抗戦略として，大きな意味を持ったのである。

本稿では，以上のような検討を裏付けるために，N-VAの政党としての性質を追究し，N-VAがどのようなポピュリズムを採用しているかを解明する。ポピュリズム戦略を採る地域主義政党を以下「地域ポピュリスト政党」と呼称する。具体的な分析材料としては，マニフェストや政党綱領を用いる。政策分析という手法に対しては，表層的との批判がありうる。確かに，有権者がすべての政党プログラムを完全に把握して投票行動に反映していると考えるのは荒唐無稽であるし，とくに選挙マニフェストについては，その公約通りに政党が行動する保証もない。しかし，政党がある一定の社会的・政治的状況に対して自党の指針をどのように規定したか検討することには，なおも意味がある。というのも選挙時においては，有権者

が政党に抱く全体的イメージの基礎も，政党間相互作用における各政党の位置ないしその変更を知る手がかりも，政党のプログラムに拠るからである（岡沢 1988：116）。政党がどのような政策に支持の需要を見出したのかは重要な論点となるので，本稿では敢えて政党プログラムを正面から読解することを試みる。

　分析時期は，2003年連邦選挙前後，2007年連邦選挙前後，そして2010年連邦選挙を対象とし，特に後二者を重点的に確認する。2007年選挙は，キリスト教民主フランデレン党（CD&V）と選挙カルテルを結んでいたことから，既成勢力と接近した時期にあたる。それに対して2010年はカルテル解消後に単独で選挙に臨んでおり，外面上は既成勢力と対立した時期である。このような対照的とも思える時期を通時的に分析することで，何が変化し，何が変わらなかったのかを明らかにできる。なお，先述のヴァンホートらの研究は2010年から2014年までを分析対象とし，N-VAが成功を収めた時期のみを扱っているため，その点で本稿は既存の研究と差別化されている。

　分析する政策については，今回は特に地域問題への言及と移民・外国人政策に注目する。政治過程は分析対象としないものの，必要に応じて補足する。

　また，本稿はN-VAだけでなくVBも分析対象として比較検討する。N-VAだけを分析しても，ベルギーの政党システムにおいてどのような位置を占めているかは明らかにならない。しかし，数多いベルギーの政党の政策すべてを本稿で網羅することも困難である。[4]比較対象として選定したVBは，同党はフランデレンの分離・独立についてN-VAよりも急進的な主張を崩さない政党である。また地域主義政党というだけでなく，移民・外国人に対する排外主義の主張を行う急進右翼政党でもある。N-VAのことを（評価そのものが適切かはともかく）「極右に近い民族主義政党」と評する研究者もいる（武居 2016：217）ように，両党には類似点が少なからずある。すなわち，2010年選挙で命運が分かれた両党の何が共通してい

て，何が異なっていたのかを比較分析によって詳らかにする。

なお，本稿ではヴァンホートらが分析対象としていたDéFIは，ベルギー内におけるオランダ語系勢力とフランス語系との比較にもなるため非常に重要ではあるものの，分析の対象外とする。その理由の一つは，本稿の目的はあくまでN-VA結党以降の変遷を追うことにあるからである。さらにDéFIの前身政党であるFDFは，フランス語系の自由主義政党に属していた期間があり，分裂のタイミングが本稿の分析対象時期と重複することも理由に挙げられる。

3 分析対象期間に至るまでの経緯
──N-VA最初の連邦選挙まで（2001-03）──

N-VAは，2001年にフランデレンの地域主義政党VUから分裂した右派によって結党された。分裂左派のSpiritが既成政党SP.Aとの選挙カルテルを組む（～2007）中，N-VAは単独で連邦選挙に臨んだ。[5] しかし結果は1議席の獲得にとどまる惨敗であった。政権構成はVLD，PS，MR，そしてSP.Aである（表2）。

N-VAは結党初期にはどのような政策志向だったのだろうか。以下，結党時に党内で承認されたマニフェストでフランデレン問題や移民イシューに対する姿勢を前史的に手短に確認する。

まず地域問題については，フランデレンとワロニーは，社会・経済・文化などさまざまな領域で固有の道をもっと進まなくてはならないと主張する。同党は，デモクラシーの中で十分に役割を果たし，固有の成功・失敗のための責任を引き受けると語る。フランデレン・ナショナリズムは目的ではなく，より良いデモクラシーやより良い統治をもたらすための手段なのである。自律を勝ち取ることを通してのみフランデレンはEU内で真に［活動を］展開することができる。それはN-VAが独立フランデレンに向けて努力しなければならないということを意味する（Nieuw-Vlaamse

表2　2003年ベルギー連邦選挙結果（下院）

政党名	獲得議席数	議席数増減	得票率
VLD	25	↑2	15.36%
PS	25	↑6	12.52%
MR	24	↑6	11.40%
SP.A-Spirit	23	↑9	14.91%
CD&V	21	↓1	13.25%
VB	18	↑3	11.59%
CDH	8	↓2	5.47%
Ecolo	4	↓7	3.06%
N-VA	1	新規	3.06%
FN	1	0	1.98%

出典：ベルギー連邦政府公式ウェブサイトをもとに筆者作成。

Alliantie 2001：1-2)。

　移民政策についてはどうだろうか。「包摂的なフランデレン」（Vlaanderen inclusief）と題された項目の中で，N-VAは，「包摂」（Inclusie）は移民に関する党の姿勢の中心的概念だと語る。一定期間内に同化した移民のような者だけが，永住許可や場合によっては国籍を獲得しうるとする。また，多文化性は私的空間に属するものでありながら，公的文化を充実・補完しうるものでもあるという（Nieuw-Vlaamse Alliantie 2001：6-7)。

　以上を整理する。結党時，N-VAは党の目標をフランデレンの独立に定めている。後述するが，この点はCD&Vとカルテルを組む2007年選挙でも変わりのない点となっている。また，移民に対する反応は，曖昧な物言いに終始しているもののやや消極的である。

　それでは，本稿でN-VAの比較対象として設定されたVBはこの頃どのような政策志向だったのだろうか。簡単に確認する[6]。

　フランデレン問題に関するVBの態度は非常に明確である。2003年の選挙マニフェストでは，第1章「フランデレン独立」の第1節「民族が国家になる」（Volk wordt Staat）[7]において，VBがナショナリスト政党であることが宣言されている。さらに，独立フランデレンはVBのプログラムに

おいて第一［の争点］であり，そうであり続けるという（Vlaams Blok 2003：chapter 1 "Volk wordt Staat"）。

　上記の点はヨーロッパとの関係を交えた形でも言及している。曰く，フランデレンの利益はヨーロッパ・レベルでは十分に強く擁護されていない。というのも，ベルギーがEUの加盟国であり，ヨーロッパの諸機関でベルギーを代表する者は皆フランデレンではなくベルギーの利益を促進していると考えられるからである。フランデレンはヨーロッパにベルギーの平和的崩壊を覚悟させなくてはならない。さらに，挑戦的かつダイナミックな計画，またヨーロッパ中心部への新たな近代国家の到来のために，ヨーロッパに関心を引き起こさなくてはならない（Vlaams Blok 2003：chapter 1 "Regio of Staat in Europa"）。

　外国人政策についてまとめられたマニフェスト第4章では，VBがフランデレン・ナショナリスト政党であることを改めて確認し，フランデレンないしオランダ語アイデンティティ・文化の維持を弁護すると宣言している（Vlaams Blok 2003：chapter 4, preface）。出自・言語・信仰・文化の異なる人々が平和的に並びあい調和する理想的な社会は，実際には多文化的なユートピア（multiculturele utopie）を超えるものではない（Vlaams Blok 2003：chapter 4 "De Multiculturele Utopie"）。過去数十年の政府の政策は外国人に対する完全な門戸開放政治（open-deur-politiek）であり，緩和された国籍法制と不法［移民］の規則化が伴っている（Vlaams Blok 2003：chapter 4 "Géén Immigratieland"）。

　N-VAと同様，VBもフランデレンの独立を目標に定めていることがわかる。EUにおけるフランデレンの立ち位置を意識している点で共通していることも興味深い。移民・外国人に対するVBの姿勢はN-VAより明確に否定的であり，また特に（N-VAが明示的には否定しなかった）多文化主義に対する拒絶が強いことも特徴的である。後に見るが，ここで見たような姿勢は概ね2010年まで変わりはない。

4 　政策比較①
――2007年選挙まで――

　2003年の連邦選挙で惨敗を喫したN-VAは，2004年にCD&Vとのカルテル交渉を再開し，合意に達した。このカルテルは2004年のフランデレン地域圏選挙でおよそ26％の票を獲得し，地域圏レベルで連合政権を樹立している（van Haute 2017：8）。同カルテルは2007年連邦選挙でも継続している。一方，VBは反レイシズム法違反でヘント上級裁判所から有罪判決を下されたことを受け，党名を「フラームス・ブロック」から「フラームス・ベラング」（「フランデレンの利益」の意味）に改めた。VBは，移民の強制送還を想定した計画が現実的でないことを認めるなどいくぶん言説の穏健化を示したものの，党名が変わっても党のアイデンティティに変化はないことも確認している（Pauwels 2014：101-102）。同党は2004年のフランデレン地域圏選挙で24％の票を得，地域レベルで第２の勢力となっていた（Pauwels 2014：102）。このような状況の中，2007年選挙でCD&V/N-VAのカルテルは第１党となり，VBはほぼ党勢に変化がないという結果に終わった。政権構成はCD&V，MR，PS，Open VLD，CDHである（表３参照。N-VAについては後述）。

（１）　新フランデレン同盟
　N-VAはマニフェストにおいて，党の最終目標として，独立国家としてのフランデレン（Vlaanderen als onafhankelijke staat）を挙げている。また，連邦政府［の座］だけではなく，フランデレンにとって不可欠の権限移譲に関して拘束力を持つ協定にも接近する必要があると主張している（Nieuw-Vlaamse Alliantie 2007：6）。

　N-VAによれば，2003年までにフランデレンからワロニーへ66億ユーロが流出した。このフランデレン行政による算出結果を引き合いに出しなが

6　地域アイデンティティと排外主義の共鳴と隔離

表3　2007年ベルギー連邦選挙結果（下院）

政党名	獲得議席数	議席数増減	得票率
CD&V/N-VA	30　(25/5)	↑8	18.51%
MR	23	↓1	12.52%
PS	20	↓5	10.86%
Open VLD	18	↓7	11.83%
VB	17	↓1	11.99%
SP.A-Spirit	14	↓9	10.26%
CDH	10	↑2	6.06%
Ecolo	8	↑4	5.10%
LDD（注）	5	新規	4.03%
Groen!	4	↑4	3.98%
FN	1	0	1.97%

注：リスト・デデッケル。オランダ語系新自由主義ポピュリスト政党。
出典：ベルギー連邦政府公式ウェブサイトをもとに筆者作成。

ら，ワロニーへの資金注入を厳しく指摘する。そして，フランデレン－ワロニー間における現状の繁栄には差異があることを考慮して，連邦国家における双方が責任を負う，連帯した［財の］移動（solidariteitstransfer）が必要になっていると主張する。曰く，N-VAは歴史的な怨恨を抱いてはおらず，フランデレンの集団的エゴイズムを組織することを目指している政党でもない。ただ，今日(こんにち)のワロニーへの資金流入は，透明性・客観性・効率性の三つの基準を満たしていないことが問題であるという（Nieuw-Vlaamse Alliantie 2007：10-11）。

　移民については，N-VAは21世紀におけるもっとも巨大な挑戦の一つだとしている。マニフェストでは，新たな市民としての移民がしばしばネガティヴなものと感じられてきたとする。一方で，移民が社会を豊かにするポジティヴなデータでもありうるという。さらに，貧困の中にある人々は人間的に遇しなければならないものの，手続きの悪用には厳しく対処しなければならないと続ける（Nieuw-Vlaamse Alliantie 2007：25）。

　現在［2007年当時］の政府の難民政策については，申請・審査プロセスに時間がかかりすぎていることを理由に批判的な立場にある。このプロセスは数か月以内に申請の正当性に決定的な判断をくださなければならない。

不法移民の問題についても，その解決の遅滞が膨れ上がっており，差し迫って取り除かれなければならないとする。なお，拡大EUからの経済移民については肯定的な見解を示している（Nieuw-Vlaamse Alliantie 2007：26-27）。

　以上の内容を整理する。ここまでの内容から，2007年時点ではアイデンティティへの訴求が行われたとまでは言えない。まずフランデレン問題については，N-VAは即時のフランデレン独立までは要求せず，差し当たりフランデレンによる一方的な援助ではなく地域相互の連帯を求め，さらにワロニーの経済状況の改善も望んでいる，との姿勢を示している。全体として地域アイデンティティの提起というよりは制度的・経済的問題の指摘となっている。また移民政策については，移民そのものには少なくとも敵対的ではなく，排外主義を採用しているとは言い難い。ただし，移民を援助するための制度の悪用や，不法移民問題を解決できない政府に対しては厳格な姿勢をアピールしている。

（2）　フラームス・ベラング

　2005年に公刊されたVBの政党綱領においては，ベルギーが採用している連邦制が，権利を有する場としてフランデレンに与えられるには誤った道であるとしている。すなわち，連邦制がフランス語圏の政治家（Franstalige Politici）をしてフランデレン住民をなだめ，また［連邦制以上の施策の］強制を放棄させる戦略であるように見える。VBは，フランス語系政党はいまや，フランデレンの繁栄を取り除き，フランデレン・ブラバント州をフランス化（verfransing）することによって，［ベルギーにおける］第一位を熱望しているとの見解を示している。また，フランデレンからワロニーへの資金流入に関しては，VB独自の試算でこれまで115.4億ユーロに上ってきたとしている。これはN-VAが引用したフランデレン行政の計算よりもはるかに多額である（Vlaams Belang 2005：6-7）。

　フランデレンがEUの中でどのような立ち位置を追求しているのかも確

6　地域アイデンティティと排外主義の共鳴と隔離

認しておく。VBはEU加盟国家としてのフランデレンという立場に前向きな姿勢である。VBの説明では，［現在の］ベルギーの位置にフランデレンとワロニーという主権国家が成ったとき，フランデレンやワロニーよりも小さな拡大EUの国家としては12カ国［当時］が数えられる。フランデレンは，欧州議会において15から16の議席，EU理事会に8人から9人の票を有することになる。フランデレンは，挑戦的でダイナミックな計画やヨーロッパの中心における新しい近代国家の到来について，ヨーロッパを真剣にさせなければならないという（Vlaams Belang 2005：7）。

　上記のEUをめぐる議論でも少々言及されていた通り，フランデレン独立はVBにとって原則的な問題であるという。フランデレン民族は自決権を行使でき，またしなくてはならないとの見解が示されている（Vlaams Belang 2005：7）。

　移民政策については，どれほどの議論があろうとVBは移民停止の支持者［の立場］にとどまると宣言している。曰く，フランデレンは世界の中でも排他的に［住人に］住まわれる国家（dichtstbevolkte landen）の一つであって，人口密度が低いアメリカやカナダ，オーストラリアのような［多くの移民を受け入れることで成立した］国々に近づくことはありえない。1974年に公式な移民停止が宣言されたにもかかわらず，移民は押し寄せ続けており，毎年数千人の不法移民と数万人のいわゆる「庇護希望者」が到来している（Vlaams Belang 2005：19）。

　内容を整理する。分析全体を通して，VBは地域アイデンティティと排外主義の両方を主張していることが分かった。VBは地域問題に関しては「フランス化」や「フランデレンの繁栄を取り除く」など強い言葉遣いでワロニーを批判し，N-VAよりもラディカルにフランデレン独立を謳っている。また，移民停止も明確に提言した。いずれもフランデレンにまつわる問題における排他性を訴える論理に基づいており，この排他性こそがVBのポピュリズムの核を成す，地域アイデンティティと排外主義の「共鳴」である。

5　政策比較②
——2010年選挙まで——

　2007年連邦選挙でCD&Vとのカルテルで，形式的に第一党となったN-VAは，政権形成時には当初は閣外協力にとどまった。これには前身政党であるVU時代に政権に参加し，妥協を余儀なくされた苦い経験が関係している（van Haute 2017：97）。1977年に政権に参加したVUは，中央集権国家をより深く地域化しようとした野心的なプログラムを提案したのだが，実現に失敗して有権者の支持を失っている（De Winter 1998：41）。ともあれ，N-VAは閣外からさらなる国家改革を提案したものの，政権に受け入れられず，2008年にはCD&Vとのカルテルの解消に至った。しかし，2009年のフランデレン地域圏選挙では単独でも13.1％の得票を記録している（van Haute 2011：206）。地域圏レベルでは，N-VAはCD&VやSP.Aとともに連立政権を形成した。一方，VBについては同選挙でN-VAやLDDに票を奪われ，地域レベルでの第2党の地位から転落した（Pauwels 2014：102）。

　後にも確認する通り，地域圏選挙後，N-VAは政策的に地域アイデンティティをさらに前面化する方針へと舵を切っていく。その姿勢の一端を垣間見られるのが，N-VA党首のバート・デウェバー（Bart De Wever）が2010年3月2日（国政選挙の約3カ月前）に新聞「デ・スタンダード」（*De Standaard*）紙へ投稿したエッセイである。この論稿でデウェバーは，客観的な用語としてはフランデレン・アイデンティティが［ベルギー・アイデンティティより］常に強力であり，そのことをフランデレン諸州は支持していると評価した（De Wever 2011：19）。

　ただし，この時期のN-VAは，選挙を間近に控えた状況であっても，非現実的な見解や選択肢の提示を慎重に回避した。その証左として，上記言及に続け，デウェバーはフランデレン全住民に主観的に［フランデレン・

表4　2010年ベルギー連邦選挙結果（下院）

政党名	獲得議席数	議席数増減	得票率
N-VA	27	↑22	17.40%
PS	26	↑6	13.70%
MR	18	↓5	9.28%
CD&V	17	↓8	10.85%
Open VLD	13	↓5	8.64%
SP.A	13	↓1	9.24%
VB	12	↓5	7.76%
CDH	9	↓1	5.52%
Ecolo	8	0	4.80%
Groen!	5	↑1	4.38%
LDD	1	↓4	2.31%
PP（注）	1	新規	1.29%

注：人民党。フランス語系ポピュリスト政党。
出典：ベルギー連邦政府公式ウェブサイトをもとに筆者作成。

アイデンティティの優位性を］確信させることには未だ成功していないと認めていることが挙げられる（De Wever 2011：19）。

　ともあれ2009年地域圏選挙での結果は，多かれ少なかれ2010年連邦選挙の結果の前兆であった。2010年6月の連邦選挙でN-VAは大幅に議席数を増やし，第1党となった。一方VBは議席数を目に見えて落とす結果となる。N-VAが第1党ではあったものの，SP.Aも含めれば社会主義系が最大勢力であることから，早い段階で第2党PS党首のエリオ・ディルポ（Elio Di Rupo）が首相候補と目されていた（日野 2018：73）。結局，超長期に渡る連立交渉を経てディルポが伝統6政党を率いて組閣することとなり，N-VAが政権に加わることはなかった。政権構成はPS, MR, CD&V, Open VLD, SP.A, CDHである（表4）。

（1）　新フランデレン同盟

　N-VAの2010年選挙版マニフェストでまず注目すべき点は，そのタイトルである。マニフェストの題目は，「今，勇気をもって転換する。フランデレンとワロニーのための確固たる社会的・経済的一視座」となっている。

この書き方だと，N-VAの政策が，フランデレンだけでなくワロニーにとっても利益のある内容だと示唆しているように見える。また，これはN-VAの主要な政策論点が地域問題にあることをも明示していることになる。

移民政策について書かれた章では，冒頭から政府の政策に対する批判が行われている。この章の最初の一文は，「この章は，連邦［政府］によってもたらされた非常にお粗末な政策（barslecht beleid）について書くことなしには始められない」と書き出されている。曰く，政府がこれほどの失敗を犯した点はほかにない。とりわけ政権のフランス語話者の手中に政策全体が与えられたことによって，真の国境開放政策が導かれたという（Nieuw-Vlaamse Alliantie 2010：53）。

マニフェスト内ではさらに，［労働］移民の受け入れは停止しているにもかかわらず，移民はフランデレンに継続して毎年数万人到来していると指摘されている。曰く，非常に柔軟な国籍法制が，ほんの数年間の間に続々とその［法の］下で多くの人をベルギー人にせしめることを可能にしている（Nieuw-Vlaamse Alliantie 2010：53）。

次に，ベルギーという国家のあり方についてフランデレンがどのような主張をしたかを，マニフェストの第11章（タイトル：「［国家］連合へ勇気をもって転換する」〔Durven veranderen naar een confederal model〕）から確認する。社会経済的な観点からは，連邦国家から［国家連合へ］の不可避の社会経済的変革を導くというN-VAの選択が，フランデレンとワロニーの将来を選択することだという。前世紀から60年にわたるベルギーの経済的分権は，フランデレンに一連の経済的なサクセス・ストーリー（succesverhalen）をもたらしてきたと指摘される。N-VAによれば当時からワロニーもより良い経済的自己統治に対する障壁であり，今日でもその課題は連邦国家［ベルギー］に対して復唱されねばならない（Nieuw-Vlaamse Alliantie 2010：64-65）。

N-VAは，現時点でも実際に存在するかのごとく国家連合［というアイ

デア]と結びついていく。フランデレンとワロニーは[ベルギーという一つの国家ではなく]二分された民主主義国家である。そして，異なる文化的背景（culturele setting）の中で世論に形成されたメディアと，各々[異なった]教育経路を有している（Nieuw-Vlaamse Alliantie 2010：68-70）。

　以上が2010年選挙時におけるN-VAのマニフェストで主張された，本稿において重要な政策論点である。概して，既成政党に対する批判の程度が2007年選挙より強くなっている。文化的・教育的な背景の独自性を強調する点は，先述のデウェバーのエッセイとも相まって，N-VAにおいてフランデレン・アイデンティティの存在を際立たせようとする試みが起こったことを確認できるものである。フランデレンとワロニーを別個のデモクラシーとして対置する記述は，ポピュリストの特徴の一つである二分法を想起させ，またフランス語系与党政治家の批判という形でエスタブリッシュメントへの攻撃も観察できる。以上から，地域アイデンティティに基づいたポピュリスト政党としての特徴が従前よりも明確に表れていると結論付けられる。

　ただし，N-VAは制度的な指摘も継続して行っており，国家連合への転換に際して連邦制という制度そのものがいかに障害となっているかを説くようになった。それは，N-VAの政策がワロニーに対する説得の言説——ワロニーの有権者には直接届かずとも，少なくともフランデレンの有権者をしてそのように感じさせる——としての意味を未だに有しているということを示唆する。また，2007年選挙時とは異なり，フランデレンの完全な独立は（少なくとも明確には）主張していない。

　なお移民政策については，やや態度を硬化させたものの，あくまで制度や政権への批判という形をとっている。分析を通して得られた知見から考えるに，排外主義を頼みとした戦略とは依然距離を置いている。地域アイデンティティと排外主義は「隔離」されたのである。

（2） フラームス・ベラング

　VBの2010年選挙時マニフェストも，まずそのタイトルを確認しておく。題目にある"Vlamingen Eerst！"とは，「フランデレン人第一！」の意味である。N-VAのマニフェストの題目では，党の真意はともかく表面的にはフランデレンとワロニー双方の利益になる内容であるという含意があったことを考えると，それとVBのマニフェストの第一印象は対照的である。

　ベルギーの国家としてのあり方についてVBの見解を読むと，やはりフランデレンの独立を要求する立場であることが分かる。VBは「連合主義は時間の無駄（tijdverlies）だ」と明言し，否定している。曰く，連合主義は［国家体制としての］ベルギーが生き延びる手段になるかもしれない。つまり，フランデレン独立の原動力を阻止するものである。独立フランデレンはベルギーという［国家］枠組みに対する別の選択肢でなければならない。それは「混乱」や「革命」によって到来するものではなく，首都ブリュッセルをそなえたEU加盟国家フランデレンを最終目的とする，秩序ある分離（Ordelijke Opdeling）を介するものである（Vlaams Belang 2010：6）。

　移民政策についても確認する。マニフェストによると，暴走する移民は特に差し迫った社会問題である。ベルギーにやってくる庇護希望者は経済的地位の向上を図ろうとしており，［そのために］出身国のエスニック・グループによる紛争，混乱，迫害の不正を盾に取っているという。両義的かつ怠惰で不当な移民政策は，しばしば違法性を許容し，その規則化が止まらない。これによりすべてが吸い尽くされ，制度を濫用する新たな人々を歓待してしまう，という（Vlaams Belang 2010：15）。

　VBは，外国人がフランデレンに定住するには，断固とした同化（kordate inburgering）が必要であると説く。［移民が］フランデレンにどのように定住するかについて，VBは公共文化に迎えることを自明なものとして期待する。移民をフランデレン民族の運命共同体（lotsgemeenschap）の一部とすることは，移住の候補者が全体として［フランデレン

人の］立場に自らを置き，所定の期間内，フランデレン社会を［移住者の］世界と同一視すれば可能である（Vlaams Belang 2010：17）。

　VBのマニフェストの中には顕著なイスラモフォビーが見て取れる。VBによると，もっとも大きな２つの非ヨーロッパ外国人集団であるトルコ人とモロッコ人に対しても同化は進行しており，それは過去に移民してきたイタリア人，ポーランド人，ギリシャ人といった他の集団よりも相当に困難なことであるという。曰く，先の二集団は時折完全に［フランデレンに］適応しない。さらに，こうした人々の文化的見地はフランデレンの文化と非常に距離があるという。そして，固有のイスラム文化を保有し続けている人々の存在すべてが，フランデレンに住む人々との緊張をもたらしている，と指摘されている（Vlaams Belang 2010：18）。

　それでは最後に，ここまでの内容をもう一度整理する。国家観については，VBはN-VAと異なり，2010年時にもフランデレン独立を唯一の選択肢としている。連邦制はおろか連合主義も明確に否定し，「時間の無駄」とまで評価しており，あくまで独立国家としてフランデレンのEU加盟を目指すことを表明している。N-VAとの比較で注目すべきは，ワロニーとの交渉の余地を一切見せていないところである。移民政策についてはN-VA以上に受け入れ基準が厳格であり，イスラモフォビーもはっきり観察できる。

　VBはフランデレン問題についてはN-VA以上に強硬かつ過激な姿勢を取っており，N-VAと違って対話の余地すら残していない。また，移民政策においてもN-VAと異なってゼノフォビアを前面に押し出した内容となっている。二つの政策を比較するに，ワロニーと移民のいずれに対してもその排外性という点で一致しており，VBは地域アイデンティティと排外主義が「共鳴」している事例ということになる。それは，N-VAとは異なり，既存の急進右翼ポピュリストという以上の定義づけがなくても説明できる事例だということも意味する。

6　結論・含意・課題

　本稿の分析はあくまで政党の政策変遷を記述的に追跡したものである。デマンド・サイドへの検討をはじめとして意図的に着手しなかった視角・手法は多く、分析結果に対する考察にはある程度の留保が必要となる。以上の点は今後の課題として念頭に置きつつも、本稿からは以下の示唆を得ることができる。

　VBは一貫して排外主義を掲げ、地域アイデンティティと移民排斥という二つのテーマを「共鳴」させてエリートを拒絶する急進右翼政党である。同政党は地域主義政党でもあるものの、党の主張の核は排外主義にあり、その一端としてフランデレン問題への言及が現れている。移民と特定地域の住民を同じロジックで「敵」として明確に設定するこの政党を、あえて新たな類型として検討する意義は乏しい。

　N-VAは、2003年や2007年の時点ではポピュリストと類型化できる政党ではなかった。むしろ、急進的なシングルイシュー政党の色合いが強い。この頃のN-VAは確かに分離主義的な傾向を持っていたものの、反エリート主義の姿勢がそれほど明瞭ではない。

　しかし2010年選挙前後のN-VAは、VBをはじめとする既存のポピュリスティックな地域主義政党と比べると、地域アイデンティティと排外主義の争点が「隔離」している。地域問題については、地域アイデンティティを従前より前面化し、アイデンティティに基づくポピュリズム戦略を展開しようと試みたことが窺える。その一方で、プログラム全体の論調として既成勢力との話し合いの余地は残すという姿勢を示している。移民政策においては、移民の流入に懸念をはっきりと示すようになったものの、「敵」はあくまで移民そのものではなく、既成政党やワロニーである。移民そのものの排斥には2007年同様に慎重な論調を維持している。すなわち、イシューそのものに不安を表明し、既成政党批判の材料にする一方で、移民

それ自体にはあくまで曖昧なスタンスを崩さない。

　2010年時点でのN-VAのスタイルは反エリート主義とはまた異なった対エスタブリッシュメント戦略であり，筆者はこれを「間エリート主義」(inter-elitism) と呼称する。間エリート主義は，地域間の対話を阻害しないという意味で，現代ベルギー政治において重要である。「敵」を設定しながら，その「敵」との交渉の可能性を排除しないからである。

　N-VAは，排外主義・反エリート主義を採用しない形で地域アイデンティティを掲げ，プラグマティックなアイデンティティ・ポリティクスを展開したのである。戦術としてポピュリスト政党が既成政党に柔軟な姿勢を示すことは少なくはないため，N-VAの政策主張が穏健化したということだけが肝心なのではない。N-VAは一方で，ベルギー政治全体に一貫した傾向として存在するフランデレン・アイデンティティを既成勢力よりも前面化した。他方で，「敵」に対する攻撃を原則として撤回しないVBと異なり，間エリート主義を採用してプラグマティックな行動・主張をも行いうるポピュリスト政党となった。

　本稿を踏まえ，以下を今後の研究課題とする。本稿で得られた含意はベルギーの事例以外でも検討する必要がある。また，選挙結果に至るまでの要因はサプライ・デマンド両サイドにおいて複合的なものなので，短期間の政策分析のみでこれ以上を語ることも難しい。よりタイムスパンを長くとった通時的分析や，他国の類似事例との国際比較を行うことで，本稿の問題点は解消できると筆者は推測する。

付記

　本稿は立教大学学術推進特別重点資金（立教SFR）からの支援を受けて完成した。

注

1) 2004年にフラームス・ブロックから改名した。本稿では党名を改める以前・以後両方の時代を扱うが，区別せずVBと表記する。なお，VBと地域主義の関係につい

ては説明が要される。というのも，地域主義政党として扱わない研究も存在するからである。たとえばダンドワは，反移民イデオロギーの存在や，（彼の見立てによれば）国民国家構造の再編成が第一目標ではないことを理由に，VBを地域主義政党の類型から除外している。またメギドも，VBは地域の自立を目的とした非経済的シングルイシュー政党ではないため，全国政党の地域的形態であると評価した。以上の主張に筆者は同意しない。確かにVBは移民争点を最重要視しているようにも思える。しかし，N-VA以上に急進的な地域的提案を行う政党を地域主義政党と呼べないのも，それはそれで無理がある（VBの具体的な政策・主張については本稿第3節以降を参照）。以上より，本稿ではVBも地域主義政党として扱う（Dandoy 2010：197-198；Meguid 2007：68-69）。

2）地域主義政党の定義の仕方について，ここでは「領域の自律性を防衛するための能力の確保を目標に民主制議会で活動する政治組織」とする。地域政党・地方政党との相違など詳細については，宮内（2018：54-58）を参照。

3）この点に関して松尾秀哉は，連邦制の導入によるアクターの多層化や選挙区の分断が，政権形成交渉の長期化や過激な地域主義政党の台頭を招いたと論じている。また，連邦化による選挙の増加によって有権者の離反を恐れる作用も働いたため，「分裂危機」が危機に留まっていることも指摘している（松尾 2015：153-158；松尾 2016：104-105）。

4）マニフェスト・プロジェクト・データベース（https://manifesto-project.wzb.eu/）等を用いて，選挙における複数の政党の主張を定量的に示す手段があることは，筆者は承知している。しかしながら本稿の試みはあくまで，テキストにおける主張の機微にまで注目した上で政党の性質を見極めることを目的としている（「生」のデータを直接確認しない限り，一見すると微細に見えるが決定的に相違する点を見落とすリスクは常に付きまとう）。かかる目的を達成するには，少数の政党の刊行物を定性的に比較分析するという，本稿で採用する手法が最も適合的である。

5）N-VAもCD&Vと選挙カルテルについて交渉していたものの，合意に至らなかった（van Haute 2017：8）。

6）マニフェストに何が書かれていたかを収録したテキストデータは入手できたものの，残念ながら実物を目にする機会には恵まれなかった。そのためページ表記が出来ないことをご容赦願いたい。引用の際は該当する章・節を明確にする。

7）"volk"は意味・内容において論争的な概念である。本稿では基本的に「人民」という訳を用いる。「民族」などの訳に変える場合は，必ず訳語に続いて原語の表記も行う。

8) フランデレン地域圏の中の1州で，ワロニーと境界を接している。この州に飛び地のように首都ブリュッセルがある。フランス語話者の多いブリュッセルからフランデレン・ブラバントへと徐々にフランス語話者の居住範囲が拡大してきており，地域間摩擦の一要因となっている。

参考文献

〈欧文献〉

Dandoy, Régis. (2010) "Ethno-Regionalist Parties in Europe : A Typology", *Perspectives on Federalism*, 2 (2) : 194-220.

De Wever, Bart. (2011) *Werkbare Waarden*, Kalmthout : Pelckmans.

De Winter, Lieven. (1998) "The *Volksunie* and the Dilemma between Policy Success and Electoral Survival in Flanders", in De Winter, L., and H. Türsan (eds.), *Regionalist Parties in Western Europe*, 28-50. London : Routledge.

Krämer, Philipp. (2010) *Der Innere Konflikt in Belgien : Sprache und Politik : Geschichte und Gegenwart der Mehrsprachigen Gesellschaft*, Saarbrücken : VDM Verlag Dr. Müller.

Laycock, David. (2012) "Populism and Democracy in Canada's Reform Party", in Mudde, C., and C. Rovira Kaltwasser (eds.), *Populism in Europe and the Americas : Threat or Corrective for Democracy?*, 46-67. Cambridge : Cambridge University Press.

Mazzoleni, O., and S. Mueller. (2017) "Introduction : Explaining the Policy Success of Regionalist Parties in Western Europe", in Mazzoleni, O., and S. Mueller (eds.), *Regionalist Parties in Western Europe : Dimensions of Success*, 1-21. Abingdon : Routledge.

Meguid, Bonnie M. (2007) *Party Competition between Unequals : Strategies and Electoral Fortunes in Western Europe*, Cambridge : Cambridge University Press.

Mudde, C., and C. Rovira Kaltwasser. (2017) *Populism : A Very Short Introduction*, Oxford : Oxford University Press.

Nieuw-Vlaamse Alliantie. (2001) *Manifesto van Nieuw-Vlaamse Alliantie : 21 Haakse Ankerpunten voor een Nieuw Beleid bij het Begin van de 21ste Eeuw.* https://www.n-va.be/sites/default/files/documents/PDF/manifest.pdf (last visited. 20 November 2018).

Nieuw-Vlaamse Alliantie. (2007) *Voor een Sterker Vlaanderen : Programma Federale Verkiezingen 2007*, Brussels : Nieuw-Vlaamse Alliantie.

Nieuw-Vlaamse Alliantie. (2010) *N-VA Verkiezingsprogramma 3 Juni 2010 : Nu Durven Veranderen. Een Sterk Sociaal en Economisch Perspectief voor Vlaanderen en Wallonië*, obtained from Manifesto Project Database. https://manifesto-project.wzb.eu/ (last visited. 20 November 2018).

Pauwels, Teun. (2011) "La Lijst Dedecker", in Delwit, P., J-B. Pilet, and E. van Haute (eds.), *Les Partis Politique en Belgique* (3e Èdition) : 255-267. Brussels : Èdition de l'Université de Bruxelles.

Pauwels, Teun. (2014) *Populism in Western Europe : Comparing Belgium, Germany, and the Netherlands*, London : Routledge.

Swyngedouw, M., and K. Abts. (2011) "Les Électeurs de la N-VA aux Élections Fédérales du Juin 2010", Courrier Hebdomadaire du CRISP, 2125 : 1-32.

Taggart, Paul. (1995) "New Populist Parties in Western Europe", *West European Politics*, 18 (1) : 34-51.

Tarchi, Marco. (2002) "Populism Italian Style", in Mény, Y., and Y. Surel (eds.), *Democracies and the Populist Challenge*, 120-138. Basingstoke : Palgrave Macmillan.

van Haute, Emilie. (2011) "Volksunie, Nieuw-Vlaamse Alliantie, Spirit, Vlaams-Progressief", in Delwit, P., J-B. Pilet, and E. van Haute (eds.), *Les Partis Politique en Belgique* (3e Èdition) : 201-218. Brussels : Èdition de l'Université de Bruxelles.

van Haute, Emilie. (2017) "Regionalist Parties in Belgium (N-VA, FDF) : A renewed Success?", in Mazzoleni, O., and S. Mueller (eds.), *Regionalist Parties in Western Europe : Dimensions of Success*, 86-106. Abingdon : Routledge.

van Haute, E., T. Pauwels, D. Sinardet. (2018) "Sub-State Nationalism and Populism : the Cases of Vlaams Belang, New Flemish Alliance and DéFI in Belgium", *Comparative European Politics*, 16 (6) : 954-975.

Vlaams Belang. (2005) *Vlaams Belang Programmaboek*, obtained from Manifesto Project Database. https://manifesto-project.wzb.eu/ (last visited. 20 November 2018).

Vlaams Belang. (2010) *Programma Federal Verkiezingen : Vlamingen Eerst!*, obtained from Manifesto Project Database. https://manifesto-project.wzb.eu/

(last visited. 20 November 2018).

Vlaams Blok. (2003) *Een Toekomst voor Vlaanderen : Programma en Standpunten van het Vlaams Blok*, text data, obtained from Manifesto Project Database. https://manifesto-project.wzb.eu/ (last visited. 20 November 2018).

〈邦文献〉

岡沢憲芙（1988）『政党』東京大学出版会。

小島健（2007）『欧州建設とベルギー――統合の社会経済史的研究』日本経済評論社。

武居一正（2016）「ベルギーの国家改革（2012-14）と連邦化のゆくえ」憲法理論研究会編『対話的憲法理論の展開』敬文堂，217-229頁。

日野愛郎（2018）「政党政治のダイナミズム」津田由美子・松尾秀哉・正躰朝香・日野愛郎編『現代ベルギー政治――連邦化後の20年』ミネルヴァ書房，49-76頁。

松尾秀哉（2015）『連邦国家ベルギー――繰り返される分裂危機』吉田書店。

松尾秀哉（2016）「ベルギーにおける多極共存型連邦制の効果――2014年の連立交渉を中心に」松尾秀哉・近藤康史・溝口修平・柳原克行編『連邦制の逆説？――効果的な統治制度か』ナカニシヤ出版，91-107頁。

松尾秀哉（2017）「合意型民主主義におけるポピュリズムの成功――ベルギーを事例に」中谷義和・川村仁子・高橋進・松下冽編『ポピュリズムのグローバル化を問う――揺らぐ民主主義のゆくえ』法律文化社，102-118頁。

水島治郎（2015）「「民衆の代表」か「防疫線」か――ベルギー・フランデレンのポピュリズム政党」『千葉大学法学論集』第29巻4号，1-25頁。

水島治郎（2016）『ポピュリズムとは何か――政治への期待と幻滅』岩波書店。

宮内悠輔（2018）「地域主義・地域（主義）政党・地域ポピュリスト――概念に対する一考察」『立教大学大学院法学研究』第49号，39-79頁。

〈ウェブサイト〉

Manifesto Project Database. https://manifesto-project.wzb.eu/ (last visited. 20 November 2018).

ベルギー連邦政府公式. https://www.belgium.be/ （2018年11月20日最終確認）。

（みやうち・ゆうすけ：立教大学）

CHAPTER

7

オーストラリア自由党とアイデンティティ政治
――2018年8月の首相交代の背景と政党制への影響――

杉田弘也［神奈川大学］

1 オーストラリアの多文化主義社会

　オーストラリアは，20世紀前半まで先住民族を除けば人口のほとんどが英国を起源とする移住者によって構成される均質的な社会であったが，第二次世界大戦後から大規模な移民政策が実行され，東欧からの難民や南欧からの移民を受け入れるようになった。1960年代半ばには移民の受け入れ先をヨーロッパに限定していた白豪主義政策が行き詰まり，1970年代に入るとゴフ・ウィットラム労働党政権が非差別的な移民政策を宣言した。1976年にはマルカム・フレイザー自由党・国民党政権がヴェトナム難民の大規模な受け入れを決定し，白豪主義に戻ることは不可能になった。同化主義的移民定住政策は，ウィットラム，フレイザー両政権によって多文化主義政策に置き換えられた。同時期，先住民族に対する平等・公正な諸施策が講じられ，1970年代から90年代にかけて先住民族の土地所有権や先住民族としての固有の権利が立法・司法の場で認められていく。1990年代後半には，20世紀前半に先住民族あるいはその文化・社会の抹消を狙った政策の全貌が明らかになり，2008年に連邦議会が謝罪を行った。法制面では，連邦法として1975年の人種差別禁止法を嚆矢に，性差別禁止法（1984），障がい者差別禁止法（1992），年齢差別禁止法（2004）が制定されたほか，州においても差別禁止法が制定されている。1986年にはオーストラリア人権委員会が設置され，委員長のほか7名の委員が，先住民族，人種差別，

性差別，障がい者，年齢差別，子ども，人権分野の担当委員として活動している。

1960年代後半に始まるオーストラリアの社会改革を考察すると，決定的に重要なものはウィットラム，フレイザー両政権による超党派の努力により，同化主義的定住政策から多文化主義政策へ転換したことである。多文化主義は，福祉政策の一環として非英語圏からの移民に対し平等な行政サービスへのアクセスを提供するために開始された。しかし，1980年代半ばの歴史家ジェフリー・ブレイニーによるアジア移民批判を契機に，自由党・国民党連合はジョン・ハワード党首のもと政治争点化を試みた。1989年にボブ・ホーク労働党政権が打ち出した「多文化オーストラリアのナショナル・アジェンダ」は，オーストラリア型多文化主義の基本原則となる文書であるが，移民によるオーストラリア経済への貢献や，憲法・法の支配・寛容と平等・議会制民主主義・言論と宗教の自由・国語としての英語の地位・男女間の平等の重要性など「オーストラリア的価値」（Australian values）を明確に位置づけていた。

社会学者ガッサン・ハージは，白人のレイシストと白人の多文化主義者のどちらもが，「白人国家のファンタジー」を共有していると述べている。すなわち，アボリジナルの人々や非白人「エスニックス」は，白人国家が意のままに都合よく取り込んだり排除したりできる対象であり，国家の主体はあくまでも白人であるということである（Hage 1998：18）。ハージによれば，支配的な地位にある白人文化は，そのままで疑問の余地なく存在しているが，移民文化は，白人文化を豊かにするという機能を果たすという文脈の中で支配的な白人文化のために存在しており，非白人オーストラリア人は白人国家のファンタジーの中に位置づけられる（Hage 1998：121，強調は原文どおり）。そして，オーストラリア経済への貢献やオーストラリア社会への統合可能性を移民に求めるようになるにつれ，非英語圏からの労働者が必要な公共サービスに平等にアクセスすることを可能にするために設計されたはずの多文化主義は，高技能・高学歴で英語能力のあ

る高度人材を念頭に置いた「ミドルクラス多文化主義」に置き換えられた (Hage 2003：109)。多文化主義のネオリベラル化である（塩原 2010；2017）。その結果，高技能・高学歴の対極にある，海路直接オーストラリアを目指す難民希望者（ボートピープル）に対しては，きわめて厳しい態度が取られている。

　ハージのオーストラリア型多文化主義批判に対し，ラオス難民の子としてフランスから幼児期に移住した移民第一世代の政治学者で，2013年から2018年までオーストラリア人権委員会の人種差別担当委員を務めたティム・スートポマサンは，オーストラリアが白豪主義から多文化主義的移民社会へうまく移行したこと，英米にみられるような人種暴動は2005年のクロナラ暴動を例外として稀であること，欧州のような白人至上主義組織や反移民・反イスラム的極右政党は蔓延していないことを指摘している。さらに，2014年12月にシドニー都心で起きたイスラム教徒男性による立てこもり事件の際，一般市民が公共交通機関の車中で不安でいるイスラム教徒女性に対し，「送ってあげますよ」（I will ride with you）と共感を寄せたことから発生したソーシャル・メディア運動を例に挙げ，オーストラリアの多文化主義の特徴を社会的結束と人道的・批判的愛国主義としている (Soutphommasane 2015：6-9)。スートポマサンは，オーストラリアの移民プログラムや多文化主義が，高い社会的流動性を背景に文化的多様性と国家としての統合とのバランスの上に築かれ，市民社会を構築するという意味でのネイション・ビルディングとして機能してきたと考えている (Soutphommasane 2012：73-78)。

　確かにハージの主張に沿った「白人国家のファンタジー」を超えた多文化主義は，望ましい形態かもしれない。スートポマサンが唱える社会的結束とオーストラリア社会への統合を意識した多文化主義は，白人文化を豊かにする機能しか果たしていないのかもしれない。しかしながら，だからこそ，多文化主義がオーストラリアの市民社会に受け入れられ，85％を超える支持がコンスタントに寄せられているのではないだろうか

(Soutphommasane 2015：68)。ハージの唱える多文化主義は，まさにアイデンティティ政治とよばれるであろう。先住民族やジェンダー，セクシュアリティに関しても同様であり，たとえば先住民族はオーストラリアから独立した，あるいはオーストラリアの内部にアボリジナルの主権国家を築こうとしているのではない。その意味では，先住民族の権利はあくまで「白人・男性・ヘテロセクシュアル国家のファンタジー」の枠内で，多様性を確保することとなる。

2 アイデンティティ政治とオーストラリア

オーストラリアにおけるアイデンティティと政党政治について考察する場合，左派政党を連想することが一般的である。ジャーナリストのポール・ケリーは，グリーンズがアイデンティティ政治をベースに，従来の二党制を形成してきた階級意識から切り離された政治を志向し，ソーシャル・メディアなどを通じたシングル・イシュー政治運動の高まりとともに労働党に深刻な影響を及ぼしていると指摘している。これを食い止めることができなければ，労働党が単独過半数政権を担うことがますます難しくなるかもしれない（Kelly 2014：43-44）。2003年12月から2005年1月まで労働党党首を務め，2018年末に極右政党と考えられているポーリン・ハンソンのワン・ネイションに入党したマーク・レイサム[1]は，労働党がアイデンティティ政治に取り込まれているとして（Dyrenfurth 2017, *Guardian Australia* 2017/05/08），以下のように批判している。

> 労働党は，近年アファーマティブ・アクション，ギラードの「ミソジニー・スピーチ[2]」，同性婚の合法化，政治的に不適切な（politically incorrect）言葉の排除など，ジェンダーに関連した問題に過剰な注目を寄せている。このことは，「フェミニスト族」が，男性に対する積年の恨みを晴らそうとしているかのような印象を与える……。労働党は，

ジェンダーに焦点を当てているが,それは政治にかかわる進歩的な女性にとっては興味があるが,郊外に住む男女の有権者にとっては全く無関心なことに過剰にかかわっているということなのだ(Latham 2014:219-220)。

　自由党・国民党連合や保守系の論者たちは,労働党に対しさまざまなラベルを貼り付けようとしてきた。1983年から96年まで13年間政権の座にあったボブ・ホークとポール・キーティング率いる労働党政権は,ネオリベラル的経済構造改革を実行したが,労働党には「社会主義者」というラベルがつきまとい続けた。労働党が格差解消のための政策を追求し,たとえばエリート私立学校への政府助成金を減額しようとすると,階級闘争(class warfare)と揶揄される(Johnson 2005:47)。キーティング政権が人種差別禁止法を修正して人種差別的中傷禁止条項(人種差別禁止法18条C項)を追加し,先住民族の権利を拡張し,女性候補者のためにクォータ制度を導入すると,「ポリティカル・コレクトネスの行き過ぎ」と非難される(Sawer 1997:73-79)。

　オーストラリアにおいて左派政党,特に労働党が,アイデンティティ政治の実行者であるというのは,実態を反映しているのだろうか。エリザベス・フェルズは,オーストラリアでは1970年代から先住民族,エスニック集団,女性,青少年,高齢者などアイデンティティに基づいた集団を支持・促進する政策やプログラムが導入されるようになったとし,政府の関心の度合いを測る指標として担当閣僚ポストの設置に着目している(Fells 2003)。フェルズによれば,一般的に労働党が社会改革を通じた社会的公正の追求に積極的であるとみられ,アイデンティティに基づく担当閣僚の導入も労働党政権下で起きたと考えられがちであるが,労働党と自由党・国民党連合の間に大きな差は見いだせない(Fells 2003)。

　投票行動を分析すると,英国,ニュージーランド,カナダ,米国など英語圏からの移民は平均よりも保守的である一方,非英語圏からの移民につ

いては，第二次世界大戦後の東欧難民を例外として，労働党が大きな支持を得ている（Jupp and Pietsch 2018：665）。そのような「エスニック有権者」の中で，反社会主義という立場で自由党・国民党連合を強く支持してきた東欧難民は高齢化が目立つ。1950年代から60年代にかけてオーストラリアに大規模に移住したイタリア，ギリシャ出身者は，多くが工場労働者であったことから労働党を強く支持してきたが，こちらも高齢化に直面している（Jupp and Pietsch 2018：668）。現在増加している中国，インド，フィリピンなどアジア出身者および中東出身者は，1980年代末のジョン・ハワード（当時野党党首）のアジア移民発言や，ハワード政権による難民問題の政治争点化，多文化主義政策の後退などもあり，労働党に大きな支持を寄せている。エスニック有権者が多い選挙区の議員は，確かにエスニック・グループのための政治的働きかけは他の選挙区の議員に比べて多い。しかし，エスニック有権者の人口比からみると突出して多いわけではなく，それよりも接戦選挙区であるかそうではないかのほうが大きな要因であり，エスニック・グループの政治的影響力は過大評価されているとの研究もある（Zappala 1998）。

　政党支持の男女差を示すジェンダー・ギャップに関して，かつて女性は男性に比べて自由党・国民党連合を強く支持するという保守的なジェンダー・ギャップが存在していた（McAllister and Bean 1997：179）。かつて労働運動を背景に男性優位社会であった労働党は，1980年代初めごろから女性候補者の登用や「女性フレンドリー」な社会・家族政策を採用するなど女性有権者の支持を得ようと努力してきたがあまり効果はなかった（Leithner 1997）。しかしながら，ジュリア・ギラードが初の女性首相となった2010年以降，労働党は男性よりも女性からより多くの支持を得るようになっている。

　労働党は，一見するとエスニック・マイノリティや女性など政治的少数者の連合によって多数を構築しようとしているかにみえる。しかしながら労働党は，労働運動を支持母体とし，賛否両論あるものの労働組合が全国

党大会など意思決定機関の50％の議決権を維持している。2016年総選挙において提示した政策や2019年総選挙に向けた政策も，アイデンティティによって分類化された集団へ向けられたものではなく，資産課税の強化や富裕層に対する優遇税制の縮小など再分配による格差縮小を目指し，労働者階級や低・中所得者層に広くアピールしている。2017年に行われた結婚平等（同性婚）に関する郵便調査において，反対は全体で38.4％であったが，反対が多かった選挙区はシドニー西郊外のアジアや中東からの移民が多い労働党の選挙区であり，そういった選挙区の労働党議員は，エスニック有権者の意向より党や有権者の総意としての結婚平等を支持したと考えられる。連邦議員のセクシュアリティに関しては，現在連邦議会には9名の議員がLGBTIQであることを公言しているが，内訳は自由党4名，労働党3名，グリーンズ1名，無所属1名であり，労働党が特に突出しているのではない。

　こうしてみると，2019年においてオーストラリアでアイデンティティ政治を担っているのは，労働党など左派ではなく，フランシス・フクヤマが懸念するようにマイノリティへの認知によってそれまでの優越性が否定されたと感じた右派からのものと考えられる（Fukuyama 2018：118）。空軍大佐の経歴を持ちトニー・アボット元首相と親交があったキャサリン・マグレガー³⁾は，自由党が労働党やグリーンズに「アイデンティティ・ポリティクス」と非難を浴びせているのは実態を伴わず，保守とその支持層にはその程度の罵詈雑言しか残されていないからだ，と記している（McGregor 2018）。ジャーナリストのピーター・ハーチャーは，「右派は左派がアイデンティティ政治を弄び少数派の恨みや怒りを醸成しているというが，事実は右派も同様にアイデンティティ政治を実行している。違いは右派が多数派の恨みや怒りを醸成している点にある」と記している（Hartcher 2018b）。

　人種・民族・宗教・ジェンダー・セクシュアリティなど特定のアイデンティティによって規定され，政治的な弱者の立場に置かれている集団が，

集団としての認知,平等な権利と公正な扱いを求め,さらにそういった集団が優越性を誇示することをアイデンティティ政治と定義するとしよう。そのような集団の認知や権利が認められることで自らの相対的な地位が低下することに危機感を抱いた主流派,メインストリームが,優越的な地位を維持しようとする反転攻勢を右からのアイデンティティ政治と位置づけることができる。オーストラリアにおいてアイデンティティ・グループは,あくまで平等な認知を求めているのであり,多数派に対する優越を誇示するものではなかった。白人・中年・男性・キリスト教徒による,想像上の失地を取り戻そうとする政治運動をオーストラリアにおける右派のアイデンティティ政治と考えることができる。ここで考察する必要があるのは,右派のアイデンティティ政治がポーリン・ハンソンやレイサムのような周辺の政治家によってのみ主張されているのか,あるいは政権政党にも浸透しているのか,という点である。

3　自由党のアイデンティティ政治

　1996年から2007年まで自由党・国民党連合政権を率いたハワードは,1996年の総選挙において,労働党政権が声高なアイデンティティ集団に属した自己利益の伸張のみを考えている少数のための政治を行ってきた一方,自由党は中流オーストラリアの普通の人々,すなわちメインストリームを代表していると位置づけた (Brett 2005: 22-23)。この選挙において自由党は,「われわれみんなのために」(For All of Us) をスローガンとした。キーティング政権下で先住的土地権法 (Native Title Act) をめぐるキーティング首相との交渉で頭角を現したアボリジナルの有力なリーダーであるノウェル・ピアソンは,「『われわれみんなのために』というスローガンを初めて耳にした瞬間,それは『しかし彼らのためではない』(but not for them) ということだと直感した」と述べている。すなわちピアソンは,ハワードが先住民族を国家全体の利益に逆行する声高な「彼ら」と位置づ

けたと察した（Brett 2005：31）。自由党研究の第一人者である政治学者ジューディス・ブレットは，左派の論者の多くが「われわれみんなのために」というスローガンを右派ポピュリズム，右からのアイデンティティ政治の始まりと受け止めた，と記している（Brett 2005：31）。ハワードは，先住民族に対しメインストリームの一部になること以外将来はないと説き（*Sydney Morning Herald* 2007/08/28），公立学校における教育ではポリティカル・コレクトネスが過度でメインストリーム的価値に関する内容が充分ではないと批判した（Clark 2007）。

　2018年8月24日に，マルカム・ターンブルが自由党の党首の座を失い首相の座を追われたとき，自由党保守派の一部から「ベース」という言葉が聞かれた。たとえばクレイグ・ケリー下院議員は，「自由党はきわめて保守的な『ベース』の上にある」と述べているし，コンチェッタ・フィエラヴァンティ゠ウェルズ上院議員は，リベラル派と保守派が共存していたジョン・ハワード首相の時代と異なり，ターンブルのもとで自由党が左に寄り過ぎていると「ベース」は感じている，と主張している（*ABC Four Corners* 2018/08/27）。自由党保守派が「ベース」と呼ぶコアな支持層に訴える政策の内容は，以下のように集約できる（Brett 2018b；Seccombe 2018c；Wallace 2018a）。

①人種に基づく移民政策の再導入と移民の大幅な削減
②多文化主義政策への消極性
③キリスト教と西洋文明の優越性への信念とそれに対比するような先住民族の軽視
④同性婚や候補者選考におけるクォータ制度への反対に示されるジェンダー・セクシュアリティ政策への敵意
⑤（必ずしもアイデンティティ政治とは言い難いが）環境・エネルギー政策における気候変動・再生可能エネルギーの否定と石炭火力への依存継続

このような特徴を考えると，自由党保守派にとっての「ベース」とは，

やはり「白人・中年・男性・キリスト教徒」が大きな部分を占めると考えることができる。

　スートポマサンは，右派によるアイデンティティ政治とその結果もたらされたレイシズムの台頭の結果，「人種政治が復活しようとしており，人種間の調和に対する最大の危機が議会内やメディアの一部からきている」と警鐘を鳴らした（Soutphommasane 2018）。スートポマサンは，2013年の政権発足以来，自由党・国民党連合政権が二度にわたってヘイト・スピーチを禁止する人種差別禁止法18条C項（人種差別的中傷禁止条項）を骨抜きにしようと試みたことを指摘し，このように考察している。

　　18条C項を変更しようとする動きは，イデオロギー的熱情とある種のアイデンティティ政治に突き動かされている……18条C項に反目する人々は，人種差別禁止法をポリティカル・コレクトネスの行き過ぎであり，多文化主義アイデンティティ政治は「文化的マルクス主義」と手を組んでいると考えている……彼らは，エスニック・マイノリティの一部が，差別禁止法のもとで「オーストラリアのメインストリーム」以上の保護を受けていると信じている……。
　　アイデンティティ政治というならば，いったい誰がそれを実行しているのであろうか。18条C項の削除がエスニック・マイノリティによって息苦しくさせられている「オーストラリアのメインストリーム」のためというならば，それも一種のアイデンティティ政治ではないだろうか。「オーストラリアのメインストリーム」あるいは「中流オーストラリアの価値感」といった言葉が，人種的なものの暗号として使われているとき，「文化的マルクス主義」が西欧文化を切り崩しているというとき，それもアイデンティティ政治を反映したものではないのだろうか。
　　もちろんそうなのだ。一部の人々の特権を維持し，それ以外の人々を分相応の場所に閉じ込めておこうとするアイデンティティ政治なのだ（Soutphommasane 2018）。

スートポマサンの指摘で特に重要な点は，右派アイデンティティ政治の実行者として自由党の主要閣僚を名指しした点にある。2018年1月，ピーター・ダットン内務相は，「メルボルンでアフリカ出身の若者ギャングが暴れており，市民は外食にも行けない」と発言し（*Guardian Australia* 2018/01/04），同年7月にはターンブル首相も「メルボルンでのスーダン系ギャングに対する不安は現実のものだ」と半年前のダットン発言を支持した（*Guardian Australia* 2018/07/25）。ダットンはまた，南アフリカの白人農民を人道上の移民として優先して受け入れるべきと発言し（*Fairfax Media* 2018/03/15），ジュリー・ビショップ外相から批判されたものの，アボットはじめ多くの自由党議員の支持を集めた（*Fairfax Media* 2018/03/19；*West Australian* 2018/04/10）。さらにアボットは，「オーストラリア社会への統合が困難であるからアフリカからの移民を受け入れるべきではない」と発言した（*Fairfax Media* 2018/07/25）。

ハワードは，首相時代に多文化主義という単語の使用に消極的であった（Soutphommasane 2019）。移民を管轄する省の名称について，長年「移民・エスニック担当省」（Immigration and Ethnic Affairs）や「移民・多文化主義担当省」（Immigration and Multicultural Affairs）が使われていたが，ハワード政権末期の2007年に「移民・市民権省」（Immigration and Citizenship）と改名された。さらに2013年にアボット政権が誕生すると，「移民・国境防衛省」（Immigration and Border Protection）と改名され，移民の定住支援から入国管理の色彩が強くなり，さらに2017年には「内務省」（Home Affairs）となって，「多文化主義」はおろか「移民」という単語まで消えてしまった。

オーストラリアは，1970年代以来半世紀近く多文化主義を成功裏に実践し，そのことを超党派で誇ってきたが，自由党内の保守派は，キリスト教と西洋文明が多文化主義社会の中のひとつではなく他に優越する存在であると考えているように思われる。また，労働党がエスニック・コミュニティを新たな党員獲得の場として大量入党させ，派閥間の予備選挙や党大

会の代議員選出争いに利用したように（branch stacking），複数の自由党州支部は，保守的な福音派キリスト教徒やモルモン教徒を大量入党させている（Brett 2018a；Seccombe 2018c；*Nine Media* 2019/03/02）。またクィンズランド州支部では，州議会において党議拘束が外されたため中絶法改革に賛成した議員に対し，公認の取り消し処分が取りざたされている（Seccombe 2018c）。

また，アボットは，旧知であった資産家ポール・ラムズィの遺産を用いて西洋文明に関する学位コースを国内の大学に設けようとしている。アボットは，オックスフォード大学のローズ奨学基金を範とするとしてセシル・ローズを気前の良い慈善家として絶賛し，ラムズィ西洋文明センターの目的を「単に西洋文明を研究する（merely *about* Western civilisation）だけでなく，西洋文明をひいきする（*in favour* of it）」と述べている（強調は原文どおり）。アボットは，カリキュラム上アジアと先住民族と持続可能性の視点が重視され，カトリック系の学校ですらキリスト教の信仰に深く焦点を当てることを怠っていることを嘆いている（Abbott 2018）。ラムズィ・センターは，大学との協議の中でカリキュラムの内容や教員の採用についてもセンターが大きな発言権を持つということを主張し，大学教員の反発を招いている（*Guardian Australia* 2018/06/06）。

ハワード政権以来，自由党・国民党連合は歴史認識をめぐって左派と論争を繰り広げているが，昨今その中心となっているのが1788年に流刑船団が現在のシドニー湾に投錨・上陸した1月26日をオーストラリアのナショナル・デイとする「オーストラリア・デイ」である。1988年に当時のホーク政権が入植200年を大イベントとして祝福したことを契機に，先住民族にとっては侵略と占領，それに大量虐殺が開始された屈辱と服喪の日であるとの考えが，先住民族や先住民族に共感する人々の間で高まっている（Heiss 2017；Daley 2019）。この日はまた，9月17日の市民権の日と並んで地方自治体が市民権授与式を行う日とされてきたが，グリーンズの影響が強い自治体を中心に，市民権授与式を他の日に移すケースが出てくるよ

うになった。2018年，ターンブル政権はそのような自治体が市民権授与式を行う権限を剥奪し，2019年に入るとモリソン政権は，1月26日に市民権授与式を行うことを義務づける法律の制定を示唆した（*Guardian Australia* 2019/01/13）。

　モリソンがこの問題を総選挙目前となっている2019年1月に提起したのは，自由党・国民党連合がナショナリズムとメインストリームを代表する政治勢力である一方，先住民族とそれに共感する進歩的な人々やそれに連なる労働党は，一部の声高なマイノリティを代弁するにすぎないと位置づけ，多数派のアイデンティティ政治を動員しようとする試みであろう。しかしながらこの試みは成功するであろうか。オーストラリア・デイを他の日に移すという議論は，グリーンズの間では強いかもしれないが，労働党はショーテン党首がそれを変更するつもりがないことを明言している（*The New Daily* 2019/01/14）。ペンネイとボンジョルノの分析によれば，1月26日をオーストラリア・デイとすることについて，自由党・国民党支持者の間では85％，労働党支持者の間でも62％が賛成しており，賛成が少数なのはグリーンズ支持者（38％）のみであり（Pennay and Bongiorno 2019），この問題で労働党を少数利益の代弁者と攻撃することは困難である。その一方で，1990年代後半ヴィクトリア州の自由党政権を率いたジェフ・ケネットは，さまざまな要因を考慮した結果，オーストラリア・デイを他の日に移すべきとの結論に達したと述べており（*Nine Media* 2019/01/26），保守側が統一した立場を維持できるかどうかも疑わしい。

　キリスト教保守派が強くこだわっているのが同性婚への反対であり，フィエラヴァンティ＝ウェルズは，2017年12月に成立した同性婚をめぐる婚姻法改正が，郵便調査で得た圧倒的な支持の上に実現したにもかかわらず，「ベース」を大きく傷つけたと主張している。政治学者マリオン・マドックスによれば，自由党はハワード政権時代から性的マイノリティに反対する勢力を養成していたという（Maddox 2005：30）。セクシュアリティの問題と並んで自由党・国民党連合の保守派は，ジェンダーの平等も

受け入れようとしないようだ。2018年11月現在，オーストラリア連邦議会の女性議員は，下院が150人中45人であり（世界第49位），上院では76人中30人となっている。労働党は，1994年に当選可能な候補者の35％を女性とするとの党内クォータを定め，2015年には50％に引き上げた（Wallace 2018b）。その結果下院議員では42.0％，上院では57.7％，合計すると46.3％を女性議員が占め，リーダーグループの半数が女性となった。一方自由党は，下院19.0％，上院32.0％，合わせて22.9％である。さらに8月のリーダー争いの際には，複数の女性議員が議員団ないしは党支部から不当な圧力を受けたとの声を上げ，次回選挙には立候補しないと表明する議員も現れた。女性だけでなく女性問題に理解を示す男性有権者からも離反を招いている可能性がある（Brent 2019）。

　気候変動の問題は，アイデンティティ政治とは直接の関係はないが，気候変動を否定し石炭火力発電や新規の炭鉱開発を求める勢力と右派アイデンティティ政治を主張する勢力は重なる部分が多い。オーストラリアにおける気候変動対策の混迷は，ハワード政権が京都議定書において気候変動ガスの排出増加が認められながら，ブッシュ政権への配慮や化石燃料産業の働きかけによって批准を拒んだことに始まり（杉田 2008），政権交代のたびに前政権の施策が撤回されるなど20年にわたり混乱と無策が続いている。モリソン政権は，党内保守派が求めるパリ協定からの脱退は退けたが，気候変動ガス排出削減のために必要な手段を放棄した（*Australian Financial Review* 2018/11/16）。自由党は本来ネオリベラリズム的経済政策を掲げている。ところが，2017年にニューサウスウェールズ州で発電事業を行っているAGL社が，リデル石炭火力発電所を老朽化のため2022年に閉鎖し，跡地を再生可能エネルギーに使用する計画を発表すると，AGL社に対し石炭火力を継続させるか，競争相手に売却させて石炭火力を継続するか，あるいは国有化するといった意見が党内から噴出した（*Fairfax Media* 2018/03/29；*Guardian Australia* 2017/12/10，2018/04/08；Brett 2018b）。自由党保守派が何としても石炭産業を維持しようとす

るあまり，オーストラリアには気候変動政策やエネルギー政策が不在となり，企業にとって先の見通しや投資計画を立てられない状態に陥っており，産業界全体から強い不満の声が上がっている（*Guardian Australia* 2018/11/16；*ABC Insider* 2018/11/18）。

　以上のように，自由党内で「ベース」回帰を唱える人々の主張をみると，政治的な弱者の立場に置かれていた集団が認知され，平等な権利と公正な扱いを認められるようになったことに危機感を抱いたメインストリームによるバックラッシュと位置づけることができる。左派によるアイデンティティ政治によって，マイノリティの政治的発言力・影響力が増していると考えた保守派の一部が，白人・中年・男性・キリスト教徒といったアイデンティティ政治によって対抗し，現実あるいは想像上の失地を取り戻そうとする政治運動と解釈することもできよう。ジャーナリストのニック・オマリーが「反動勢力」と位置づけた（O'Malley 2018）この勢力の主張が，社会の亀裂や有効な環境・エネルギー政策の欠如，外交・貿易政策への悪影響などの形で顕在化してきている。

　それでは，そのような主張はどのようなチャネルで有権者に伝わり，その背後にはどのような勢力があるのであろうか。ターンブルは，首相を失うことに至った背後にルパート・マードックが所有するメディアの存在と，「ショック・ジョックス」とよばれる極右ラジオ司会者の存在を挙げている（*ABC Q&A* 2018/11/08）。マードックのメディアという場合，オーストラリア唯一の一般全国紙であるオーストラリアン紙，ウェスタンオーストラリア州を除くすべて州の州都で発行されているタブロイド紙，それにケーブルTV局のスカイ・ニュースの3つに分けられる。このうち，オーストラリアン紙の読者はエリート層，タブロイド紙の読者は一般大衆と位置づけられる。シドニーのラジオ局2GBを中心に配信される「ショック・ジョックス」たちのラジオに耳を傾けるのも，タブロイド紙の読者と同様一般大衆といえる。スカイ・ニュースは，午後6時以降になると「Sky after dark」と異名を取り，反動的なコメンテイターや議員が跳梁

する場となり，ナチス信奉者を登場させたこともある（*Fairfax Media* 2018/08/07；*Guardian Australia* 2018/08/09）。ケーブル局である「Sky after dark」の視聴者数はきわめて少ないが，自由党・国民党の支持者をワン・ネイション党支持者に転向させているともいわれ（*Fairfax Media* 2018/08/23），自由党・国民党議員団に対する影響力は大きい。彼らの考えでは，ワン・ネイションへ離反した支持者を取り戻すことができるのは保守派のダットンということになる。

　自由党保守派のイデオロギー面を支えていると考えられるのが，メルボルンのネオリベラル系シンクタンク，公共問題研究所（Institute of Public Affairs：IPA）である。IPAは，ネオリベラル的な側面から，また「言論の自由」の視点から政府の介入を排除するという理由で，パリ協定からの離脱，再生可能エネルギーに対する支援の中止，人種差別禁止法18条C項や人権委員会の廃止，公共放送ABCの民営化などを提言している（*Crikey.com* 2013/09/18；IPA 2018/08/28）。自由党議員の中には，IPAの研究員あるいは職員出身者も多い。また，ジャーナリストのマイク・セコムによれば，IPAの2015-16年度の収入496万ドルのうち230万ドル，2016-17年度の610万ドルのうち220万ドルが，オーストラリア屈指の富豪であり石炭と鉄鉱石で事業を展開しているジーナ・ラインハートからの寄付で占められているという（Seccombe 2018a）。オーストラリアにおいて右派のアイデンティティ政治を担う保守政治家の多くが，同時に気候変動を否定しかたくなに対策に反対しており，その背後にBig Coalと称される石炭を中心とした鉱物資源産業があるといわれている。ジャーナリスト時代は極右政治家ポーリン・ハンソンの取材やハワード政権批判の著作で知られるブロガーのマーゴ・キングストンは「Big Coalとはジーナ（ラインハート）のことだ」と述べている（筆者とのインタビュー）。

4　オーストラリア自由党におけるイデオロギーの系譜

　オーストラリア自由党のこれまでを振り返ってみると，いわゆる「ベース」が決して同党の主流ではなかったことが確認できる。現在の自由党は，1944年に四分五裂となっていた統一オーストラリア党を，ロバート・メンジーズが再結集したことで誕生した。しかしながら，自由党の現状を理解するには，リベラル勢力（保護貿易派）と保守勢力（自由貿易派）が合同した1909年までさかのぼる必要がある。オーストラリアの政党制が形成されたときにはすでに男性普通選挙権が確立されており，1890年代にオーストラリア労働党が結党され議会進出を決めると，即座に一定の議席を得ることができた。この結果20世紀初頭の連邦議会は，リベラル勢力と保守勢力に労働党を加えた鼎立状態であった。1909年まで首相の交代が相次いだが，保護貿易派が労働党の閣外協力を得て政権を担当することが主流であり，1970-80年代まで続く社会・経済政策を立案し立法化した（杉田2009：123）。ところが保護貿易派は，選挙を重ねるごとに労働党に支持を奪われ，1906年には第3党に転落した。労働党が，保護貿易派との協力関係を解消し単独政権を志向することを明らかにしたため，保護貿易派を率いてきたアルフレッド・ディーキンは，それまで協力関係にあった労働党と袂を分かち，敵対関係にあった自由貿易派との合同を決意した（杉田2009：123；Brett 2017：381-387）。このように，オーストラリアの二党制において「保守連合」としばしば呼称される自由党・国民党連合のシニア・パートナーである自由党は，リベラル勢力と保守勢力がリベラル勢力の主導によって合流することで誕生したのであり，リベラルと保守は常に自由党内に内在されてきた。

　メンジーズは，1944年に自由党を再結成した際，「保守党」ではなく「自由党」を党名としたことについて，「われわれは，意図的に『リベラル』という党名を選んだ。なぜならわれわれは，新たな試みに挑む進歩的

な党であり，決して反動的ではなく，個人と，個人の権利と，個人の進取の気性を信じているからなのだ」(Walker 2018) と説明している。メンジーズは，パタナリスティックな政治家で決して現代的な意味でのリベラルではなかったが，現実的かつ柔軟な政治家であり，労働党の政策であってもよいと考えたものは躊躇なく採用した（Ward 1992：286）。この現実性と柔軟性こそが，自由党・国民党政権が1949年から72年まで23年間継続し，メンジーズはそのうちの16年間首相であり続けた理由であろう。

　自由党・国民党連合政権が1972年12月にいったん下野したのち，政権を奪還したのがフレイザーであった。フレイザーは，多数を得た上院で経常支出法案（サプライ）の審議・採決を拒否することで「憲政危機」を作り出し，1975年11月11日にジョン・カー総督がウィットラム労働党政権を解任したことで政権を奪取した。そのため首相在任中は労働党支持者の憎悪の的となった。しかしフレイザー政権の移民・多文化主義・難民・先住民族・外交などにおける実績を振り返ると，ウィットラム以前に引き戻すのではなく，ウィットラムの政策を発展させていったことが明らかである（杉田 2014：143-145）。フレイザーが，社会・外交政策でウィットラムの政策を継承したとすれば，差別化を図ったのは経済政策であった。フレイザーは，サッチャー英首相やレーガン米大統領を先取りするようなネオリベラル的経済政策を提唱したが，それはあくまでレトリックにとどまり，その結果自由党内ではネオリベラル的経済改革の徹底を主張する一部議員の活動が活発となった。当時はまだ議員団内でもきわめて少数にすぎなかった「ドライズ」とよばれるこのグループは，1983年の総選挙でフレイザーが敗北し，労働党政権がホーク首相，キーティング財務相のもとネオリベラル的経済構造改革に着手すると，党内で勢力を拡大していった。

　また，強力な指導力で党を統率していたフレイザーの退陣は，党首の座をめぐる党内の争いが激化することを意味した。労働党政権が続いた1983年から96年までの13年間，自由党の党首の座は，延べ6人の間で目まぐるしく変わった。「自由党は労働党と異なり党内派閥は存在しない」とよく

耳にするが，いくつかの傾向は存在していた。政治学者パトリック・オーブライエンは，1980年代半ばの自由党に10の傾向が存在すると指摘した。オーブライエンは，ケインズ的な福祉国家を維持し社会政策ではリベラル派である「ディーキン的ウェッツ」と，「ドライズとして知られる経済合理主義者・新保守主義者」との対立軸を設定し，さらに重要なプレイヤーとしてオーストラリアの伝統的保守主義を体現する「鉱山資本，神学者，保守思想家」を挙げた。オーブライエンは，労働党政権下で政労合意である物価・賃金協定（アコード）に代表されるようなコーポラティズムが進行する中，自由党にとってドライズの道をたどるしかないと結論づけた（O'Brien 1985：213）。1980年代の自由党における路線対立はドライズの勝利に終わり，経済政策におけるネオリベラリズムの勝利により，ウェッツは穏健派（モデレーツ），ドライズは保守派とよばれることが多くなっていく。ウェッツ／ドライズが穏健派／保守派に変わっていくことは，労使関係を含む経済政策に関する党内の議論が収束し，それ以降は先住民族の権利，多文化主義，移民・難民政策などアイデンティティにかかわる問題や気候変動をめぐって党内が二分されていくことを意味した。

1990年代前半は，それでもジョン・ヒューソン党首（1990-94）など穏健派が党の要職にあった。経済学者出身のヒューソンは，1993年総選挙で*Fightback!* と名づけた15％の消費税（GST：Goods and Services Tax）導入，労使関係の使用者寄りの大規模な改定，健康保険制度の実質民営化などネオリベラル原理主義ともいえる政策を掲げ，深刻な不況の中で圧倒的有利とされた選挙に敗北した。その一方で，ヒューソンは早くから気候変動の重要性に着目し，1993年総選挙では気候変動ガスの排出量を2000年までに1990年レベルから20％削減するという労働党よりも進んだ政策を掲げていた（著者とのインタビュー）。ヒューソンは，気候変動に加え多文化主義や難民政策について活発な発言を続けている（Hewson 2018）。

1993年総選挙における自由党・国民党連合の思わぬ敗北は，ヒューソンが前面に掲げていた急進的ネオリベラル改革の敗北であったが，2年後に

ハワードが党首に復帰する道も開いた。ハワードは，自由党が広い間口を持ち（broad church），保守とリベラルの共存にその真骨頂があると主張していた（Dodson 2005 ; *ABC 7.30* 2018/11/27）。しかしヒューソンは，「ハワードのbroad churchという主張に対し誰も突っ込まなかったが，彼の教会の間口は狭かった」と批判している（著者とのインタビュー）。ハワードは，ハンソンの人種差別的な議会スピーチの批判に消極的であり，先住民族に対する謝罪を拒み続け，先住的土地権改正法案が上院で否決されたことを利用して先住民の権利を争点とした人種選挙を仕掛けようとした[7]。ハワードは，2001年8月下旬に起きた「タンパ号事件」を発端として難民希望者にきわめて厳しい態度を取ることで，同年11月の総選挙をイスラム教徒の難民希望者を争点とした人種選挙とすることに成功し，消費税導入に伴う劣勢を逆転して勝利した。女性の議員や閣僚への登用に関しても，自由党は従来労働党に先んじていたが，1980年代半ばにハワードが党首になると一気に消極的になった（Baird and Bold 2019）。

　ハワードは，1989年にいったん自由党党首の座を失ったが，その原因のひとつは人種問題であった。フレイザーは，ハワードが1977年5月の閣議においてヴェトナム難民の受け入れを決めた際，少なくとも消極的であったことを記している（Fraser and Simons 2010：425）。自由党党首となったハワードは，1988年8月，アジアからの移民が過剰であり削減する必要がある旨発言し（Bob Hawke, *House of Representatives Hansard* 1988/08/25），これに対しホーク政権が非差別的な移民政策を再確認する動議を提案するとハワードは党議拘束をかけてこれに反対した[8]。このときのハワードの失敗は，対象をオーストラリアの経済的利益に直結するアジアからの移民全体に広げたことであり，21世紀に入るとその対象を中東や南アジアからのイスラム教徒の難民希望者，さらに2018年になるとハワードの後継者たちはスーダンやソマリアなどアフリカからの，その多くはムスリムの，難民や移民に絞り込んでいった（Seccombe 2018b）。

　セコムが「闇の天才」（dark genius）と評するハワードの政治的な技量

により (Seccombe 2018b)，ハンソン支持者は自由党・国民党連合政権への支持へ取りこまれていった。ハンソンの主張は，多文化主義，アジア移民，難民，先住民族への敵意だけでなく，グローバル化とネオリベラリズムに対する批判も含んでいた（Pauline Hanson, *House of Representatives Hansard* 1996/09/10）。ハワードは，先住民族に対する謝罪を拒むことと，難民希望者に対してきわめて厳しい態度を示すことでハンソン支持者の不満をこの二点に集中させて吸収し，その一方でネオリベラル的経済政策を維持し，産業界が要望していた技能移民を中心とした移民の受け入れを拡大した。対中国向け鉱物資源輸出の飛躍的な増大は連邦財政に大きな増収をもたらし，ハワード政権が所得税減税や「中流階級向け福祉」（middle class welfare）とも揶揄される社会保障を拡大することを可能にした。このこともまた，ネオリベラリズム批判を抑える要因となった。

5　首相交代劇と党内保守勢力

　2018年8月24日，自由党の臨時議員総会が開かれ，まず党首の座を空席にする動議（spill motion）が可決されてターンブル首相が党首を辞任した。保守ではあったがターンブルを支えていたスコット・モリソン財務相が，保守派が担いだダットン内務相，リベラル派のビショップ外相を下し，第30代首相に就任した。オーストラリアで任期途中の「クーデター」によって首相が交代するのは，1971年，1991年，2010年，2013年，2015年に続いて6度目であるが，近年では4期連続して選挙で勝利した首相が任期を全うできていない。任期途中の首相交代は超党派の現象である。2010年と2013年の政変は労働党政権下で起き，2013年9月の選挙で労働党が大敗する大きな要因となった。ケヴィン・ラッドとジュリア・ギラードが死闘を繰り広げた労働党の場合，問題はラッドの政治手法であり，ラッドとギラードとの間のパーソナリティの対立であって，政策の内容やイデオロギー争いではなかった（杉田 2016）。

2015年と2018年の政変を起こした自由党の場合、ヒューソンは、100％パーソナリティの問題と考えている。ヒューソンによれば、2018年の首相交代劇は2015年にターンブルによって首相の座を追われたアボットによる破壊的な復讐であった（著者とのインタビュー）。ブレットは、パーソナリティの衝突や州による地域性の違いといった側面があることを認めつつ、自由党内でキリスト教保守派の台頭が著しいこと、気候変動への懐疑や否定が自由党保守派のアイデンティティになっていることを指摘し、イデオロギー対立の面があることを認めている（著者とのインタビュー）。キングストンは、首相交代劇を自由党内のイデオロギー対立に求めている。キングストンによれば、アボットやダットンの真の狙いは、移民や人種問題を争点化し、人種に基づいて選別する移民政策を掲げてオーストラリア政治を「トランプ化」し、次回選挙の勝利を狙うことにあった（著者とのインタビュー）。

　2015年9月にターンブルがアボットから首相の座を奪った際、アボットの独断専行的政治手法と数々の奇行にうんざりしていた有権者は、ほっとすると同時に自由党を代表するリベラル派であるターンブルが新たな方向性を示すことに期待していた（杉田 2015：29-30）。しかしながらターンブルは、党内保守派の支持を得るため同性婚や気候変動に関してアボット政権の政策を継続すると約束し、その結果有権者が期待した政策を実行することができず、支持率の低迷につながった（杉田 2018：166-167）。ハーチャーは、「マルカム・ターンブルは、政治上の魂を悪魔に売り渡すというファウスト的な取引によって首相の座を得た。いま、悪魔は清算を求めている。ターンブルは、トニー・アボットの政策を実行するという条件で、そして選挙に勝つという前提で、首相になったのだ」と記している（Hartcher 2018a）。そして、どれほど保守派の要求を満たそうと、ターンブルは保守派からは正当な自由党の党首とは認められなかった（*Fairfax Media* 2018/11/22）。

　ハーチャーやスートポマサンは、自由党のアイデンティティ政治を「多

数派の」あるいは「強者が特権を維持するため」と性格づけている。しかしながら，こういった自由党のアイデンティティ政治を主張する保守派が「ベース」とよぶコアな支持層は，どれほどの広がりを持つものなのであろうか。ブレットは，自由党の党員数が全国的に多く見積もっても5万人にすぎないことを指摘している。また，「ベース」にとって決定的に重要とされる同性婚に関し，全有権者の約80％が参加した郵便調査において，アボットの選挙区では75％が賛成している。自由党の「ベース」とは，多く見積もっても有権者の25％程度のものではないか。また議員団の中では，労働党のようなフォーマル化した派閥が自由党には存在しないため推測の域を出ないが，リベラル派と保守派はそれぞれ議員団の4分の1程度と考えられる（Speers 2018）。

　キングストンは，この議員団の一部にすぎない保守勢力が，自由党（自由党・国民党連合）を右方向に牽引し，ワン・ネイションと一体化して「トランピズム」に持ち込もうとしているとみている。長く支持率で労働党の後塵を拝している自由党・国民党連合にとって，トランプ的手法によって人種を争点とすることで社会の分断に持ち込み，大都市郊外の白人中年男性を中心とする労働党支持者を転向させることが，次期選挙に勝利する唯一の手段ということである（著者とのインタビュー）。モリソンは，次年度の移民受け入れを3万人規模で縮小し，国連移民協定に加わらないことを発表した。メルボルン都心でイスラム教徒によるテロ事件が起こると，ムスリム・コミュニティのリーダーをツィッター上で非難している（*Guardian Australia* 2018/11/21；*ABC News* 2018/11/21；Maley 2018）。ターンブルは，頻繁に「オーストラリアは世界で最も成功している多文化主義社会である」と発言していたが，モリソンは多文化主義という用語を使用せず「世界で最も成功した移民社会」と述べている。スートポマサンが指摘するように，モリソンが意図的に多文化主義ではなく移民社会という単語を使うということは，同化主義的な移民社会を志向していると考えざるをえない（Soutphommasane 2019）。

オーストラリアにおけるアイデンティティ政治とは，保守派が想像した「労働党によるアイデンティティ政治」への対抗として，「ベース」の支持を補強するために動員されている部分が大きい。しかしこれまでみてきたとおり，労働運動を背景として成立し，いまでも組合の影響力が大きい労働党は，アイデンティティ政治を行っているとは言い難い。さらにオーストラリアでは，以下の理由から右派アイデンティティ政治が機能しないであろう。まず第1に，強制投票制度によって90％以上の投票率が確保されているので，25％の「ベース」は選挙で勝利するために必要であるとしても充分には程遠い。第2に，優先順位つき投票制度のもとでは，たとえ極右候補が選挙区で最も多くの票を得たとしても過半数には届かず，他の候補から有利な優先順位を得る必要がある。第3に，人口構成は約28％が移民第一世代，約21％が第二世代であり，本人ないし親が国外で生まれた人々が半数に近い。出生国別では，英国とニュージーランドに次いで中国，インド，フィリピンが上位に連なる（ABS 2017）。オーストラリアの多文化主義は，社会的流動性が高い特徴を持ち（杉田 2017），多様性の維持と共に市民社会への統合も推進してきた（Soutphommasane 2012）。このような環境を考えると，人種選別的な移民政策に耳を傾ける可能性は低い。第4に，世界金融危機の影響を，マイナス成長が2008年12月期のみといったように最低限で抑えることができた。その結果ヨーロッパのような経済危機は回避することができ，極右ポピュリズムの台頭も抑えられている。第5に，社会的弱者を温かく見守り政府がおかしなことをすればたちまち立ち上がる市民社会が存在する[9]。

6　政党政治への影響

　このような政治・社会環境の中で，「ベース」のために党を大きく右に振るということは，いわゆるミドル・グラウンドを放棄することにほかならない。事実，2018年11月に行われたヴィクトリア州議会選挙は，労働党

の地滑り的勝利に終わった。投票日3カ月前に起きた首相交代劇と連邦自由党の混乱が寄与していることは疑う余地がない。また，保守派が党組織の主導権を握った自由党州支部は，アフリカン・コミュニティをターゲットにした「法と秩序」を争点にし，キリスト教原理主義に基づいて学校におけるLGBT教育に反対するといった政策を打ち出していた。同州はオーストラリアで最も進歩的であると考えられており，この選挙では反動的な政策を議員団に強いた院外の保守勢力に対するバックラッシュが起きたと分析することができる（*ABC News* 2018/11/25）。

　オーストラリアの政党制は，政権の争奪に関していえば労働党対自由党・国民党連合の二党制であり，ミドル・グラウンドをどちらが取るかで勝敗が決する。労働党は，今世紀に入ってグリーンズの台頭により大都市の都心選挙区で左からの挑戦に苦慮してきたが，ミドル・グラウンドを放棄して左の「ベース」に回帰すべきだとの議論はない。ミドル・グラウンドの放棄は，自由党・国民党連合に政権を長期にわたって明け渡すことになるからである。一方，自由党の保守勢力は，「政権の座にあって譲歩や妥協をするよりも，野党にあってイデオロギー的にピュアであることを志向している」（O'Malley 2018）。強制投票制度のもとでミドル・グラウンドをないがしろにすることは，ヴィクトリア州議会選挙で起きたように致命的な結果となる。

　2016年選挙以降の世論調査の推移をみると，労働党は左翼部分をグリーンズに奪われたかもしれないが，「ベース」に気を取られた自由党・国民党連合からミドル・グラウンドを獲得してリードを奪っている。その一方，リベラルな自由党支持者にとって，組合の影響力が強い労働党に投票することが心理的に難しい場合もあると考えられ，その場合は自由党で保守勢力の影響が大きくなると，政党スペクトラムの中心的な部分に大きな空間が生じる。そうした空間を埋めようとしているのが，リベラル系無所属候補である。ターンブル失脚直後に行われたニューサウスウェールズ州議会の補欠選挙では，自由党公認候補が28％以上の票を失って無所属候補が当

選した。またターンブルが議員を辞職した結果行われた補欠選挙では，自由党公認候補が19％の票を失い，無所属で元オーストラリア医師会会長のケリン・フェルプスが議席を獲得した。この結果，連邦下院において二大政党以外のクロス・ベンチ議員が6人となったが，この中でも自由党の安全選挙区と考えられていた3選挙区で自由党候補を破って当選したキャスィー・マガウアン，レベッカ・シャーキー，それにフェルプスの3人の女性議員が注目されている。この3人は，過去に自由党とかかわりを持ったこともあり，また気候変動や難民問題について明確にリベラルな立場を打ち出し，地元密着型の選挙運動にソーシャル・メディアの有効な利用を組み合わせる選挙戦を行ったという共通点を持つ。ターンブルが首相の座を失った3カ月後に自由党を離党したジュリア・バンクスは，反動的で退行的な右派によって自由党が変わってしまったことを離党の理由に挙げ，マガウアン，シャーキー，フェルプスと同様に中道リベラル志向を示した（Julia Banks, *House of Representatives Hansard* 2018/11/27）。また，アルペンスキーの五輪メダリストで現在は法廷弁護士であるザーリ・ステガルが，リベラル無所属としてアボットに対抗し立候補することを表明した（*Guardian Australia* 2019/01/27）。

　オーストラリアの強制投票制度のもとでは，安全選挙区で相手に大差をつけて当選してきた議員は，これまで議席を失う可能性に脅かされることがなかった。しかしながら，自由党・国民党連合の一部議員が，選挙区の利益を代表するのではなく，極度に保守的なイデオロギーやアイデンティティ政治を追求していることへの反発が強まり，それまで自由党あるいは国民党にしがみついていた支持が剝がれ落ちはじめている（rusted off）。自由党・国民党連合に対抗し，地方選挙区でリベラルな無所属候補のネットワークを構築する動きもある（Chan 2018）。有権者が既存政党から剝がれ落ちれば，強制投票制度のおかげで棄権というオプションがないため，有力な無所属候補の支持が高まることが考えられる。また，優先順位つき投票制度は，それまで安全に議席を確保し続けてきた政党の候補者の第1

次選好得票率を45%以下に引き下げ，候補が3人まで絞られた時点で2位に入っていれば当選する可能性が生じることを意味する。マガウアンやフェルプスは，このようにして議席を獲得した。

　自由党保守派やその支持者の一部は，労働党がエスニック・グループや難民支援者，先住民族や女性，LGBTIQコミュニティなどアイデンティティ・グループの支持を受け，マイノリティのためのアイデンティティ政治に囚われている一方，自らは多数派であるメインストリーム，中流オーストラリアの普通の人々ための政治を行っていると主張している。確かにそのようなアイデンティティ・グループの投票行動を分析すると，エスニック・グループの中では東欧難民を例外として労働党により高い支持が寄せられてきた。女性有権者の間では，かつては自由党・国民党が多くの票を得るジェンダー・バイアスがあったが，こんにちでは労働党がより多くの支持を得ている。先住民族の間でも労働党の支持がより大きい。労働党は，確かにマイノリティや弱者に配慮した政策を取っているが，それは労働党のイデオロギーの根本にある社会民主主義的再分配や社会的正義の延長線上にある。自由党がエスニック・グループの支持を失った背景には，ハワードによるアジア移民発言，女性票に関してはハワード体制以来女性議員が置かれてきた状況，先住民族に関しても保守の一部にみられる人種差別的な傾向やハワードによる謝罪の拒否など，自らの政策や政治的な姿勢によるところが大きいのではないか。

　自由党保守派の主張こそが，現在のオーストラリアにおけるアイデンティティ政治の実行者であることを示しており，リベラル派ターンブルを首相の座から追うこととなった。2007-13年の労働党政権における党内抗争は，パーソナリティの問題でありイデオロギーや政策の方向性での揺らぎはなかった。自由党の場合，パーソナリティの衝突以上にイデオロギーの対立が大きい。右派アイデンティティ政治が党内では勝利したが，リベラル派主要議員の多くが議会を去り，人材の払底を招いている。その結果，リベラル系無所属候補が自由党・国民党候補の安全選挙区を脅かしつつあ

る。自由党が分裂する可能性も否定できない。オーストラリアの二党制は，明らかに転換期にある。

注

1）レイサムは，2019年3月のニューサウスウェールズ州議会選挙の上院に同党から立候補することを発表し，「これは文明的な価値を守るための戦いであり，左派に包囲されている言論の自由，能力に基づいた選抜，抵抗力（resilience），国を愛することなどを守る戦いである」（*Fairfax Media* 2018/11/07）と述べた。
2）2012年，ジュリア・ギラード首相が，野党党首トニー・アボットの女性に対する態度を厳しく批判したスピーチで，YouTubeで300万回以上の視聴数を記録している。
3）マグレガーはトランス・ジェンダーであり，同性婚に対し否定的なアボットと袂を分かった。
4）モリソンが首相に就任すると，IPAはこのようなビデオをホームページに掲載した。 https://ipa.org.au/ipa-tv/congratulations-prime-minister-morrison-heres-what-we-want-to-see（2018年8月28日閲覧）
5）たとえばターンブルは首相就任直後の2015年10月，ニューサウスウェールズ支部のイベントで「自由党は派閥によって動かされているのではない，派閥は存在しない」と発言し，嘲笑された（*Guardian Australia* 2015/10/11）。
6）オーストラリアでは，長らくネオリベラルについて「経済合理主義（economic rationalism）」という言葉が用いられてきた。
7）そのような人種選挙の可能性に慄然としたブライアン・ハラディン上院議員（無所属）が譲歩し法案に賛成したことで，かろうじて回避された（Kingston 2004：132-135）。
8）このとき，下院では3人の自由党議員が党議拘束を破って動議に賛成し，2人が棄権した。上院でも1人が賛成した。
9）たとえば，強制収監されたスリランカ難民の家族のために立ち上がったクィンズランド州の内陸部の町ビオレアや，難民受け入れのために高齢者施設の一部を開放し，抗議に来た人種差別主義者たちを追い返したメルボルン郊外のエルサムの住民など。

インタビュー

Brett, Judith, Northcote, 2018/09/05.
Chan, Gabrielle, Surrey Hills, 2018/09/10.
Hewson, John, Sydney, 2018/09/10.
Kingston, Margo, Advancetown, Gold Coast, 2018/08/30.

参考文献

Abbott, Tony (2018) "Paul Ramsay's Vision for Australia", *Quadrant Magazine*, April 2018.
Australian Bureau of Statistics (ABS) (2017) 2071.0 – Census of Population and Housing: Reflecting Australia - Stories from the Census, 2016.
Baird, Julia and Sam Bold (2019) "Conservative Parties around the World Have a Problem — and Women Are Losing Patience", *Australian Broadcasting Corporation*, 2019/02/07.
Brent, Peter (2019) "Yes, the Coalition Does Have a Woman Problem", *Inside Story*, 2019/01/09.
Brett, Judith (2005) "Relaxed & Comfortable : The Liberal Party's Australia", *Quarterly Essay*, Vol.19, Black Inc., Melbourne.
―――― (2017) *The Enigmatic Mr Deakin*, The Text Publishing, Melbourne.
―――― (2018a) "'Balmain Basket Weavers' Strike Again, Tearing the Liberal Party Apart", *The Conversation*, 2018/08/23.
―――― (2018b) "The Morrison Government's Biggest Economic Problem? Climate Change Denial", *The Conversation*, 2018/10/19.
Chan, Gabrielle (2018) *Rusted-off : Why Country Australia Is Fed Up*, Vintage, North Sydney.
Clark, Anna (2007) "Flying the Flag for Mainstream Australia", *Griffith Review*, Edition 11, February 2007.
Daley, Paul (2019) "Celebrating Nationhood on 26 January Has Become a Gratuitous Act of Hostility", *Guardian Australia*, 24 January 2019.
Dodson, Louise (2005) "Divergent Views Vital to Howard's Broad Church", *Fairfax Media*, 2005/03/22.
Dyrenfurth, Nick (2017) "The Tragedy of Mark Latham", *The Monthly*, 2017/03/30.
Fells, Elizabeth (2003) "The Proliferation of Identity Politics in Australia : An

Analysis of Ministerial Portfolios, 1970-2000", *Australian Journal of Political Science*, Vol.38 No.1, pp.101-117.

Fraser, Malcolm and Margaret Simons (2010) *Malcolm Fraser : The Political Memoirs*, The Miegunyah Press, Carlton.

Fukuyama, Francis (2018) *Identity : The Demand for Dignity and the Politics of Resentment*, Farra, Straus and Giroux, New York.

Hage, Ghassan (1998) *White Nation : Fantasies of White Supremacy in a Multicultural Society*, Pluto Press, Annandale.

―――― (2003) *Against Paranoid Nationalism : Searching for Hope in a Shrinking Society*, Pluto Press, Annandale.

Hartcher, Peter (2018a) "Malcolm Turnbull Made a Deal with the Devil. Now the Devil Has Called Time", *Fairfax Media*, 2018/08/23.

―――― (2018b) "The Destructive American Fad Australia Needs to Avoid", *Fairfax Media*, 2018/09/29.

Heiss, Anita (2017) "Why I'll Be Working on January 26…", https://wordpress.com/2017/01/23/why-ill-be-working-on-january-26/（2019年1月25日閲覧）

Hewson, John (2018) "We Must Continue to Call Out Racism Everywhere", *The Courier* (Ballarat), 2018/08/09.

Johnson, Carol (2005) "The Ideological Contest : Neo-Liberalism versus New Labor", in Marian Simms and John Warhurst (eds.), *Mortgage Nation : The 2004 Australian Election*, API Network, Perth.

Jupp, James and Juliet Pietsch (2018) "Migrant and Ethnic Politics in the 2016 Election", in Anika Gauja, Peter Chen, Jennifer Curtin and Juliet Pietsch (eds.), *Double Disillusion : The 2016 Australian Federal Election*, ANU Press, Canberra.

Kelly, Paul (2014) *Triumph and Demise : The Broken Promise of a Labor Generation*, Melbourne University Press, Carlton.

Kingston, Margo (2004) *Not Happy, John! Defending Our Democracy*, Penguin Books, Camberwell.

―――― (2018) "Voters of Wentworth Can Present the Nation with a Gift", *Fairfax Media*, 2018/08/26.

Latham, Mark (2014) *The Political Bubble : Why Australians Don't Trust Politics*,

MacMillan, Sydney.

Leithner, Christian (1997) "A Gender Gap in Australia? Commonwealth Elections 1910-96", *Australian Journal of Political Science*, Vol.32 No.1, pp.29-47.

McAllister, Ian and Clive Bean (1997) "Long-term Influences on Voting Behavior in the 1996 Election", in Clive Bean, Marian Simms, Scott Bennett and John Warhurst (eds.), *The Politics of Retribution : The 1996 Federal Election*, Allen & Unwin, St Leonards.

McGregor, Catherine (2018) "The Liberal Party Is Teetering on the Brink of Extinction", *Fairfax Media*, 2018/08/23.

Maddox, Marion (2005) *God under Howard : The Rise of the Religious Right in Australian Politics*, Allen & Unwin, Crows Nest.

Maley, Jacqueline (2018) "Morrison Gets in Touch with His Inner Trumpiness", *Fairfax Media*, 2018/11/25.

Murphy, Katherine (2018) *On Disruption*, Melbourne University Press, Carlton.

O'Brien, Patrick (1985) *The Liberals : Factions, Feuds & Fancies*, Penguin Books Australia, Ringwood.

O'Malley, Nick (2018) "Who is the 'Base' the Conservative Faction of the Liberal Party Keep Talking About", *Fairfax Media*, 2018/10/27.

Pennay, Darren and Frank Bongiorno (2019) "New Research Reveals Our Complex Attitude to Australia Day", *The Conversation*, 2019/01/25.

Sawer, Marian (1997) "A Defeat for Political Correctness?", in Clive Bean, Marian Simms, Scott Bennett and John Warhurst (eds.), *The Politics of Retribution : The 1996 Federal Election*, Allen & Unwin, St Leonards.

Seccombe, Mike (2018a) "Rinehart's Secret Millions to the IPA", *The Saturday Paper*, 2018/07/28.

――― (2018b) "The Politics of Racism", *The Saturday Paper*, 2018/08/04.

――― (2018c) "The Liberals' Religious Right", *The Saturday Paper*, 2018/09/15.

Soutphommasane, Tim (2012) *Don't Go Back To Where You Came From : Why Multiculturalism Works*, NewSouth Books, Randwick.

――― (2015) *I'm Not Racist But... 40 Years of the Racial Discrimination Act*, NewSouth Books, Randwick.

――― (2018) "Counting the Return of Race Politics", *Whitlam Institute Lecture*, Western Sydney University, 2018/08/06.

―――― (2019) "Why Morrison's Preferred M-word Is Migrant rather than Multicultural", *Sydney Morning Herald*, 2019/01/19.

Speers, David (2018) *On Mutiny*, Melbourne University Press, Carlton.

Sugita, Hiroya (2014) "The Party's No Fun Anymore : @hiroyasugita study tour on Australian independents", *No Fib*, 2014/04/04.

Tingle, Laura (2018) "Follow the Leader : Democracy and the Rise of the Strongman", *Quarterly Essay*, Vol. 71.

Walker, Tony (2018) "Why Malcolm Fraser's Political Manifesto Would Make Good Reading for the Morrison Government", *The Conversation*, 2018/08/28.

Wallace, Chris (2018a) "A 'Woman Problem'? No, the Liberals Have a 'Man Problem', and They Need to Fix It", *The Conversation*, 2018/08/30.

―――― (2018b) "Quotas Are Not Pretty But They Work-Liberal Women Should Insist on Them", *The Conversation*, 2018/09/21.

Ward, Russel (1992) *Concise History of Australia*, revised edition, University of Queensland Press.

Zappala, Gianni (1998) "The Influence of the Ethnic Composition of Australian Federal Elections on the Parliamentary Responsiveness of MPs to their Ethnic Sub-constituencies", *Australian Journal of Political Science*, Vol. 33 No. 2, pp. 187-209.

塩原良和（2010）『変革する多文化主義へ――オーストラリアからの展望』法政大学出版局。

塩原良和（2017）『分断するコミュニティ――オーストラリアの移民・先住民族政策』法政大学出版局。

杉田弘也（2008）「何がハワードを敗北に追い込んだのか――2007年連邦総選挙」、『生活経済政策』No.140, 2008年9月号, pp.34-39。

杉田弘也（2009）「第6章 オーストラリアの労働運動, 労使関係と福祉国家――労働者の楽園の現在」、新川敏光／篠田徹（編著）『労働と福祉国家の可能性――労働運動再生の国際比較』ミネルヴァ書房, pp.119-136。

杉田弘也（2014）「戦略的依存に終止符を――オーストラリア・リベラル保守のラディカルな提言」、『世界』2014年7月号, 岩波書店, pp.139-147。

杉田弘也（2015）「オーストラリア首相交代――法の支配を軽視したリーダーの失脚」、『世界』2015年11月号, 岩波書店, pp.29-32。

杉田弘也（2016）「オーストラリアの執政制度――労働党政権（2007-13）にみる大統

領制の可能性」，日本比較政治学会（編）『執政制度の比較政治学』ミネルヴァ書房，pp.75-100。

杉田弘也（2017）「第4章　多文化主義と歴史認識――オーストラリアに学ぶ」，高城玲（編著）『大学生のための異文化・国際理解――差異と多様性への誘い』丸善出版，pp.46-61。

杉田弘也（2018）「「混沌」は解決されるのか――オーストラリアの上院選挙制度改革とその結果」『選挙研究』Vol. 34, pp.161-175。

（すぎた・ひろや：神奈川大学）

CHAPTER 8
台湾における乖離するアイデンティティと政党政治
―― 変わる有権者と変われない政党 ――

大澤　傑［駿河台大学］
五十嵐隆幸［防衛大学校］

1　アイデンティティをめぐる台湾政党政治の動向

　「政党政治とアイデンティティ」は古くて新しいテーマである。近年のアイデンティティを刺激するリーダーの登場は，政党政治とアイデンティティの関連性を再検討する必要性を提示している。このような現代において，台湾はむしろ政党政治とアイデンティティの関連性が収束する方向に向かっているという点で異質な事例である。

　本稿では，その台湾を事例とし，政党と有権者のアイデンティティの関連性の変容について検討する。台湾における政党政治とアイデンティティは，統一・独立問題（以下，統独問題）によって結び付けられることが多かった。これは，二大政党が人々に強固な集団的アイデンティティを付与し，各々が想像するネーションをめぐって競合していると考えられてきたからである。1945年以降，台湾を統治してきた中国国民党（以下，国民党）は，その党章に「中華民国の統一実現」を掲げている。民主化以前の国民党政権は「中華民国ナショナリズム」（以下，「中国ナショナリズム」）をオフィシャル・イデオロギーとし，台湾の住民に「中国人」としてのアイデンティティを植え付けることで独裁を正統化してきた。一方，1986年に成立した民主進歩党（以下，民進党）は，基本綱領で「自主独立した台湾共和国の建設」を掲げる。「台湾ナショナリズム」に軸足を置く民進党

は，住民の「台湾人」としての意識に訴えることで支持を集め，二大政党制の一角を担うまでに成長した。

　ナショナル・アイデンティティをめぐる台湾の政治は，元来，複雑なエスニシティ構造と重なり合うものであった[1]。それゆえに，日本における台湾の政党政治研究は，外部からの移住者集団（外省人）が政治エリートとして土着集団（本省人）を統治する遷占者国家（settler state）の視点から，民主化とそれに付随する「台湾化」[2]に伴い，遷占者優位が崩壊していく文脈で語られてきた（若林 2003：121-124；2008：80-81）。この過程でナショナル・アイデンティティが競合する主戦場となったのは，1996年から直接選挙制が採用された総統選挙である。小笠原は選挙分析を通じ，民主化以降の台湾ではエスニシティ意識が高まり，蒋介石とともに中国大陸から渡ってきた「外省人」と戦前から台湾に居住する「本省人」との間の社会的亀裂が表面化し，こうしたエスニシティ間の対立が与野党の対立に反映されていると主張する（小笠原 2008：135-160）。また，彼は「中国ナショナリズム」と「台湾ナショナリズム」の間に，統独問題について現状維持の立場を取る「台湾アイデンティティ」が存在し，それをめぐって政党が競い合う構図を描き，ナショナル・アイデンティティと総統選挙の支持構造の関連を説明している（小笠原 2005；2009；2012）。

　しかしながら，現代の台湾政党政治は，外省人と本省人による相互作用で形作られた「台湾アイデンティティ」をめぐって争っていると言えるのであろうか。実際，若林は自らを民主化に注目してきた「旧派」と位置付け，旧派の視点では現代における民意の変化を理解できなくなってきていると述べている（若林 2018）。これについて，現地の研究では，すでに2000年代初頭にはナショナリズムやエスニシティの対立が解消されつつあることが指摘されている。たとえば盛は，外省人が統一を志向し，本省人が独立を志向する傾向が若い世代になると薄まると主張する（盛 2002：64-65）。巫と蔡は，世代を重ねるにつれエスニシティ間の通婚が進み，その壁は低くなっていると主張する（巫・蔡 2006：25-26）[3]。チュは，有権

者からの支持を集めるためには統一も独立も訴えないことが必要であり，多くの合理的な有権者の存在がナショナル・アイデンティティをめぐる対立を弱めたと指摘する（Chu 2004：510-512）。兪と林は，台湾の住民が中台交流を通じて中国人との価値観の違いを直接感じ，かえって統一を望まない方向に傾斜する可能性を指摘している（兪・林 2013：199-200）。他にも蕭は，有権者の6割以上が中台関係の「現状維持」を望む状況で統一と独立の二極対立は生じることはなく，統独問題をめぐる対立は単に政党の性質からくる感情的な対立であると指摘する（蕭 2014：3-4，26-28）。

他方，日本においても沼崎は2000年代初頭の段階で，外省人も本省人も漢民族も原住民も雑多に混在し，「新しい台湾意識」が生まれていると主張する（沼崎 2002）。また，民主化以後の台湾に接してきた（若林が言うところの）「新派」に属する松本は対中関係の視点で2000年からの陳水扁政権を論じる中で，アイデンティティやエスニシティをめぐって争われた台湾の政党政治が新たな段階を迎えたと指摘する（松本 2010：115-117）。

以上のように，「旧派」はアイデンティティをエスニシティと結び付け，政党政治が統独問題をめぐって争われる様相を重視する。だが，若林が再考の必要性を暗に訴え，そして本稿で分析するように，その説明はすでに当てはまりが悪いものとなっている。なぜならば，彼らは民主化の過程で二大政党がエスニシティを動員し，住民のアイデンティティをトップダウンで形成するように台湾政治を描いているが，現実は住民側からボトムアップでアイデンティティが形成されており，それを読み違えた政党が選挙において敗れているからである。

そこで本稿は，総統選挙を通時的に捉え，政党によるアイデンティティの争点化と有権者の意識を比較することにより，住民が持つアイデンティティと二大政党が掲げるそれが乖離していることを明らかにする。そしてこの考察を通じ，穏健な中台関係を望む有権者に対し，民主化以前にトップダウンでアイデンティティを形成してきた立場を捨て去ることができない二大政党が，エスニシティに通じたナショナリズムに訴えることで自ら

の立場を悪くしている点を主張する。このことは，台湾政党研究において「旧派」の主張がなぜ説明力を失ってきたのかという疑問とも通底する。

　本稿の構成は以下の通りである。第２節では，台湾を独裁的に統治していた国民党が民主化へと舵を切り，民進党が成立して二大政党制へと向かっていく過程を概観するとともに，両党の志向するナショナル・アイデンティティについて確認する。第３節と第４節においては，1996年以降６回の総統選挙を概観することで，政党によって作り出されたエスニシティの対立傾向が緩和されつつ，住民のアイデンティティが成熟していく過程を確認する。その後，第５節で1990年代中盤以降における有権者意識を観察し，彼らが達したナショナル・アイデンティティを示す。そして第６節においてアイデンティティ・ポリティクスの変容の要因を提示し，台湾における政党政治とアイデンティティの関連性について検討する。

2　国民党の独裁的統治と野党・民進党の成立
――二つのナショナリズムの起源――

（1）　国民党と「中国ナショナリズム」

　1945年，日本の敗戦によって「祖国」への復帰が決まった台湾の住民は，中華民国政府の台湾接収組織を歓呼して迎えた。だが国民党政権は，日本の植民地統治を受けてきた台湾の住民を中華民国の国民として統合すべく圧政を布いた。それは，中国大陸から台湾に渡った「外省人」が，日本人に代わって「本省人」を支配するといった植民地時代と変わらぬ構造であった（若林 2008：40-48）。そして1949年12月，中国共産党（以下，共産党）との内戦に敗れて台湾へ撤退した国民党政権は，「中華人民共和国」を成立させた共産党を反乱団体と見なし，正統中国としての「中華民国」体制を維持したまま，台湾の統治を開始した。国民党政権は「中国ナショナリズム」をオフィシャル・イデオロギーとし，外省人を支配的地位に据え，本省人に対して優位な立場を与えた。そして日本統治時代の影響が残

る本省人に対し,「中国人」としてのアイデンティティを植え付けるような政策を推し進めていった(若林 2003：121-128；小笠原 2008：139)。

　だが1964年の中仏国交正常化以降,国民党政権を取り巻く国際環境は厳しさを増し,1971年に中国の国連加盟が認められると国民党政権は国連からの「脱退[4]」を決めた。さらに1979年の米中国交正常化によって米国と断交すると,国際社会での生存を求め,時代の潮流に乗って「民主化」を検討するようになった(若林 2008：128-129, 163-164, 375)。こうして1987年,蒋経国総統は「戒厳令」を解除して民主化に踏み切った。

　その後,蒋経国の任期を引き継いだ李登輝が党内の権力闘争を制して実権を握る頃,国民党はすでに本省人が主流派を占めるようになっており,「中華民国の統一実現」といった党是を保持しつつも,台湾に軸足を置く政党に変化を遂げていた。だが,その路線に反対する一部の党員が国民党から離党し,「中国統一」を訴える新たな政党を立ち上げた。そのため現在の台湾では,これら「中国ナショナリズム」を掲げる政党によって,「中国統一」を志向する有権者の支持を奪い合う構図が存在している。

(2) 民進党と「台湾ナショナリズム」

　外省人が国家機構の中枢を握ることで,国民党は台湾を独裁的に統治した。一方で,1950年には本省人に地方選挙への限定的な参加を認め,何名かの非国民党人士が当選した。彼らを含め国民党に批判的な立場で活動していた者は,国民党の外を意味する「党外」と呼ばれ,組織的な活動は制限された。だが,彼らは1979年に創刊した『美麗島』を通じて各地に拠点を作り,党外運動のネットワークを構築した。そして年末に同誌の関係者がデモを企画し,その指導者全員が逮捕された(美麗島事件)。この事件後,民主化運動が活発化した。

　1986年9月,党外人士が結集し,政党結成の禁止措置に挑戦して民進党を結成した。結成当初の民進党は,「住民自決」を掲げて政治体制の民主化を求めていたが,1989年に政党結成が合法化されると,基本綱領を修正

して「自主独立した台湾共和国の建設」を掲げた(いわゆる「台湾独立綱領」)。そして「中国ナショナリズム」を標榜する国民党に対抗するため，1991年に「台湾独立」路線を明確にして「台湾ナショナリズム」を訴える政党としての地位を確立した。しかし，1999年には政権交代を視野に入れて柔軟な方向転換を行い，「中華民国」を国号として公式に認めた上で，「すでに独立した主権を持つ国家」として「台湾独立綱領」の解釈を修正し，国民政党の道を選択した。

　だが民進党は，党外人士が国民党に対抗するために結集した経緯もあり，結党時から派閥による主導権争いを繰り広げてきた。2000年の総統選挙に際しては，その権力闘争も収まりを見せたが，政権交代を成し遂げたことで争いが再燃したため，最大派閥に所属する陳水扁総統の主導により，2006年の党大会で派閥の解散が決定された。しかし，実際には派閥が解消されることなく，未だ党内で権力闘争が続いている(徐・陳 2007：129-174)。

3　総統民選と政権交代

(1)　1994年主要行政首長選挙と1996年総統選挙——総統選挙の民選化

　1996年の総統選挙に先立ち，それまで官選であった主要行政首長が民選化され，1994年12月に台湾省長以下の大規模な統一首長選挙が行われた。選挙戦の開始に先立ち，李登輝は「国家は，みんなの国家であり，一党や一人の国家ではない」と呼び掛けた。[5] 李としては，民選化される1996年の総統選挙への立候補を視野に入れると，「一党支配を行ってきた国民党の主席」としてのレッテルを貼られると不利になるため，「民主化を主導した総統」としてのアピールが必要であった。

　行政院直轄市である台北の市長選挙では，国民党の非主流派が党を割って結成した新党から趙少康(外省人)が立候補し，国民党の支持者が分裂したため選挙戦は混迷した。当初，金門や馬祖といった離島部からの兵力

撤退が争点となったが，趙と民進党の陳水扁（本省人）が争点を託児所の設置や公衆トイレの改善など一般的な市政課題へと変えることに成功し，国民党の現職市長である黄大洲（本省人）が劣勢に転じた[6]。その後，その市政改革路線で選挙戦に挑む陳に対し，趙は大規模な反李登輝・反台湾独立キャンペーンを展開していくのだが，それに本省人が反感を抱き，外省人対本省人の図式が鮮鋭化した[7]。また黄は，急遽「市政白書」を発表して自らの実績をアピールするほか，趙が支持を得るためにエスニシティを動員したと批判の声を上げて劣勢を挽回しようとしたが[8]，彼自身も自らの支持基盤たる退役軍人，つまり中国大陸から蔣介石とともに台湾へ渡ってきた外省人からの支持に依存していた[9]。こうしたエスニシティの対立は投票日まで収まることなく，その日の新聞では，民主化の過程で忘れかけていた「省籍対立」を誰が引き起こしたのか，選挙後は冷静になって省籍対立を解消しよう，といった趣旨の社説が紙面を賑わせた[10]。結局，選挙戦で省籍に触れなかった陳が，得票率で過半数に満たなかったものの，趙と黄を退けて当選した[11]。

他方，台湾省長選挙では，国民党の主要幹部が「最大の弱点は『省籍』である」と認めるものの[12]，現職で国民党の宋楚瑜（外省人）が自らの在任期間における成果や中央政府との良好な関係を基礎としたインフラ整備の推進などを訴え，民進党の陳定南や新党の朱高正などの本省人候補を破り[13]，過半数を獲得して当選した[14]。この選挙では，陳が「台湾人は台湾人の候補に投票しよう」と訴えたが[15]，有権者の圧倒的多数が本省人で占められているにもかかわらず支持は広がらなかった。宋の当選は，本省人の多くが宋の実績や政治手腕を認めたほか，李登輝が「宋は我々と同じ米を食べ，同じ水を飲み，同じように困難を経験しており，本省と外省の分け隔てなど無い」と後押しした影響が大きい[16]。

そして1996年の総統選挙では，国民党から李登輝（本省人）が立候補した。国民党非主流派の林洋港（本省人）は新党と連携し，外省人の支持を得て選挙に挑んだが約15％の得票で落選した。また，蔣介石の腹心であっ

た陳誠の子・陳履安（外省人）が無所属で立候補したが，得票は約10％にとどまった。民進党からは彭明敏（本省人）が立候補したが，得票は伸び悩み20％余りであった。結果として台湾初の民選総統には現職の李が54％の支持を得て選出された。[17]

　この選挙戦期間中，中国人民解放軍が連日のように台湾対岸で軍事演習を行い，さらに東シナ海などに向かってミサイルを発射して台湾を威嚇したことを背景に，中国との関係が争点として上がってきた（Ross 2000: 122-123）。[18]このことは，「一つの中国」原則を持ち出して中国との交流促進を訴えた林と陳への支持を低迷させたが，反対に台湾独立路線を明確に打ち出した彭にも利せず，中国との交流拡大によって経済的に共栄を目指しつつも，中国の圧力に屈せず，民主主義を追求する姿勢を見せた李に有権者の支持は向かった。[19]また，投票日直前に米国が台湾への武器売却を決定するほか，[20]現職総統として初めて訪米を実現するなどの外交的成果が李の勝因につながった（小笠原 2008: 151-152）。多くの有権者は急進的なナショナリズムを嫌い，政治手腕と実績に優れる李に票を投じたのである。

　与党・国民党が分裂して民進党と争うことになった1994年の主要行政首長選挙では，外省人対本省人の図式が鮮鋭化したように見えたが，台北市が本省人の陳水扁，台湾省が外省人の宋楚瑜と有権者のエスニシティ分布から見ると各々で不利な候補者が選挙戦を制した。両者に共通することは，対立候補が「中国ナショナリズム」や「台湾人」としての意識に偏っていたことに対し，現実に立脚した政治を訴えていたことである。また，1996年の総統選挙では，中国の圧力を受けて「中国ナショナリズム」や「台湾ナショナリズム」を明確に示した候補者ではなく，民主化を推進した現職の李登輝に票が集まった。これらの選挙結果は，有権者が政党の掲げるナショナリズムよりも，候補者個人の資質や実績を重視していたことを示唆している。そして，李の「本省と外省の分け隔てなど無い」との主張は，後に「新台湾人主義」として繰り返し強調されるようになった（李 2005）。

（2） 2000年総統選挙――初めての政権交代

　2000年の総統選挙は，1998年の台北市長選挙で再選確実と見られていた陳水扁が落選したところから始まった。陳は現職市長として支持率が高かった。これに対して李登輝は，国民党の非主流派に近くて自身に批判的だが，マスメディアを通じて人気が高まっていた馬英九（外省人）の公認をしぶしぶ認めた（若林 2006：134-136）。新党からは国民党出身の王建煊（外省人）が立候補し，1994年と同様の三党対抗の構図となった。前回の市長選挙では外省人の票が国民党と新党に分かれたことで民進党の陳が当選したが，今回は現職総統の李が外省人の馬を「新台湾人」であると援護したこともあり[21]，陳の再選を非とする外省人の支持が当選の見込みがない王を捨てて馬に集中した（許 2001：130-148）[22]。その結果，陳が45.9％にとどまり，馬が51.1％を獲得して当選した[23]。この選挙でもナショナル・アイデンティティは主要な争点にならなかったが（Chu and Diamond 1999：818-821），外省人の投票行動が台北市以外の本省人のエスニシティ意識を刺激し，敗戦当夜から陳に次期総統選挙へ出馬を求める声が上がり，エスニシティ対立が再燃する気配を見せた[24]。

　こうして迎えた2000年の総統選挙では，現職の李が立候補しないこともあり，国民党と民進党は候補者選定で党内対立が生起した。民進党では，1996年の総統選挙に際して党内選挙で敗れた許信良（本省人）が立候補を表明していたものの，1998年の台北市長選挙に出馬した陳水扁を推す声が強く，党大会を経て陳が候補として擁立された（中川 2003：427, 437-438）。国民党からは，李の後継として現職副総統の連戦（本省人）の推薦が決まったが，台湾省長としての実績を背景に有権者からの人気が高かった宋楚瑜が党の公認を得ずに立候補を表明し，国民党の除名処分を受けて無所属で選挙戦に挑んだ。こうして，事実上この陳，連，宋の3名によって選挙戦が展開されていくこととなった[25]。

　民選2回目となる総統選挙において，最大の争点となったのは中台関係であった。選挙の前年，李が中台関係の現状を「国家と国家の関係，少な

くとも特殊な国と国の関係」（いわゆる「二国論」）と説明したことに対し，中国側は台湾独立を目指す発言だと反発して軍事演習によって台湾に圧力をかけていた。宋は，中台関係の緊張は国民党政権が作り上げたものだと批判を強め，連は李の作り出した急進的な「台湾ナショナリズム」のイメージに苦戦を強いられた[26]。また宋は，最大の選挙区であった台湾省長としての実績に加え，自らの出自母体である国民党の金権腐敗体質を厳しく批判することで支持を集めたが，連陣営に金銭スキャンダルを暴露されると，選挙戦は一気に混戦模様となった[27]。

　勢いに乗った連は，中国が善意を示せば「国家統一綱領」に基づき中台間の協力を推し進めると主張し[28]，統独問題を争点化した。対する陳は，「民進党にはいわゆる『台湾独立綱領』など存在せず，住民自決を謳った党綱修正案が存在する。台湾の現状を変えるのであれば，全住民による投票を経て決める必要がある」と説明した上で[29]，国民党政権の金権腐敗政治の改革に争点を集中させ，政権交代によって真の民主が実現されると主張した[30]。

　そうした折，中国側が『一つの中国原則と台湾問題』と題する『白書』を発表し，台湾に対して武力行使を辞さない姿勢を示した[31]。これに米国は敏感に反応し，「如何なる武力行使や威嚇行為にも反対する」と声明を発表した[32]。さらに３月に入ると，中国国家主席の江沢民が台湾問題の武力解決を放棄しない姿勢を示した[33]。だが連は，江が語る一連の中台関係に関する講話には善意が表れていると主張し，宋も「中国人」として当選後は中台関係を平和的解決に導く考えを強調した[34]。これに対して陳は，あらためて「台湾独立」を宣言しないことを主張した上で，国民党の金銭腐敗政治に関わる連と宋の責任を批判し，政権交代の必要性を訴えた。投票まで１週間と迫った時点で，世論はすでに陳へと傾いていた[35]。さらに投票日直前，中国国務院総理の朱鎔基が「如何なる形式でも台湾の独立は許さない」と陳への投票を阻止する行動に出ると，台湾の有権者は反発して次々と陳の支持を表明していった[36]。こうして迎えた選挙当日，その結果は陳39.3％，

宋36.8％，連23.1％の得票率で陳が接戦を制して当選し，台湾史上初の政権交代が実現した。[37]

1998年の台北市長選挙で馬を当選させた外省人の集票行動は，本省人のエスニシティ意識を刺激した。しかし，2000年の総統選挙では「台湾ナショナリズム」のイメージがついた国民党への支持が伸び悩み，かえって「台湾ナショナリズム」を薄めた陳が支持された。このことは，本省人のエスニシティが必ずしも「台湾ナショナリズム」と結び付いていないことを示している。そして結局のところ，台湾内部のエスニシティ対立にはならず，最後に戦いの帰趨を決めたのは，中国が陳を名指しで批判したことで高まる有権者の反中感情，つまり台湾外部からの圧力であった。

（3） 2004年総統選挙──民進党・陳水扁再選

2000年の総統選挙後，李登輝に代わって国民党主席に就いた連戦は，本省人ではあるものの国民党のエリート路線を歩み，「中華民国」に強い愛着を抱いていたため，国民党の路線を「中国ナショナリズム」志向に戻した。また得票率で連を上回った宋楚瑜は，選挙後に「中国ナショナリズム」を色濃く打ち出した親民党を結成した。これに新党を加えた三党は野党連合を形成し，陳水扁政権に対抗していった（小笠原 2008：153-154）。

一方，「台湾ナショナリズム」に傾斜した李登輝は，台湾団結聯盟（台聯）を立ち上げた。急進的な台湾独立を主張する台聯は，陳政権を支持する姿勢を明確に示して民進党と与党連合を形成し，立法院の議席数で過半数を上回る野党連合に対抗していった。陳もまた，当初は中国との関係改善を求めてさまざまな融和的政策を打ち出したが，中国側からポジティブな反応が得られなかったため，独立路線へと傾いていった（小笠原 2008：154）。

こうして迎えた2004年の総統選挙では，2000年の選挙で敗北した国民党の連と親民党の宋が前回の得票数を合わせれば陳を上回るとの見立てから連携を決め，連を総統候補，宋を副総統候補として陳に挑んだ。立法院の

過半数を野党が占め，民進党が提出する法案は次々と審議を拒否されていたため，景気の低迷と改革の遅れが目立った陳政権は苦境に立たされており，選挙戦の序盤は民進党政権の無策を厳しく批判する連・宋ペアがリードした（小笠原 2005：52）。これに対して陳は，総統選挙と同時に住民投票を実施することで，有権者に政策を問う姿勢こそが民進党政権による民主化の成果であると訴え，巻き返しを図った（Tsai, Cheng, Huang 2005：124-128）。[38]

他方，この選挙で中国は直接的行動を起こすことなく，陳を批判する記事の掲載にとどめていた。そして，中台関係の安定を重視する米国との間で事実上の連携を進め，陳や民意が独立へ傾くことを制止する戦略を採っていた（謝 2005：71-72；松田 2010：238-240）。

この選挙における有権者の当初の関心は双方の金銭スキャンダルであった。陳は前回と同様に国民党の党資産問題に加え，連ファミリーの資産問題を叩いたが，連陣営からは陳夫人の株取引問題や政治献金問題で反撃に遭い，それらが争点と化していた。[39]だが，投票日前日に起きた陳と副総統候補に対する銃撃事件が選挙情勢を大きく変えた。結局，凶弾に負けずに立ち向かう陳の姿勢や，事件直後の民進党の対応が有権者からの支持につながり，[40]当初は劣勢であった陳が50.1％の票を得て，49.9％の連を僅差で制した。[41]この選挙では，有権者が陳政権4年間の評価，今後の中台関係，台湾経済などを考慮して投票行動を取るものと予想されたが，最後に勝敗を分けたのは銃撃事件であった（小笠原 2005：57-58）。

2004年の総統選挙では，すでにエスニシティの対立は落ち着いていた。そしてこれ以降の選挙では，統独問題をめぐるナショナル・アイデンティティの争点化は下火となっていく。

4 二大政党制の定着

（1） 2008年総統選挙――国民党・馬英九の政権奪還

　2004年3月の総統選挙で続投を決めた陳水扁であったが，年末の立法委員選挙で野党連合が過半数を維持したため，2期目も厳しい政権運営を迫られ，立法院を主導する野党との協力を模索していた。他方，2005年3月に中国が台湾に対する武力行使の法的根拠となる「反国家分裂法」を制定[42]すると，民進党政権は「台湾海峡の平和を破壊する戦争法」と非難する声明を発表し，国際社会に中国の脅威を訴えた（小笠原 2008：155-157）。

　陳政権が国内政治でも中台関係でも行き詰まる中，国民党の党主席選挙が行われ，党職員としてエリート路線を歩み，世代交代と党改革を訴える馬英九が，地方出身の立法委員としてキャリアを積んで立法院長に上り詰めた王金平（本省人）を制して選出された（小笠原 2009：132-133）。政権奪取を狙う馬は，民進党政権下で悪化している中台関係の改善を党の重要方針として定め，党勢を回復させていった。反対に陳の側近や家族の金銭スキャンダルが次々と発覚したため，これまで国民党の金権腐敗を訴えてきた民進党のイメージは一気に低下した。それゆえ陳は2006年初頭，求心力を維持するために独立派の支持獲得へと向かい，「中国」の名がつく公企業の名称変更，蒋介石の歴史的評価の見直しなど中国色の除去，「台湾ナショナリズム」の強調で局面の打開を図ろうとしたが，それは反対に有権者の支持を失う結果を招くこととなった（小笠原 2008：157-159）。

　総統選挙まで1年となった2007年3月，民進党の候補者を決める予備選挙が始まった。ポスト陳水扁には，かつて民主化運動を担い，党綱領の作成などに携わった本省人4名[43]が絞られたが，陳が主導権を維持しようとして4名を競わせたため予備選挙は厳しいものになった。結局，後継候補の決定で陳が過度に影響力を行使することを望まぬ多くの党員は，陳とのライバル関係にある謝長廷に票を投じた。謝は台湾独立へと向かわずに中華

民国政府を維持する路線(「現状維持」)を軸として中台の経済関係拡大を訴えていくのだが,独立路線を顕にした陳が謝に構わず選挙戦を主導したため,謝の主張は霞んでしまった(小笠原 2009：129-131, 133-135)。

　他方の国民党は,党主席選挙で大敗した王が「中南部では外省人に投票しないという声が上がっている」と馬をけん制したが,党内での支持を得ることができず,予備選挙への出馬を見送った。党公認を得た馬は「中国ナショナリズム」の強い外省人であったが,有権者の大多数が抱いている「現状維持」路線を堅持し,自らの「統一派」というレッテルを払しょくするため,「台湾の前途は台湾人民が決定する」と表明し,「統一せず・独立せず・武力行使せず」という公約を掲げた(小笠原 2009：132-136；松本 2010：111-114)。

　2008年の総統選挙は,3年に一度の立法委員選挙と重なり,1月に立法委員選挙,3月に総統選挙という日程になった。この立法委員選挙で国民党が圧勝したことにより,総統選挙は馬が優位な態勢で終局を迎えた。謝は,馬が掲げた中台共同市場の設置,投資拡大やインフラ整備などの経済政策を批判して劣勢を挽回しようとしたが,謝が掲げる金門島を「平和特区」とする案や,減税や内需拡大といった経済政策では有権者の支持を集めることはできなかった。一方で馬は,自らが外省人であることを不利に感じていたが,メディアを通じて「私は台湾人であり,私は中華民国の国民である」,「百年後,焼けて灰になっても台湾人である」と主張したほか,10年前の台北市長選で李登輝に「新台湾人」と称された文言を使い,「台湾の水を飲み,台湾の米を食べた台湾人である」と有権者に訴えた。

　こうして選挙戦を通じて最後まで馬のリードで迎えた投開票では,謝が41.55％の得票にとどまったところ,馬が58.45％を獲得して大差で勝利を収め,再び国民党が政権を獲ることが決まった。総統の民選化以降,1996年の李登輝,2000年と2004年の陳水扁と本省人の当選が続いたが,2008年の総統選ではエスニシティの比率だけで見ると不利な外省人の馬が民選化以降最高の得票率で当選した。

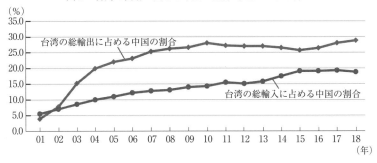

図1 台湾の貿易に占める中国の割合（2001〜2018年）

出典：行政院大陸委員会『両岸経済統計月報』をもとに筆者作成。

　この選挙戦では，両候補者はともに経済政策を中心に議論を繰り広げた。実際，有権者は経済的な観点から中台間の交流促進を望んでいたため，積極的な経済政策を提起した馬に期待を寄せた（陳・耿・王 2009：13-14）。また中国は，民進党を政権から引きずり下ろすため，国民党を使ってパンダの贈呈や台湾産果物の対中輸出優遇策，台湾人留学生の学費軽減などの政策を打ち出すことで友好ムードを作り出した（小笠原 2017：19）。こうした状況に対し，民進党が陳によってナショナリズムに傾倒する印象を有権者に与えていたことは謝にとって痛手であった。いわば対中経済依存度（図1）が高まる台湾において，陳政権で崩れた中台関係の改善を求める声が，国民党政権の復活を期待する声へと変わったのであった。

（2）　2012年総統選挙——馬英九再選

　2012年総統選挙は，再選を目指す国民党の馬英九に対し，民進党の蔡英文（本省人）と親民党の宋楚瑜が政権奪還に挑んだ[49]。2008年に発足した馬政権は，発足直後から世界的な不況に見舞われ，経済運営の実績が芳しくなかったため，再選を狙う選挙戦において苦しい戦いを強いられた（佐藤 2012：45-55）。一方，2008年の総統選挙で馬英九・国民党に惨敗した民進党は，再出発の党主席選挙を行ったのだが，ポスト陳水扁と目された4名は自らの勢力基盤の立て直しのため出馬せず，独立派の長老・辜寛敏と党

歴がわずか4年の蔡の一騎打ちとなり，派閥横断的に支持を集めた蔡が勝利を収めた。蔡は有権者に党の世代交代を印象付け，2008年総統選挙の惨敗から党勢を回復させつつ総統選挙に挑むこととなった（小笠原 2012：27-29；松本 2012b：77-88）。

　馬陣営は，「中華民国」という国名やその国旗を強調することで「中華民国」に愛着を持つ層を固める選挙戦略を採る一方，台湾を主体とする路線も維持し，「中華民国は国家，台湾は家園（ふるさと）」と定義付けることで「現状維持」を求める有権者の支持を固めていった（小笠原 2012：27-31，35-37）。そして民進党の反対を想定し，1992年に中台双方の窓口機関が「一つの中国」について合意したとされる「92年合意」[51]を争点の中心に据えた。馬は「92年合意」が現状を維持しつつ中台関係の改善を進めるカギであると有権者に訴えるとともに（小笠原 2012：37-41；松本 2012a：73-74），「中国ナショナリズム」を抱く統一派の支持が親民党に流れることを阻止したのである。

　他方，党歴が浅いため党内に有力な支持基盤を持たない蔡英文は，派閥横断型の選挙対策本部を組織したが，その足並みは揃わず，党内の支持固めに苦心した。そして2011年夏には党内の独立派を抑えて「現状維持」路線を示すことができたのだが，同時に「92年合意」を「存在しない」と完全否定したことが，中国との交流で経済的恩恵を求める有権者に不安を抱かせた。蔡の選挙戦略は，現職の馬に有利な対中政策を争点から外し，馬の弱点である経済格差の問題を争点化させるというものだったが，中国との関係改善によって少なからず経済的な成果を出している馬政権に対し，蔡は魅力的な経済政策を示すことができなかった（小笠原 2012：37-41；松本 2012b：77-88）。そして選挙戦が中盤に至り，蔡は「台湾は中華民国，中華民国は台湾」，「中華民国政府は外来の政府ではなく，すでに台湾と融合している」と有権者に訴えていくのだが，[52]「92年合意」に代わる対中政策の方針を示すことができず，中国ビジネスに関わる企業家らの不安を払拭することができなかった。[53]

投票日まで1カ月を切ると，蔡は，馬が再選すると終極的には「統一」を目指していく考えだと有権者に訴えていった。これに対して馬は，「92年合意」があるからこそ中台関係は「現状維持」が保たれているのであり，それを認めない蔡が政権を担うことは中台関係の緊張を意味すると反論した[54]。そして馬は，中台の良好な関係を基礎として対外貿易が成り立ち，次第に経済的な対中依存も減っていくと主張した[55]。

　こうして2012年1月の投開票では，51.6%の票を得た馬が，45.6%の蔡を退けて再選を決めた[56]。その晩，馬は記者会見を開き，中台関係については政治的問題を後回しにし，経済面を優先する考えを示した。また，在任間に「統一」を進めることはなく，あくまで民衆の同意を得てから行動を起こすことを誓った[57]。一方の蔡は，中台関係について明確な政策を示せなかったことが敗因であったと認めた[58]。「92年合意」が争点化しているように見えたこの選挙において，有権者の実際の関心は経済問題にあった（蒙2014：5-6）。有権者は「92年合意」の存否や，その賛否を焦点としていたのではなく，対中経済関係の変数の一つとして見ていたのである。経済的観点から中国との安定した関係を望む多くの有権者は，最後まで明確な対中政策を示すことができなかった蔡ではなく，少なくとも現状の経済活動の維持が期待できる馬に票を投じたのであった。

（3）　2016年総統選挙——民進党・蔡英文の政権奪還

　馬政権は2008年の発足当初から中国との関係改善，経済交流の拡大を通じた景気回復を目指していたが，その恩恵は広く行き渡らず，かえって広がる経済格差への不満が高まっていた。また幾度も中国との「平和協定」に言及したことが有権者に統一への懸念を持たせ，世論は馬が自らの業績のため中国に過剰な譲歩をすることを危惧するようになった。さらに馬が2013年6月に中国と「両岸サービス貿易協定」を締結し，それを立法院で強行採決しようとしたことに対し，学生らのグループは立法院を占拠して抗議した（いわゆる「ひまわり学生運動」）。こうした不満を背景とし，

2014年の統一地方選挙で民進党に大敗すると，馬は党主席の辞任を迫られ，任期を1年半残してレームダック化した（竹内 2016：3-4）。
　統一地方選挙の大敗を受け，国民党の有力者は2016年の総統選挙への立候補を見送り，混乱した党内は候補者選びをめぐる権力闘争に発展していた。そこで，洪秀柱立法院副院長（外省人）が名乗りをあげ，党内で不信の声はあがりつつも公認を得て正式に立候補した。洪は「一つの中国」という枠組みを重視する保守派の主張を繰り返し，馬はそれを支持した。だが，世論の多数が洪の発言を統一に踏み込んだものと判断して不信を抱き，洪は蔡英文どころか立候補を模索していた親民党の宋楚瑜にも支持率で負け，国民党内で洪に対する批判が噴出した。そのため，国民党は朱立倫主席（外省人）を新たな候補に擁立して挽回を図った（竹内 2016：4-8）。一方の蔡英文は，2012年の総統選挙とは異なり，党内の支持基盤を固めた上で選挙戦に挑んだ（竹内 2016：3）。
　国民党の内紛も手伝って蔡のリードで迎えた終盤戦，前回の選挙で蔡が十分に説明できなかった「92年合意」や経済を中心とした中国との関係に焦点が集まった。蔡は，「1992年に中台間で会談があったことは歴史的事実であって否定はしない。その『精神』で中台関係が推進したのも事実であり，民進党も認めている。ただ，国民党が2000年に作り上げた『92年合意』は，中台双方で認識が異なっており，国民党内でも異なる意見がある」と説明するとともに，[59]「92年合意」は唯一の選択肢ではないが，台湾経済は中国大陸なしでは考えられないとの考えを示し，[60]有権者に理解を求めた。さらに蔡は最後の公開討論において，選挙戦で議題に上がらなかった「省籍矛盾」について提起し，特に「原住民」と「新住民」を取り上げ，総統に就任した際には過去400年以上も不平等な扱いを受けてきた原住民に対して政府を代表して謝罪する意向を示すとともに，東南アジアなどから台湾に移住してきた新住民に対しても社会福祉や教育の面で平等な待遇を施す考えを示した。また，外省人の第一世代が台湾に渡ってきたことを取り上げた上で，過去に国民党政権が多くのマイノリティを迫害したこと

について国民党に反省を促し，現在の民主化世代は，もし政党がエスニシティを動員して台湾を分裂させるような行為をしたら，その政党を見捨てるべきだと訴えた。このような蔡の主張に対し，国民党の中でも若い世代に入る朱は完全に同意する姿勢を示した。[61] 過去に「省籍矛盾」が意味していたのは外省人と主に本省人の対立であったが，蔡が各々数％の原住民と新住民を「省籍矛盾」の対象として取り上げたことは，すでに外省人と本省人の間の対立はほぼ解消されていることを示している。また蔡の発言は，かつての総統選挙などで外省人と本省人の対立が失鋭化したことの原因が政党にあったことを明確に指摘している。この蔡の提起は，現代台湾政治におけるエスニシティ問題とは外省人対本省人を指すのではなく，原住民や新住民といったマイノリティを対象としていることを示していた。

完全に国民党と親民党の劣勢で迎えた投票前日，馬総統は自らの執政について反省すると同時に朱への支持を訴え，朱は新党と親民党の支持者に対しても自らへの支持を嘆願した。[62] しかし国民党の訴えは有権者に響かず，終始優勢を維持した蔡が56.1％の票を獲得，31.0％の朱と12.8％の宋を下して圧勝し，再び政権交代を果たした。[63]

5 有権者意識の変化
――「台湾人／中国人」意識と「統一／独立」意識――

（1） エスニシティの対立からエスニシティの垣根を越えた「台湾人」意識へ

1994年の主要行政首長選挙では，蔣介石とともに中国大陸から渡ってきた「外省人」と戦前から台湾に居住する「本省人」とのエスニシティの対立が表面化し，それが投票行動に影響を与えたものの，結果として当選したのは有権者のエスニシティ分布から見ると必ずしも有利とは言えず，現実に立脚した政治を訴えた候補者であった。エスニシティの対立が解消しないまま迎えた1996年の総統選挙では，住民の直接投票によって国家元首を選ぶ行為を「台湾独立」への第一歩と捉えた中国が軍事的な圧力をかけ

たが，それは反対に現職総統である李登輝のリーダーシップの下に台湾の住民を団結させ，李の当選を導いた。また，自分たちの同胞であるはずの「中国人」から威嚇を受けたことで，台湾の住民の心に「我々は中国大陸に住む彼らとは違う」といった感情が芽生えた。1998年の台北市長選挙では，少なからずエスニシティの対立が表面化したのだが，李は外省人の馬を「新台湾人」であると援護し，エスニシティ対立の解消を訴えた。そして2000年の総統選挙では，エスニシティの対立は表面化することなく，争点となったのは李政権で悪化した中国との関係改善であり，国民党の金権腐敗体質であった。

　1994年の主要行政首長選挙から2000年の総統選挙に至るまでの世論調査を見ると，1994年に20.2%だった「台湾人」としての意識が1999年には39.6%まで高まり，反対に26.2%あった「中国人」としての意識が12.1%まで下がっている（図2）。この間，「台湾人でもあり，中国人でもある」との回答がおおむね40％台で横ばいだったことを加味しても，李登輝が「本省と外省の分け隔てなど無い」とエスニシティの対立解消を求めて「新台湾人」を訴えていくのと重なり合うように，そして次第に強まる中国からの圧力に反発するように「台湾人」としての意識が高まっていった。つまり，エスニシティの対立が解消に向かうのと並行して高まった「台湾人」としての意識は，戦前から台湾に暮らす「本省人」を意味するものではなく，李登輝が掲げる「新台湾人」としての意識なのであった。

　2000年からの陳政権の2期8年間の調査を見ると，「台湾人」としての意識，「台湾人でもあり，中国人でもある」との意識が各々40%台で推移しており（図2），2000年の政権交代までに高まった「台湾人」としての意識は陳政権期になって安定期に入ったと言える。

　そして2008年からの馬政権期を見ると，自らを「台湾人」と意識する者が50%台前半から約60%に増え，反対に「台湾人でもあり，中国人でもある」との回答が約40%から30%台前半に落ち込んでいる（図2）。馬政権は2期8年間を通じ，中国との関係改善による経済交流の拡大で景気浮揚

図2 台湾住民の「台湾人」／「中国人」意識の推移（1992年～2018年6月）

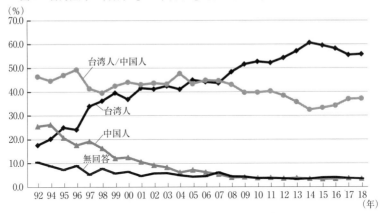

出典：国立政治大学選挙研究センターによるアンケート調査（https://esc.nccu.edu.tw/course/news.php?Sn=166）（2019年1月26日アクセス）をもとに筆者作成。

を目指した。だが，馬の経済政策によって住民の相互往来が活発化し，中国大陸に住む「中国人」との交流の機会が増えると，人々は「彼らとは違う」という感情を抱くようになり，結果として「台湾人」としての意識がさらに高まったと考えられる。

（2） 台湾住民の統独意識とナショナル・アイデンティティ

次に，ナショナル・アイデンティティの最も究極的な「統一」と「独立」に関する有権者の意識調査（図3）を見ると，1994年から1999年まで「永遠に現状維持」，「現状維持後に（統一か独立かを）決定」，「現状維持後に統一」，「現状維持後に独立」を合わせ，約7～8割の有権者が一貫して「現状維持」を望んでいる。1996年の総統選挙では，「中国ナショナリズム」を志向する新党などの候補者への支持は低迷し，「台湾ナショナリズム」を志向する民進党候補者にも支持は向かわなかった。また，2000年の総統選挙においては，李の影響で民進党以上に「台湾ナショナリズム」に傾斜したイメージのついた国民党への支持が伸び悩み，かえって「台湾ナショナリズム」を薄めた陳水扁の支持が高まり，さらに中国が陳を批判

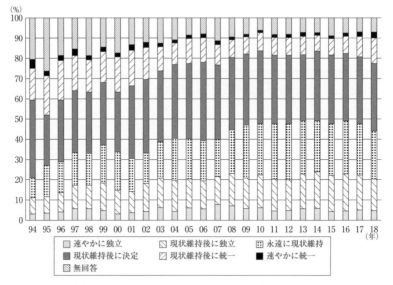

図3 台湾住民の「統一」/「独立」意識の推移（1994年～2018年6月）

出典：国立政治大学選挙研究センターによるアンケート調査（https://esc.nccu.edu.tw/course/news.php?Sn=167）（2019年1月26日アクセス）をもとに筆者作成。

したことに対する反発として，政権交代が結実したと解釈できる。

　2000年からの陳政権2期8年間の調査を見ると，8割前後の有権者は一貫して「現状維持」を望んでいた。そのため，2期目で政権運営に行き詰まった陳が「台湾ナショナリズム」に舵を切ったことに対し，「現状維持」志向の有権者は警戒した。こうして中国が陳政権への圧力を強める中で迎えた2008年総統選挙では，中台関係の政治的な「現状維持」と経済的な交流促進を主張した国民党の馬英九が有権者の支持を集めて勝利し，再び国民党政権の時代を迎えることとなったのである。台湾のエスニシティ分布からすると圧倒的に不利な外省人の馬英九が勝利したことは，台湾の有権者がエスニシティに流されることなく，自己の生活に響く経済政策と中国との関係を重視して投票先を決めたことを示唆している。

　そして2008年から8年間の馬政権期においても，8割以上の有権者が

表 1　総統選挙において台湾住民が最も重視する問題

【訪問調査（アドホック方式）】

2008年総統選挙			2012年総統選挙			2016年総統選挙		
項　目	回答数	比率	項　目	回答数	比率	項　目	回答数	比率
経済成長	711	37.3	経済成長	493	27.0	経済成長	584	34.6
民生問題	138	7.2	中台関係*	213	11.7	中台関係	284	16.8
中台関係*	93	4.9	失業問題	106	5.8	食品安全	46	2.7
クリーンな政治	38	2.0	92年合意	94	5.1	民生問題	45	2.7
中台直行便	36	1.9	民生問題	88	4.8	教育改革	32	1.9
教育改革	32	1.7	貧富の差	42	2.3	ナショナルアイデンティティ	28	1.7
社会福祉	31	1.6	ナショナルアイデンティティ	26	1.4	政治安定	22	1.3
政権交代	20	1.1	主権問題	21	1.2	社会福祉	22	1.3
政治安定	20	1.1	教育改革	20	1.1	年金改革	17	1.0
失業問題	20	1.1	社会福祉	19	1.0	脱政党政治	16	0.9
11位以下(39項目)	231	12.1	11位以下(38項目)	251	13.7	11位以下(55項目)	222	13.1
なし	189	9.9	なし	68	3.7	なし	65	3.9
回答拒否	15	0.8	回答拒否	17	0.9	回答拒否	23	1.4
知らない	331	17.4	知らない	368	20.2	知らない	284	16.8
合　計	1,905	100	合　計	1,826	100	合　計	1,690	100

注：＊2008年と2012年の「中台関係」については，「統独問題」を除く。比率の小数点第2位以下は四捨五入。
出典：国立政治大学選挙研究センターによるアンケート調査（http://teds.nccu.edu.tw/teds_plan/）（2019年1月26日アクセス）をもとに筆者作成。

「現状維持」を望んでいた。馬が経済成長を望む有権者の支持を集めて勝利した2008年に続き，2012年の総統選挙においても，有権者が最も重視する問題は経済成長であった（表1）。このような有権者の期待を背景に馬政権は2期8年間を通じ，中国との関係改善による経済交流の拡大で景気浮揚を目指した。だが有権者は，馬の対中政策を中国への過剰な譲歩と捉えて「統一」へと向かうことを危惧し，国民党から離反していった。こうして2016年は「現状維持」の姿勢を貫き，中国との安定した関係に基づく経済成長を訴える蔡が勝利したのであった。

1971年の国連脱退，そして1979年の米華断交を経て，民主化の進展とともに多くの台湾住民がたどり着いた「現状維持」の志向は，現状の変更を求める急進的な「中国ナショナリズム」や「台湾ナショナリズム」を嫌った。また，主要行政首長や総統の民選化に伴って政党に目覚めさせられた

エスニシティも，政党の掲げるナショナル・アイデンティティと一致するものではなかった。1996年以降，台湾の住民は6回の総統選挙を経験したが，彼らにはエスニシティを問わず急進的なナショナリズムを受け付けない「現状維持」志向がすでに根付いていたのである。そして台湾の住民が抱くナショナル・アイデンティティとは，馬の言葉を借りると「中華民国は国家，台湾は家園（ふるさと）」，蔡の言葉を借りると「台湾は中華民国，中華民国は台湾」，いわば「中華民国≒台湾」とも表現することができ，台湾の人々は中国との安定した関係を維持した上で，経済的に豊かな生活を望んでいるのであった。

6　岐路に立つ台湾政党政治

　本稿では，台湾における政党政治とアイデンティティの関連性について，総統選挙における二大政党のナショナル・アイデンティティをめぐる対立と有権者の意識に着目して検討を進めてきた。その結果，現在の台湾における政党政治とアイデンティティとの関係性は，すでに遷占者国家が崩壊していく過程におけるエスニシティ対立（いわゆる「旧派」）の文脈で論じるのには限界があることが明らかになった。

　たしかに，1990年代中盤の主要行政首長と総統の直接選挙の施行時には，台湾では民主化が進む渦中にあり，統治の正統性をめぐる各党のナショナル・アイデンティティが選挙の重要な争点となり，それが有権者のエスニシティを動員する形で選挙戦が繰り広げられてきた。しかし，徐々に民主的な選挙制度に批判的な中国からの圧力が強まったことで，台湾住民の反中感情が高まり，2000年総統選挙の際にはエスニシティの垣根を越えた「台湾人」（李登輝が言うところの「新台湾人」）としての意識が昂揚し，政権交代に結び付いた。その新たな「台湾人」としての意識が高まる根底には，一貫して中台関係の「現状維持」を望む有権者の意識があった。それは現状の変更を目指す「台湾ナショナリズム」にも「中国ナショナリズ

ム」にも傾斜することなく，中国と政治的に安定した関係を保ちつつ，経済的な交流促進を望む穏やかなアイデンティティとして成熟していたのであった。

　それでは，なぜ台湾の政党は有権者の意識を読み違え，総統選挙でナショナリズムを急進化させて敗北へと進むのであろうか。各党の候補者は，当選するために有権者の圧倒的多数が望む「現状維持」路線で選挙戦に挑もうとしていた。だが，2008年や2016年における現職総統の任期満了時の選挙では，退任する総統の急進化したナショナリズムのイメージに後継候補は苦戦し，政権交代を許す結果となった。すなわち，政党そのものが有権者の意識を読み違えるのではなく，候補者が党内の急進的な勢力を抑えきれず，政党が掲げるナショナル・アイデンティティに拘束された結果，有権者の支持を失ったのであった。このことは，アルドリッチやノリスが理論化した党内政治と選挙戦略に関する研究に示唆を与えるものである（Aldrich 1983；Norris 1995）。彼らは，候補者が党内支持を得るため，時に党内の急進的な主張を受容し，結果的に自身の選挙戦略が拘束されるとする。台湾の総統選挙においてもその理論は当てはまるが，そこでは任期満了を間近に控えた総統の態度が重要であった。台湾の政治的課題である統独問題を解決するために，任期が迫る総統は必ず急進化し，彼らが掲げるイメージに次期総統候補は負の影響を受けてしまったのである。

　台湾政党研究において民主化以降の党内政治に関する分析は「立ち遅れ」ている（松本 2014：109）。これは台湾の政党における派閥の境界が見えにくく，多くの場合，それらが人間関係によって形成されているからであろう（Rigger 2001：72-74）。本稿では政党と有権者のアイデンティティの関連性に主眼を置いたため，党内政治について詳細に論ずることはできなかったが，「政党がなぜ変われないのか」をより精緻に分析するためには，二大政党の党内政治や政党組織について稿を改めて論ずる必要があろう。

　2018年11月，中間選挙として位置付けられる統一地方選挙が行われ，与

党・民進党の地盤と言われ，有権者の大多数を本省人が占める高雄市の市長選挙に国民党の韓国瑜（外省人）が立候補し，「民衆の味方」を自称して経済優先を掲げ，政策やイデオロギーを一切語らないスタンスを貫いて当選した。この現象も台湾の選挙がもはやエスニシティで語ることはできなくなっていることを表しており，極端なナショナリズムを嫌う有権者が，自己の生活に影響する経済の浮揚に期待して投票先を選んだことを示している。

　現代台湾の政党政治は統独問題とそれに付随するエスニシティの対立で説明することが難しくなっており，それは中台関係の圧倒的なパワーの差を考慮したものに変化している。この過程は支持を求める政党が既存のエスニシティを動員して支持を得ようと争った結果，中国を刺激してしまうことによって生活環境が悪化することに台湾の住民が気付いたからであろう。そして，近年のナショナリズムに訴える政党の選挙における敗北は，二大政党と有権者の間でのアイデンティティに関する捉え方が乖離していることを表している。多くの候補者はそのことに気付き「現状維持」を掲げてきたが，台湾の政治的遺産たる統独問題の解決は二大政党のレゾンデートルでもある。だからこそ任期満了が迫る総統は必ずこの問題を掲げ，急進化してきた。安定した中台関係を望む人々に対し，二大政党はナショナリズム色の強い党綱領をどのように扱い支持を得るのか。台湾政党政治は新たな岐路に立っている。

注

1） 台湾に居住する多数派たる漢族と原住民は，厳密には異なる民族であるが（小笠原 2008：137；菅野 2011：9-10），台湾が日本に割譲されると植民者たる「内地人」（日本人）に相対する形で，彼らに「台湾人」としての共通意識が芽生え始めていった（若林 2008：35-39）。

2） 若林は「正統中国の政治構造」が「台湾のみを統治している現実」にそったものへと向かう変化を「中華民国の台湾化」と名付けた（若林 2001：20；若林 2008：13, 353-355）。

3）　かつて国勢調査で省籍に関する調査を行っていた時期においては，「父親の本籍」を引き継ぐように子の本籍が決まっていたため，大陸出身者の男性を筆頭とする通婚世帯を「外省人」のカテゴリーに記録していた。なお，大陸生まれの者が台湾の人口に占める比率については，1950年の約15％が1985年には5.7％に減少している（田　1994：47-48）。

4）　国連に「脱退」の規定はないが，1971年10月の国連総会において「中国代表権」が中華人民共和国に交替した際，国府は「毅然として脱退した」と宣伝したため，「国連脱退」と説明されることがある。本稿では，蒋介石らの意思を説明する場合，「脱退」という表現を用いる。

5）　『中国時報』1994年11月1日第7版。

6）　『中国時報』1994年11月11日第6版。

7）　『中国時報』1994年11月21日第2版。

8）　『中央日報』1994年11月18日第3版。

9）　『中央日報』1994年11月15日第4版，16日第4版。

10）　『中国時報』1994年12月3日第11版。

11）　「83年直轄市長選挙候選人得票数（投票日期：中華民国83年12月03日）」［中央選挙委員会HP］〈http://db.cec.gov.tw/histMain.jsp?voteSel=19941201B1〉（2019年2月20日アクセス）。

12）　『中国時報』1994年11月1日第8版。

13）　『中国時報』1994年11月10日第4版。

14）　「83年台湾省長選挙候選人得票数（投票日期：中華民国83年12月03日）」［中央選挙委員会HP］〈http://db.cec.gov.tw/histMain.jsp?voteSel=19941201F1〉（2019年2月20日アクセス）。なお，1997年の憲法改正で台湾省の機能が「凍結」されたため，宋楚瑜は最初で最後の民選省長となった。

15）　『中国時報』1994年11月1日第8版。

16）　『中国時報』1994年11月18日第2版。

17）　「第09任総統（副総統）選挙候選人得票数（投票日期：中華民国85年03月23日）」［中央選挙委員会HP］〈http://db.cec.gov.tw/histMain.jsp?voteSel=19960301A1〉（2019年2月20日アクセス）。

18）　総統選挙への立候補申請の締切り翌日以降，新聞各紙は中国人民解放軍が福建省沿岸で実施している演習の動向を第一面で報じた（「美国香港媒体報道：中共将挙行大規模演習」『中国時報』1996年2月6日第1版など）。

19）　『中国時報』1996年3月10日第7版。

20)『中国時報』1996年3月21日第1版。
21)『中国時報』1996年12月5日第2版。
22)『中国時報』1996年12月6日第3版，第4版。
23)「87年直轄市長選挙候選人得票数（投票日期：中華民国87年12月05日）」〔中央選挙委員会HP〕〈http://db.cec.gov.tw/histMain.jsp?voteSel=19981201B1〉（2019年2月20日アクセス）。
24)『中国時報』1996年12月6日第3版，第4版。
25) 2000年の総統選挙には，国民党の連戦，民進党の陳水扁，国民党を離党した無所属の宋楚瑜（選挙後に親民党を結成）のほか，新党の李敖，民進党で陳水扁との公認候補を争って離党した無所属の許信良の計5名が立候補した。
26)『中国時報』2000年2月1日第2版。
27)『中国時報』2000年2月2日第2版，13日第3版，14日第4版。
28)『中国時報』2000年2月18日第1版。
29)『中国時報』2000年2月19日第4版。なお，陳水扁は後年の一般的なイメージとは異なり，現状維持志向が強い穏健派であった（松本 2000：4）。
30)『中国時報』2000年2月21日第3版。
31)「一個中国的原則与台湾問題（二〇〇〇年二月）」〔中華人民共和国国務院台湾事務弁公室HP〕〈http://www.gwytb.gov.cn/zt/baipishu/201101/t20110118_1700148.htm〉（2019年1月29日アクセス）。
32)『中国時報』2000年2月24日第1版など。
33)『中国時報』2000年3月5日第1版。
34)『中国時報』2000年3月9日第2版，12日第3版，第4版。
35)『中国時報』2000年3月12日第4版。
36)『中国時報』2000年3月16日第1版，第2版，第5版。
37)「第10任総統（副総統）選挙候選人得票数（投票日期：中華民国89年03月18日）」〔中央選挙委員会HP〕〈http://db.cec.gov.tw/histMain.jsp?voteSel=20000301A1〉（2019年2月20日アクセス）。
38)『中国時報』2004年2月5日A2版，15日A2版，20日A1版。
39)『中国時報』2004年2月22日A4版，3月2日A2版，5日A2版，6日A4版。
40)『聯合報』2004年3月20日A1版，21日A14版など。
41)「第11任総統（副総統）選挙候選人得票数（投票日期：中華民国93年03月20日）」〔中央選挙委員会HP〕〈http://db.cec.gov.tw/histMain.jsp?voteSel=20040301A1〉（2019年2月20日アクセス）。

42) 『反分裂国家法（主席令第三十四号）』［中華人民共和国中央人民政府］〈http://www.gov.cn/zhengce/2005-06/21/content_2602175.htm〉（2019年1月29日アクセス）。
43) ポスト陳水扁として目された本省人政治家は，党主席や行政院長を歴任した蘇貞昌，同じく謝長廷，同じく游錫堃，現職副総統の呂秀蓮（女性）の4名であり，彼ら（彼女ら）は後に「四天王」と呼ばれた。
44) 『中国時報』2008年2月25日A1版。
45) 「金門島」とは，中国大陸の沿岸部にある小さな島嶼群だが，台湾の政府が実効統治している。
46) 『聯合報』2008年2月19日A2版，『中国時報』2008年2月25日A3版，3月1日A3版。
47) 『中国時報』2008年2月25日A2版。
48) 「第12任総統（副総統）選挙候選人得票数（投票日期：中華民国97年03月22日）」［中央選挙委員会HP］〈http://db.cec.gov.tw/histMain.jsp?voteSel=20080301A1〉（2019年2月20日アクセス）。
49) 2012年の総統選挙には，国民党の馬英九，民進党の蔡英文のほか，親民党の宋楚瑜の3名が立候補したが，宋は毎回の民意調査で支持率が10％に満たず，戦局には大きな影響を与えなかった。
50) たとえば新聞の半面に，大きな国旗を掲げた人々を背景とし，国民党の正副総統候補が肩を組んで「国旗は，我々の希望の道標」とスローガンを強調する広告を掲載した（『聯合報』2011年10月28日など）。
51) 「92年合意」とは，1992年に中台双方の窓口機関による事務レベルの交渉過程で形成されたとされ，2000年以降にこの名称で呼ばれることとなった。これを中国共産党側が「一つの中国原則を口頭で確認した合意」と解釈する一方で，台湾の国民党側は「一つの中国の中身については，各々（中華民国と中華人民共和国）が述べることで合意」と解釈している。
52) 『聯合報』2011年10月9日A1版，A2版。
53) 『聯合報』2011年11月24日A1版。
54) 『中国時報』2011年12月24日A2版，『聯合報』2011年11月24日A2版。
55) 『中国時報』2011年12月29日A2版。
56) 「第13任総統（副総統）選挙候選人得票数（投票日期：中華民国101年01月14日）」［中央選挙委員会HP］〈http://db.cec.gov.tw/histMain.jsp?voteSel=20120101A1〉（2019年2月20日アクセス）。

57)『中国時報』2012年1月15日A2版。
58)『中国時報』2012年1月15日A4版。
59)『中国時報』2015年12月26日A1版。
60)『中国時報』2015年12月28日A1版。
61)『中国時報』2016年1月9日A2版。
62)『聯合報』2016年1月16日A3版。
63)「第14任総統（副総統）選挙候選人得票数（投票日期：中華民国105年01月16日）」［中央選挙委員会HP］〈http://db.cec.gov.tw/histMain.jsp?voteSel=20120101A1〉（2019年2月20日アクセス）。

参考文献

〈台湾日刊紙〉
『中国時報』，『聯合報』，『中央日報』

〈日本語文献〉
小笠原欣幸（2005）「2004年台湾総統選挙分析──陳水扁の再選と台湾アイデンティティ」『日本台湾学会報』第7号，44-68頁。
小笠原欣幸（2008）「台湾：民主化，台湾化する政治体制」天児慧・淺野亮編『中国・台湾』ミネルヴァ書房，135-160頁。
小笠原欣幸（2009）「2008年台湾総統選挙分析──政党の路線と中間派選挙民の投票行動」『日本台湾学会報』第11号，129-153頁。
小笠原欣幸（2012）「選挙のプロセスと勝敗を決めた要因」小笠原欣幸・佐藤幸人編『馬英九再選──2012年台湾総統選挙の結果とその影響』アジア経済研究所，27-44頁。
小笠原欣幸（2017）「台湾政治概説──民主化・台湾化の政治変動」［小笠原HP］〈http://www.tufs.ac.jp/ts/personal/ogasawara/〉（2018年11月10日アクセス）。
佐藤幸人（2012）「選挙の争点に浮上した経済問題」小笠原欣幸・佐藤幸人編『馬英九再選──2012年台湾総統選挙の結果とその影響』アジア経済研究所，45-61頁。
菅野敦志（2011）『台湾の国家と文化──「脱日本化」・「中国化」・「台湾化」』勁草書房。
竹内孝之（2016）「2016年台湾総統選挙，立法委員選挙──国民党の大敗と蔡英文次期政権の展望」［ジェトロ・アジア経済研究所HP］〈http://hdl.handle.net/2344/00049535〉（2018年11月10日アクセス）。

田弘茂（1994）『台湾の政治』中川昌郎訳，サイマル出版会。
中川昌郎（2003）『李登輝から陳水扁――台湾の動向1995〜2002』交流協会。
沼崎一郎（2002）「現実の共同体，架空の政体――台湾社会の変容と『新しい台湾意識』の出現」『東北人類学論壇』第1号，19-29頁。
松田康博（2010）「改善の『機会』は存在したか？――中台対立の構造変化」若林正丈編『ポスト民主化期の台湾政治――陳水扁政権の8年』アジア経済研究所，231-266頁。
松本はる香（2000）「最近の台湾情勢（平成11年度）――台湾総統選挙と陳水扁政権下の中台関係」平成11年度日本国際問題研究所自主研究『アジア太平洋の安全保障』研究会報告。
松本充豊（2010）「国民党の政権奪回――馬英九とその選挙戦略」若林正丈編『ポスト民主化期の台湾政治――陳水扁政権の8年』アジア経済研究所，95-121頁。
松本充豊（2012a）「中国国民党と馬英九の戦略」小笠原欣幸・佐藤幸人編『馬英九再選――2012年台湾総統選挙の結果とその影響』アジア経済研究所，63-76頁。
松本充豊（2012b）「民主進歩党と蔡英文の挑戦」小笠原欣幸・佐藤幸人編『馬英九再選――2012年台湾総統選挙の結果とその影響』アジア経済研究所，77-90頁。
松本充豊（2014）「政党組織研究から読み解く」若林正丈編『現代台湾政治を読み解く』研文出版，106-142頁。
若林正丈（2001）『台湾――変容し躊躇するアイデンティティ』ちくま新書。
若林正丈（2003）「（研究ノート）戦後台湾遷占者国家における『外省人』――党国体制下の多重族群社会再編試論・その一」『東洋文化研究』（学習院大学東洋文化研究所）第5号，121-139頁。
若林正丈（2006）「台湾における民主主義体制の不安定な持続――エスニック・ナショナルな文脈と政治構造変動」恒川恵一編『民主主義アイデンティティ――新興デモクラシーの形成』早稲田大学出版部，121-144頁。
若林正丈（2008）『台湾の政治――中華民国台湾化の戦後史』東京大学出版会。
若林正丈（2018）「今もう一度『民主進歩党』を考える」［台湾研究自由帳（12月2日）］〈https://taiwanstudiesjiyucho.exblog.jp/28923303/〉（2019年1月29日アクセス）。

〈中国語文献〉
陳陸輝・耿曙・王德育（2009）「両岸関係與2008年台湾総統大選：認同，利益，脅威與選民投票取向」『選挙研究』（国立政治大学選挙研究中心）第16巻第2期，1-22頁。

李登輝（2005）「新時代台湾人的涵義」［李登輝基金会HP］〈https://presidentlee.tw〉（2019年1月26日アクセス）。

蒙志成（2014）「『92共識』対2012年台湾総統大選的議題効果：『傾向分数配対法』的応用與実証估算」『選挙研究』（国立政治大学選挙研究中心）第21巻第1期，1-45頁。

盛杏湲（2002）「統独議題與台湾選民的投票行為：一九九〇年代的分析」『選挙研究』（国立政治大学選挙研究中心）第9巻第1期，41-80頁。

巫麗雪・蔡瑞明（2006）「跨越族群的藩籬：従機会供給観点分析台湾的族群通婚」『人口学刊』（国立台湾大学人口與性別研究中心）第32期，1-41頁。

蕭怡靖（2014）「従政党情感温度計解析台湾民衆的政治極化」『選挙研究』（国立政治大学選挙研究中心）第21巻第2期，1-42頁。

謝麗娟（2005）「台湾大選期間之中共対台政策：2004年総統大選個案分析」『展望與探索』（法務部調査局）第3巻第5期，62-79頁。

許勝懋（2001）「台北市選民的分裂投票行為：一九九八年市長選挙分析」『選挙研究』（国立政治大学選挙研究中心）第8巻第1期，117-158頁。

徐永明・陳鴻章（2007）「党内派系競争與政党選挙命運：以民進党為例」『政治科学論叢』（国立台湾大学政治学系）第31期，129-174頁。

兪振華・林啓耀（2013）「解析台湾民衆統独偏好：一個両難又不確定的選擇」『台湾政治学刊』（台湾政治学会）第17巻第2期，165-230頁。

〈英語文献〉

Aldrich, John H. (1983) "A Spatial Model with Party Activists: Implications for Electoral Dynamics," *Public Choice* 41(1): 63-100.

Chu, Yun-han and Diamond, Larry (1999) "Taiwan's 1998 Elections: Implications for Democratic Consolidation," *Asian Survey* 39(5): 808-822.

Chu, Yun-han (2004) "Taiwan's National Identity Politics and the Prospect of Cross-Strait Relations," *Asian Survey* 44(4): 484-512.

Norris, Pippa (1995) "May's Law of Curvilinear Disparity Revisited: Leaders, Officers, Members and Voters in British Political Parties," *Party Politics* 1(1): 29-47.

Rigger, Shelley (2001) *From Opposition to Power : Taiwan's Democratic Progressive Party*, Boulder: Lynne Reinner Publishers, Inc.

Ross, Robert S. (2000) "The 1995-96 Taiwan Strait Confrontation: Coercion, Credibility, and the Use of Force," *International Security* 25(2): 87-123.

Tsai, Chia-hung, Cheng, Su-feng and Huang, Hsin-hao (2005) "Do Campaigns Matter? The Effect of the Campaign in the 2004 Taiwan Presidential Election," *Japanese Journal of Electoral Studies* 20：115-135.

（おおさわ・すぐる：駿河台大学）
（いがらし・たかゆき：防衛大学校）

日本比較政治学会設立趣意書

　21世紀まで残すところ3年足らずとなった今日，国際関係は言うに及ばず，各国の内政もまた世界化の大きなうねりに巻き込まれている。日本もその例外ではなく，世界各国との経済・文化・社会のレベルでの交流が一段と深まるにつれて，その内政の動向に対する社会的な関心も高まっている。学術的にも世界のさまざまな地域や諸国の政治および外交の歴史や現状を専攻する研究者の数が順調に増加しており，そうした研究者の研究成果を社会的要請に応えて活用する必要が感じられるようになっている。

　とりわけ冷戦後の世界では，NIESや発展途上国の民主化，旧社会主義諸国の民主化および市場経済化，先進諸国の行財政改革などといった政治経済体制の根幹に関わる争点が，重大な課題として浮上してきている。これらの課題への取り組みには，単に実務的な観点から対処するだけでは十分でない。現在の諸問題の歴史的背景を解明し，それを踏まえて学術的な観点から課題の設定の仕方に立ち返って問題点を理論的に整理し，効果的な政策や制度を構想していくことも必要である。そのためには各国別の研究にとどまらず，その成果を踏まえて理論的に各国の政治や外交を比較・検討し，研究上の新たな飛躍を生み出すことが肝要である。

　このような目的のために，本学会は世界各国の政治や外交を専攻する内外の研究者を集め，相互の交流と協力を促進するとともに，研究上も独自な成果を公表し，国際的にも発信することを目指している。と同時に社会的にも開かれた学会として，各国政府関係者，ジャーナリスト，民間機関・NGO等各種実務家との交流も，振興することを目的にしている。本学会の学術活動に貢献していただける方々の，協力をさらに期待するところである。

1998年6月27日

入会のお誘い

　日本比較政治学会は，前ページの設立趣意書にもあるように，「世界各国の政治や外交を専攻する内外の研究者を集め，相互の交流と協力を促進するとともに，研究上も独自な成果を公表し，国際的にも発信すること」を目的として1998年6月に設立された，日本で唯一の「比較政治学」を軸とした学会です。

　学会の主たる活動は，年次研究大会の実施と日本比較政治学会年報の発行です。年次研究大会では様々な地域，あるいは分野に関する先端的な研究報告が行われています。またこの年次大会における共通論題を軸として発行される学会年報では，従来取り上げられていない新しいテーマや，従来の議論を新しい視点から見直すようなテーマが取り上げられています。これ以外の学会の活動としては，オンラインジャーナル『比較政治研究』と『MINERVA 比較政治学叢書』の刊行，年2回のニューズレターの発行，ホームページやメーリングリストを通した研究活動についての情報提供や情報交換などを行っています。

　学会は，比較政治学に関心を持ち，広く政治学や地域研究を専攻する方，および政治学や地域研究の研究・教育に密接に関連する職業に従事する方の入会をお待ちしています（ただし大学院生の方につきましては，修士課程もしくは博士前期課程を修了した方に限ります）。入会の手続および年会費などに関しましては，学会ホームページ（http://www.jacpnet.org/）の中にある「入会案内」の項をご参照ください。

　ご不明の点は下記の事務委託先までお問い合わせください。

　　　　［学会の事務委託先］
　　　　〒602-8048　京都市上京区下立売通小川東入ル
　　　　中西印刷株式会社　学会部　日本比較政治学会事務支局
　　　　TEL：075-415-3661　　FAX：075-415-3662
　　　　E-mail：jacp@nacos.com

日本比較政治学会
[Japan Association for Comparative Politics]
本学会は,「ひろく政治学や地域研究を専攻する」メンバーによって,「比較政治の研究を促進し,内外の研究者相互の交流を図ることを目的」として,1998年6月に設立された。

[学会事務局連絡先]
〒153-8902　東京都目黒区駒場3-8-1
東京大学総合文化研究科　日本比較政治学会事務局　jacp@waka.c.u-tokyo.ac.jp
学会ホームページ http://www.jacpnet.org/

執筆者（執筆順）
上神貴佳（うえかみ・たかよし）國學院大學法学部教授
平島健司（ひらしま・けんじ）東京大学社会科学研究所教授
久保文明（くぼ・ふみあき）東京大学大学院法学政治学研究科教授
竹中千春（たけなか・ちはる）立教大学法学部教授
浜中新吾（はまなか・しんご）龍谷大学法学部教授
中井　遼（なかい・りょう）北九州市立大学法学部准教授
宮内悠輔（みやうち・ゆうすけ）立教大学大学院法学研究科
杉田弘也（すぎた・ひろや）神奈川大学経営学部特任教授
大澤　傑（おおさわ・すぐる）駿河台大学法学部助教
五十嵐隆幸（いがらし・たかゆき）防衛大学校総合安全保障研究科

日本比較政治学会年報第21号
アイデンティティと政党政治

| 2019年8月30日　初版第1刷発行 | 〈検印省略〉 |

定価はカバーに
表示しています

編　　者	日本比較政治学会
発 行 者	杉　田　啓　三
印 刷 者	藤　森　英　夫

発行所　株式会社　ミネルヴァ書房
607-8494　京都市山科区日ノ岡堤谷町1
電話代表　(075)581-5191
振替口座　01020-0-8076

ⓒ日本比較政治学会, 2019　　　亜細亜印刷・清水製本

ISBN978-4-623-08693-1
Printed in Japan

日本比較政治学会編　日本比較政治学会年報
各巻Ａ５判・美装カバー・208〜286頁・本体3000円

⑪国際移動の比較政治学

⑫都市と政治的イノベーション

⑬ジェンダーと比較政治学

⑭現代民主主義の再検討

⑮事例比較からみる福祉政治

⑯体制転換／非転換の比較政治

⑰政党政治とデモクラシーの現在

⑱執政制度の比較政治学

⑲競争的権威主義の安定性と不安定性

⑳分断社会の比較政治学

―――― ミネルヴァ書房 ――――
http://www.minervashobo.co.jp/